第四版

托育服務

葉郁菁 主編

葉郁菁、陳乃慈、徐德成、陳正弘、詹喬雯

林麗員、石英桂、巫鐘琳、謝美慧 著

目錄

 主編簡介

葉郁菁

英國 University of York 教育研究所博士
國立嘉義大學幼兒教育學系教授

經歷

行政院兒童及少年福利與權益推動小組委員
中央對地方社會福利績效考核委員
衛生福利部公彩盈餘審查委員
內政部移民署新住民發展基金委員
嘉義縣縣政顧問
嘉義市、嘉義縣婦女權益促進委員會委員
嘉義市、嘉義縣兒童及少年福利促進委員會委員
嘉義市、嘉義縣、臺中市、高雄市、屏東縣托育管理委員會委員
臺南市、嘉義市外籍與大陸配偶照顧輔導措施專案小組諮詢委員
內政部移民署縣市政府外籍配偶業務考核委員
國立臺灣大學中國信託慈善基金會兒少暨家庭研究中心研究員
教育部十二年國民教育新住民語言課綱研編小組委員
全國居家托育服務中心評鑑計畫主持人
公私協力托嬰中心訪視輔導委員

 作者簡介

（依章節順序排列）

葉郁菁（第一章至第十一章）

　同「主編簡介」

陳乃慈（第三章）

　國立嘉義大學幼兒教育研究所碩士
　日本明治大學史學碩士

涂德成（第四章）

　國立嘉義大學幼兒教育研究所碩士

陳正弘（第六章）

　國立嘉義大學幼兒教育研究所碩士

詹喬雯（第六章）

　國立嘉義大學幼兒教育研究所碩士

林麗員（第七章）

　國立嘉義大學幼兒教育研究所碩士

石英桂（第九章）

　國立嘉義大學幼兒教育研究所碩士

巫鐘琳（第十章）

▌國立嘉義大學幼兒教育研究所碩士、國民教育研究所博士

謝美慧（第十一章）

▌國立臺灣師範大學教育學系教育博士
▌國立嘉義大學幼兒教育學系助理教授

三版序

　　我國育兒婦女的就業率相對低於鄰近國家，政府為了鼓勵減輕育兒婦女的照顧負擔，提高育兒婦女的就業率，近年來提出許多改善育兒照顧、支持育兒家庭的托育政策。其中包含 2012 年起，由衛生福利部社會及家庭署以公益彩券回饋金補助地方政府辦理公私協力平價托嬰中心；2001 年成立社區保母支持系統，以管理系統內的保母人員，2014 年 12 月改為居家托育登記制，包含執業保母和親屬保母均需向居家托育服務中心登記才能收托嬰幼兒。國內大專校院幼保（教）相關科系，積極承辦縣市政府的公私協力托嬰中心、居家托育服務中心、托育資源中心，以及托嬰中心訪視輔導工作，甚至也有非常多優質的大專校院積極承辦非營利幼兒園。幼保科系的學生畢業之後，除了選擇原來公私立幼兒園擔任幼教老師，還可以選擇非營利幼兒園或公立幼兒園教保員，同時，許多幼保（教）系的畢業生，還可以擔任托嬰中心訪視輔導員、公私協力托嬰中心的托育人員或主管。了解托育服務相關法令和規定，成為幼兒保（教）育系科「托育服務」這門課的學習重點。學生對於托育服務的了解，從原來的二至六歲幼兒教保、六至十二歲的課後照顧，向下延伸到零至二歲的嬰幼兒托育。

　　本書的再版，除了新增托嬰中心、居家托育、非營利幼兒園等重要政策與概念的描述，還包含各章數據的更新，使得這本托育服務的書完整涵蓋從零歲開始的托嬰服務到十二歲學齡兒童的課後照顧。本書的讀者可以更進一步了解機構式與居家托育照顧的相關規定。同時，幼托整合之後，教育部陸續公布相關子法；2016 年底教育部正式公告《幼兒園教保活動課程大綱》，以及《勞動基準法》修法過程鬧得沸沸揚揚的「一例一休」的規定，一併納入本次修訂以供參考。惟修訂的速度永遠趕不及修法的速度，期盼先進不吝指教，讓此書每次的修訂可以更臻完美。

嘉義大學幼兒教育學系教授

葉郁菁　謹識

2017 年 4 月

四版序

　　今年初接獲心理出版社林敬堯總編輯通知，《托育服務》一書已無庫存必須再版時，臺灣的新聞傳來一則消息：2018 年臺灣的生育率再度創下八年以來新低，400 萬年輕人不願意結婚、也不願意生育。身為一個長期關注托育議題的學者以及兩個孩子的媽，這個結果的確令人憂心。當我又重新翻開前一版預備修訂時，才發現前一版才剛在 2017 年出版，不過這兩年來，許多內容已經跟不上政府托育服務政策的腳步。感謝因為此書再版，讓我有更多機會可以繼續修訂與不斷更新本書內容。

　　因應少子女化世代，我國托育服務的政策目標，應該朝向建構友善育兒的社會環境與福利政策，政府政策應該兼顧雙薪家庭、社會與文化不利家庭（新住民、原住民、隔代教養家庭）、經濟弱勢家庭（中低收入戶）不同的育兒和托育需求。

　　臺灣親屬照顧的比例高達八成，主要的原因為：越小的嬰幼兒，越需要依賴照顧者，而且也需要建立和照顧者的穩定依附關係。其次，當平價近便的公共托育不可得，或者家長對居家托育、機構托育有某種程度的疑慮時，就只能尋求對育兒家長便利、安心的照顧方式。國內長期追蹤調查研究指出，當家庭照顧功能不足時，及早提供托育照顧，對於幼兒的語言和社會發展有極大幫助。我們應該重視托育服務的議題，托育不僅是托育，甚至攸關幼兒身心的健全發展，在少子化世代，每一個孩子都是國家的寶，我們應該提升托育服務品質，讓每一個孩子都有機會可以迎頭趕上。

　　本書再版在即，資料的更新相當繁瑣，感謝心理出版社編輯同仁細心協助核校，惟恐有疏漏，尚祈學術先進不吝指正，俾使國內托育服務學術用書更臻完備。

嘉義大學幼兒教育學系教授

葉郁菁 謹識

2019 年 5 月

第 1 章

托育服務導論

葉郁菁

2　托育服務

2011 年是臺灣托育服務發展急遽變化的一年，首先，歷經十多年的幼托整合在 2011 年終於通過，讓我國成為亞洲第一個幼托整合成功的國家。同年通過《幼兒教育及照顧法》，並於 2012 年 1 月開始，幼稚園與托兒所的名稱正式走入歷史，全面改為「幼兒園」，適用《幼兒教育及照顧法》。然而，與幼托整合相關的子法共有 22 個，仍需要教育部逐項完成。2011 年 11 月，另一項與托育有關的重要法令《兒童及少年福利與權益保障法》於 2015 年三讀通過，取代原來的《兒童及少年福利法》。2014 年 12 月 1 日托育人員登記制上路，幼教、幼保相關科系畢業的學生，皆可以擔任托育人員工作。第三，政府為了因應長期以來不斷遞減的出生人口數，2011 年推出許多重要的鼓勵生育與友善育兒家庭的福利措施，除了減少育兒家庭的經濟負擔、將育兒照顧的責任納入國家的托育政策，希望透過這些福利服務的推動，可以減緩生育率下降造成的人口危機。

依據內政部（2019）統計資料顯示，我國人口結婚對數 1976 年為 152,401 對，至 2000 年達 181,642 對為最高，此後呈下滑趨勢。民國 100 年因為百年結婚潮的影響，結婚率略有反轉，依據內政部統計處（2012）統計資料，2011 年（民國 100 年）國人結婚登記對數共計 165,327 對，粗結婚率 7.1‰，分別較 2010 年增加 19.1% 及 1.1‰，續民國 99 年「幸福久久」之增勢，民國 100 年象徵「百年好合」再現另一波結婚熱潮，使粗結婚率得以回升到八年前之 7‰ 以上，此後至 2018 年，結婚對數為 135,403 對，粗結婚率為 5.74‰。

約 40 年前，1976 年男性平均初婚年齡為 27.9 歲，至 2015 年已提高為 34.2 歲；同期間，女性平均初婚年齡則為 31.4 歲，比 40 年前平均提高約六歲，呈現日趨晚婚的現象（聯合新聞網，2016）。

我國 2013 年粗出生率為 8.5‰，較 2011 年（8‰）略為提升（內政部統計處，2016a）。不過我國的粗出生率仍低於美國（12.4‰）、英國（12.4‰）、法國（12.4‰）、紐西蘭（13.5‰）。甚至與鄰近國家比較，低於南韓（8.6‰）、中國大陸（12.1‰）、菲律賓（24.6‰）、泰國（11.6‰）與新加坡（9.3‰），僅略高於日本（8.2‰）（內政部統計處，

2016b）。2011 年（民國 100 年）因為結婚潮影響，造成生育率 12 年來首次反轉升高，2011 年出生嬰兒數為 196,627 人（粗出生率 8.5‰），其中男嬰 101,943 人占 51.85%、女嬰 94,684 人占 48.15%，每百名女嬰所當男嬰數 107.67 人（性比例），較 2010 年下降 1.80 人，較前一年（粗出生率 7.21‰）增加 17.8%。2015 年出生嬰兒數 213,598 人（粗出生率 9.10‰），略有提升。其中出生嬰兒生母為本國籍者占 93.8%、大陸港澳地區者占 3.4%、生母為外國籍者占 2.8%，近年來新住民家庭出生的嬰兒人口數已逐漸減少中（內政部統計處，2016b）。2018 年出生嬰兒數降至 170,433 人，其中生母國籍（地區）為本國籍者占 93.85%、大陸港澳地區者占 2.8%、外國籍者占 3.7%（中華民國統計網，2019），不論生母為大陸港澳地區者或外籍，均有逐年下降趨勢。

過去因為晚婚、不婚，造成延遲生育的年齡，以及生育和教養子女期間縮短，間接導致社會整體的人口平均年齡不斷提高，經過百年結婚潮與龍年生子效應，這波生育率短暫提升，但仍難敵少子化海嘯的衝擊，即使政府不斷推出托育政策作為長期性的誘因，仍難力挽狂瀾。

面對近年來少子化的衝擊，包含幼兒園、托育人員、課後照顧等一連串托育服務的市場將面臨嚴厲的考驗。但看似危機重重的托育服務市場，是否因為少子化而面臨萎縮的命運？抑或目前的市場仍無法滿足多數雙薪家庭家長的托育需求？

托育服務屬於兒童福利系統的一環。兒童福利服務包括三大類（王淑英、賴幸媛，1997）：(1)支持性兒童福利服務：以支持家庭滿足兒童需求的能力，例如受虐兒童的保護性服務、未婚父母的服務等。(2)補充性的兒童福利服務：主要彌補家庭照顧的不足，例如居家服務、托育服務、家庭補助方案等。(3)替代性兒童福利服務：視兒童需求，替代家庭照顧，例如收養服務、寄養家庭服務、育幼院等。因此，托育服務應屬補充性的兒童福利服務，托育服務是以家庭系統而非兒童的個人系統為服務單位，當家庭本身的功能無法完成照顧子女的責任時，必須透過各種正式與非正式的社會制度與系統，以支持和維繫家庭功能。

思考托育服務的發展，應該考量以下基本問題（馮燕，1996）：

1. 兒童照顧應該是母親的責任，或是社會提供完整的托育服務系統，以讓母親安心就業？美國 1960 年代以來，愈來愈多婦女有更多機會接受高等教育，女性投入就業市場之後，可以從工作中獲得成就感與滿足感，家庭不再是女性獲得自我認同的唯一來源，使得女性從家庭中解放，投入職業市場，家庭照顧幼兒的功能隨之式微（Newman & Grauerholz, 2002）。

2. 托育服務應該任由市場自由競爭，還是納編入國家的福利照顧體系之內？若為前者，政府應該提供最少的干預，讓市場決定價量；但若托育服務應為國家的福利照顧體系，則國家應該透過強制干預的手段，盡可能的提供可近性、便利性的托育服務，協助滿足不同工作型態與經濟能力家庭的需求。

Hayes 等人（1990）建議從七個目標做為政策的評估依據（引自馮燕，1996）：

1. 提高品質：托育服務的政策在於提高托育服務的品質。
2. 增加數量：增加托育服務的設施。
3. 特殊托育：增加弱勢家庭或身心障礙幼兒的托育服務。
4. 合理價格：增加低收入戶家庭與近貧家庭使用托育服務的可能性。
5. 家長選擇：使家長擁有更多選擇權，是否要工作或者使用哪一種服務協助教養小孩。
6. 促進就業：增加家長參與勞動市場，提高就業率。
7. 就業穩定：提供托育服務的結果，在減少家長因為就業和育兒無法兼顧而產生的壓力，使得家長可以安心就業，維持家庭經濟自足的穩定性。

衡諸國內托育服務的政策，不但提供給特殊家庭幼兒、身心障礙幼兒的托育機會有限，教保人員的專業知能不足、願意收托身心障礙幼兒的托育機構也有限（張翠娥、劉蔚萍、黃麗蓉，2005）。其次，家長在托育服務的選擇上，也出現階級的差異（李新民，2002），高社經地位的家庭可以選擇各種類型的托育服務，但對多數的家庭而言，養兒育女卻成為沉重

的經濟負擔。有經濟能力的家長為子女選擇高價位的托育服務，原本就是家長自由選擇權的結果，若因而稱之為「高所得家庭競逐的園地，……造成後殖民論述所謂的『霸權再現』」（李新民，2003），則又為此一單純的「選擇」現象標籤了道德指責的壓力。實際上，我國的托育服務並無法像瑞典這類國家，將兒童照顧列為國家的公共福利政策（參閱李新民，2003），絕大部分的托育服務仍是由私人的、民間、團體或個人的機構提供，這種因為階級貧富差距造成的選擇性差異，在自由市場機制下是無法避免的，但政府的角色應該介入的範疇，應該是提供沒有能力購買托育服務的家庭，可以滿足照顧兒童的基本需求，政府提供的是最基本的保障，至於家庭可以購買的托育服務價位，則是家庭經濟決定的後果，不需要因此貼上「複製社會不平等打手」的標籤。

本章的重點將分別探討托育服務的定義與目的、女性與照顧工作的關係、托育服務的類型以及托育服務的概況與未來發展。

第一節　托育服務的定義與目的

托育服務（child care service）的定義為：「兒童在家庭以外所接受的團體生活或機構生活的教育與照顧。」因此，托育服務可以補充家庭照顧功能的不足，視為社會福利服務的一部分；托育服務的目的在於補充家庭照顧的不足，並強化父母以外的保護、滿足兒童發展的需要（馮燕，1997a）。

依據美國兒童福利聯盟（Child Welfare League of America）對托育服務的定義，則是指：「學齡前或者學齡兒童的父母因為工作或其他原因不能在家裡照顧兒童，或者一些特殊原因，如家庭貧困、兒童心智障礙，使得兒童每天必須有一段時間，由一個團體式或家庭式的托育機構，給予適當的安置以幫助父母提供兒童適當的保護照顧，並培養兒童心理、情緒、智能和社會發展各方面潛能。」（引自李新民，2002：237）。

　　托育服務的目的在於加強與支持親職角色實踐的功能，以滿足兒童受父母的保護以及發展的各種需求。因此，依據《兒童及少年福利機構設置標準》，托嬰中心應提供受托兒童充分發展之學習活動及遊戲，並依個別需求提供下列服務：

1. 兒童生活照顧。
2. 兒童發展學習。
3. 兒童衛生保健。
4. 親職教育及支持家庭功能。
5. 記錄兒童生活成長與諮詢及轉介。
6. 其他有益兒童身心健全發展者。

　　在托育機構內，不論是教學指導與活動內容，托育機構的托育人員都應該具備嬰幼兒保育與發展、教保活動設計與教學等專業能力，才能勝任托育服務的工作，達到上述功能。尤其托育機構教保人員服務的對象除了幼兒本身以外，還應該包含幼兒的家庭，例如提供家長交換幼兒在家裡或托育機構內學習和活動狀況的訊息，營造類似家庭般的教育與照顧環境。

第二節　女性與照顧工作

 、幼兒照顧與女性自主

　　在一個生殖社會（pronatalist society），女性的地位取決於生殖能力，女性照顧子女受到社會文化、歷史信仰、規範和期待所形塑（Newman & Grauerholz, 2002）。母親與子女因為子宮的連結，社會價值觀仍會認為母親（或是女性）是照顧幼兒的理想人選。依據美國人口調查局 1998 年的普查資料（U. S. Bureau of the Census, 1998），即使母親為職業婦女，也僅有五分之一的父親會照顧幼兒。在雙薪家庭中，父親投入家務工作的時間僅有母親的三分之一。母親要負起 90% 照顧兒童起居的工作，父親的角色卻

是過渡的、短暫的「協助者」角色（Lamb, 1987）。王淑英與賴幸媛（1997）認為，母愛應該是文化濡化的結果，而非源於人類生物的本能，因此父親和母親的角色同樣重要，父親也可以學習愛孩子和照顧孩子。

貳、托育人員專業化與母職形象的衝擊

陳倩慧（1997）提出 Washburn 與 Washburn（1985）對托育人員的四種專業角色功能，包含了幼教師（nursery school teacher）的角色、母親（foster mother）的角色、監護人（custodian）的角色、生意人（business-woman）的角色。其中對於母親角色的期待是希望托育人員可以成為母親的替代者，滿足孩子的需求及提供情緒支持，與孩子建立親密關係，讓孩子有被愛及安全的感覺。但是與母職角色無法清楚的切割，反而使得托育服務人員在「專業化」面臨困難，因為母親給兒童的愛是無止盡的，而且是非理性的，但是這顯然與托育人員的專業性相去甚遠。例如托育人員面對無理取鬧的幼兒，無法如同母親一般完全順應幼兒的情緒；因為要求托育人員無限制地提供極大化的照顧與關懷，同時也忽略了托育人員只是一種工作、職業，雖然托育人員的工作環境是在家庭之中，但托育人員也應有上班與下班之別。馬祖琳與楊琇媄（2004）提出，居家托育服務工作類似無酬的母親及家務工作者的角色，因此家長希望居家托育服務付出關愛更甚於酬勞的計較，反而使社會對於保母工作與職業角色的認定限制在母親角色的替代者。

除此之外，多數的幼兒園老師均為女性，托育工作強化了女性的從屬地位，其工作價值又被貶抑為「照顧者」的角色，男性幾乎成為托育工作的絕緣體，即使男性有機會可以進入托育服務的市場，他們大多也是擔任行政或管理的工作，或者擔任體能、美術、美語等才藝課程的兼課教師（王淑英、張盈堃，1999a）。托育機構內高流動率、薪水待遇遠低於其他一般專業人員、幼兒園素質不齊等現象，使得女性即使投入托育服務的就業市場，其薪資和工作條件與非專業領域、勞力密集而非知識密集的工作條件相近。

托育服務工作之所以獲得女性青睞，其中一項很重要的原因是仍把家

庭視為女性工作場所的延伸，在家庭中擔任托育服務人員，可以順便照顧家庭，這是許多居家托育服務人員之所以願意擔任此工作的原因，但是這種期待卻無益於女性脫離家庭照顧者的角色與責任，居家托育服務人員除了工作以外，還必須同時從事家務工作，或者照顧自己的孩子，即使居家托育服務人員因為照顧工作獲得薪資，但仍無法擺脫家務工作的壓迫。

第三節　托育服務的類型

壹、依「收托環境」區分的托育類型

　　依照收托環境的不同，可分為居家式、機構式與社區式的托育照顧。依據《兒童及少年福利機構設置標準》（2013）第 2 條規定，與托育有關的兒童福利機構，指的是托嬰中心辦理未滿二歲兒童托育服務之機構。有關居家托育服務的相關規定，必須參照衛生福利部 2015 年頒布的《居家式托育服務提供者登記及管理辦法》。透過完善的托育服務制度、提升居家托育服務人員與托嬰中心服務品質及建構托育資源中心，讓家長得以安心就業，並獲得足夠照顧能量。

一、居家式托育服務

　　各地方政府設有居家托育服務中心。依據《居家式托育服務提供者登記及管理辦法》（2015）第 2 條指出，托育服務提供者（簡稱托育人員），提供的托育服務類型包含兩種：

(一) 在宅托育服務

　　托育人員受兒童之父母、監護人或其他實際照顧之人委託，在托育人員提供托育服務登記處所提供之托育服務。

(二) 到宅托育服務

托育人員受兒童之父母、監護人或其他實際照顧之人委託，至兒童住所或其他指定處所提供之托育服務。

二、機構式托育服務

包含私立托嬰中心、公私協力托嬰中心、幼兒園、課後照顧機構。

2012 年起，由衛生福利部社會及家庭署以公益彩券回饋金補助地方政府辦理公私協力平價托嬰中心，提供的服務包含（衛福部社家署，2016）：

(一) 托育服務

提供未滿二歲幼兒之照顧服務；並提供弱勢家庭（含低收、中低收入戶家庭、隔代家庭、單親家庭、身心障礙者家庭、原住民家庭、新住民家庭、受刑人家庭、經濟弱勢家庭等）部分保障名額優先收托。

(二) 托育服務諮詢

提供幼兒送托及照護問題諮詢，如送托費用、托育服務費補助、契約訂定、如何選擇托育機構或托育人員。

(三) 幼兒照顧諮詢

由專業人員提供兒童發展篩檢和照顧技巧服務，協助父母教養幼兒及親職教育資訊。

三、社區式托育服務

2012 年起衛福部社家署推動托育資源中心設置，提供托育服務或幼兒照顧諮詢、托育人員專業教育訓練、兒童發展篩檢、兒童玩具圖書室、臨托服務、親職教育及外展活動等，提供有托育服務需求的家庭一個近便、專業、整合性高且完整的托育服務資源。

托育資源中心的計畫目標包含（衛福部社家署，2016）：

1. 建立托育資源整合性服務之工作模式，設置托育資源服務窗口，提供社區民眾托育需求評估與托育專業服務提升等管理平臺。

2. 以幼兒托育需求為導向，培訓托育人力資源，透過專業教育、在職教育，增進托育人員專業知能，提升托育服務品質。

3. 建置多元化托育服務體系，提高托育服務效能，有效媒合托育資源，使托育人員充分就業，協助家長照顧幼兒。

4. 發展在地化、離家近的托育據點，提供托育服務資訊及兒童玩具圖書等措施，補充家庭托育資源之不足。

5. 加強對弱勢家庭幼兒照顧及協助，提供臨托服務，以紓解幼童照顧者壓力及支持幼兒照顧者。

貳、依收托兒童年齡區分

托育服務的類型依照收托兒童年齡分為三類：

1. 托嬰中心與居家托育服務：收托未滿二歲之兒童。

2. 幼兒園：收托二歲以上至學齡前之兒童。

3. 課後托育中心：收托國民小學課後之學齡兒童。

參、依收托時間區分

依據《居家式托育服務提供者登記及管理辦法》第 6 條規定，托育服務的收托方式依收托時間分為六種：

1. 半日托育：每日收托時間在 6 小時以內。

2. 日間托育：每日收托時間超過 6 小時且在 12 小時以內。

3. 全日托育：每日收托時間超過 16 小時。

4. 夜間托育：每日於夜間收托至翌晨，其時間不超過 12 小時。

5. 延長托育：延長上述四項所定托育時間之托育。

6. 臨時托育：前五項以外之臨時性托育服務。

肆、特殊需求的托育類型：臨時托育與身心障礙幼兒托育

　　當家庭中成員必須照顧其他人或有其他要務，或者家中有其他變故發生時，兒童的日常生活就會受到干擾，往往需要適當的托育設施與服務以支持家庭，使兒童可以維持基本的生活（馮燕，1997b）。臨時托育的功能是提供家長夜間加班的托育需求、延長時間的托兒，以及臨時或假日的托育照顧。

　　身心障礙幼兒因為生理與心理的特殊需求，更需要有專業的托育人員照顧。但是目前國內能夠收托身心障礙幼兒的托育機構有限，托育人員或教保人員具備特殊教育專長者更少。陳美谷（2004）調查桃園縣國小身心障礙兒童課後托育的現況，發現僅有兩成的身心障礙兒童參加課後托育，其他未參加者多半是因為照顧身心障礙幼兒之工作落在父母親身上。欲落實兒童福利，達到「鰥寡孤獨廢疾者皆有所養」的境界，需要由政府提供完善的身心障礙托育環境，與提供家長或照顧者足夠的喘息托育服務，才能使托育服務的提供不僅能夠關照一般兒童，更能符合特殊兒童的需求。

第四節　托育服務的概況與未來發展

壹、臺灣托育服務使用概況

　　我國在 2001 年成立社區保母支持系統，2014 年 12 月改為居家托育登記制（包含執業保母和親屬保母）。依據勞動部勞動力發展署技能檢定中心全國統計數據（勞動部，2018）顯示，全國取得保母技術士證照者，至 2018 年 11 月底止已達 155,858 人。至 2018 年 12 月底止全國托嬰中心的專業人員，包含主管人員、托育人員、教保人員、助理教保人員共 7,436 人（衛福部統計處，2019），與 2014 年比較（4,196 人），成長約一倍。

　　2008 年全國保母系統數為 54 家，至 2018 年居家托育服務中心數已達

72 家，一般托育的托育人員數也從 13,624 人增至 26,565 人。2012 年開始，親屬保母（托育人員）納入系統管理，龐大的親屬托育人員，超過一般托育人員數，形成居家托育服務中心服務和管理上的負荷（表 1-1）（衛福部社家署，2018a）。

● 表 1-1 居家托育服務中心數及托育人數

年度	系統（中心）數	托育員人數		托育兒童人數
		一般托育	親屬托育	
2008	54	13,624	-	
2009	55	14,248	-	16,985
2010	58	14,874	-	22,134
2011	62	16,419	-	25,509
2012	62	18,505	4,662	33,270
2013	66	20,549	13,650	49,296
2014	70	21,381	20,468	59,982
2015	72	22,933	25,748	69,428
2016	71	24,259	27,751	73,270
2017	72	25,750	29,647	76,221
2018.6	72	26,565	30,957	80,044

資料來源：衛福部社家署（2018a）。

　　2018 年底止，全國托嬰中心共 1,012 家，其中私立托嬰中心共 837 家，占 82.7%；公私協力托嬰中心 118 家；社區公共托育家園 57 處（衛福部社家署，2018b）。公私協力托嬰中心是由縣市政府社會局提供場地，委託民間經營。目前公私協力托嬰中心以新北市最多（40 家，占 43.5%）、其次為臺北市（18 家）、高雄市（15 家）（表 1-2）。托嬰中心多半聚集在人口密集的都會區，年輕族群多，且大多為雙薪家庭，需要育兒照顧。2015 年機構式收托嬰兒數 17,246 人，以一歲未滿二歲最多（8,515 人，占 49.4%）。每年公共托嬰中心數雖然略有成長，但卻遠遠趕不上需要托育的兒童人數，常常有家長排隊候補等不到公共托嬰中心，只好將孩子送到費用較為高昂的私人托嬰中心。2012 年衛福部開始補助公私協力托嬰中心，

提供保障名額，弱勢家庭收托優先。理論上應該優先提供照顧弱勢家庭，但還有許多公共托嬰中心無法提供足額的弱勢幼兒托顧，部分原因也來自經濟弱勢家庭多半選擇在家自行照顧或由親人照顧，未必有能力負擔公共托育費用。

● 表 1-2 各縣市 2015 年托育中心設置情形及收托人數統計表

縣市別	托嬰中心數量				收托幼兒人數 (D)	零至二歲幼兒人數 (E)	托嬰比例 (D/E)	出生率 (2014～2015)
	總計 (A)	公辦民營托嬰中心 (B)	私立托嬰中心 (C)	托育公共化比率 （B/A）				
合計	735	92	643	12.5%	17,246	423,981	4.07%	18.07‰
臺北市	117	18	99	15.4%	2,646	74,917	3.53%	18.88‰
新北市	160	40	120	25.0%	4,801	58,011	8.28%	21.46‰
桃園市	63	3	60	4.8%	1,358	39,744	3.42%	19.09‰
臺中市	99	3	96	3.0%	2,348	52,507	4.47%	19.22‰
臺南市	53	-	53	-	978	31,195	3.14%	16.55‰
高雄市	56	15	41	26.8%	1,368	44,989	3.04%	16.19‰
基隆市	5	2	3	40.0%	160	4,501	3.55%	12.08‰
宜蘭縣	13	6	7	46.2%	265	6,964	3.80%	15.19‰
新竹縣	40	-	40	-	1,015	11,339	8.95%	21.00‰
新竹市	48	-	48	-	860	10,479	8.20%	24.20‰
苗栗縣	10	-	10	-	168	11,775	1.43%	20.82‰
彰化縣	40	-	40	-	625	25,347	2.47%	14.80‰
南投縣	3	-	3	-	41	7,135	0.57%	13.94‰
雲林縣	4	-	4	-	80	10,324	0.77%	14.70‰
嘉義縣	1	-	1	-	15	6,019	0.25%	11.52‰
嘉義市	3	1	2	33.3%	84	4,356	1.93%	16.10‰
屏東縣	7	-	7	-	182	10,639	1.71%	12.60‰
花蓮縣	5	-	5	-	115	5,332	2.16%	16.03‰
臺東縣	5	2	3	40%	72	3,344	2.15%	14.96‰
澎湖縣	1	-	1	-	5	1,835	0.27%	17.98‰
金門縣	1	1	-	100%	58	2,891	2.0%	22.19‰
連江縣	1	-	1	-	2	338	0.59%	26.98‰

資料整理自：衛福部社家署（2016）。

　　表 1-2 為 2015 年各縣市設置的公辦民營托嬰中心數、私立托嬰中心數，與收托的嬰幼兒人數。托育公共化程度較高的縣市為：宜蘭縣、基隆市與新北市。六都中僅有臺南市尚未設立公辦民營托嬰中心，其他縣市包含新竹縣市、苗栗縣、彰化縣、南投縣、雲林縣、嘉義縣、屏東縣、花蓮縣等均尚未設置公辦民營托嬰中心。

貳、臺灣托育服務的法源依據

一、幼托整合前後適用的法規

　　我國托育機構的相關法源依據為《兒童及少年福利與權益保障法》、《兒童及少年福利機構設置標準》，人員的聘用則準用《兒童及少年福利機構專業人員資格及訓練辦法》。幼托整合之前，托育機構依收托兒童年齡分為三類：托嬰中心收托零至未滿二歲之兒童，托兒所收托二至未滿六歲之學齡前兒童，課後托育中心收托國民小學課後之學齡兒童，托育機構的中央主管機關為內政部，屬社政體系。另有幼稚園，中央主管機關為教育部，幼稚園收托四至六歲兒童，兩者招收對象之年齡層有部分重疊。2012年幼托整合之後，幼稚園與托兒所統稱為「幼兒園」，辦理幼兒照顧服務及教育工作，並且幼兒園適用《幼兒教育及照顧法》，自 2012 年 1 月 1 日起，二至六歲幼兒在幼兒園（教育部主政）接受完整的教保服務事項，至於收托未滿二歲幼兒的托嬰中心與居家托育服務則由衛生福利部社會及家庭署主管，達到完整規範零至十二歲整體兒童教保服務的目標。

二、建構托育管理制度實施計畫

　　托嬰中心相關的管理辦法則包含：衛福部社家署訂定的《托嬰中心評鑑作業規範參考範例》、《托嬰中心托育管理實施原則》，以及疾病管制署訂定的《托嬰中心感染管制措施指引》。

　　有關居家托育服務的相關辦法，除《居家式托育服務提供者登記及管理辦法》（2015）外，還有衛生福利部（2015）的《建構托育管理制度實

施計畫（104 年-107 年）》。上述計畫的主要目標包含：

1. 協助雙薪家庭育兒，實踐友善家庭托育政策

　　因應少子女化現象的衝擊，鼓勵女性就業與提升勞動參與率，支持父母兼顧就業和協助家庭育兒，讓政府與家庭共同分擔兒童照顧責任，積極回應整體社會發展與家庭之需求。

2. 管理托育費用價格合理化，協助家庭減輕育兒負擔

　　居家托育費用依城鄉差距約在 12,000 元至 18,000 元之間，平均收費約 15,000 元，對年輕夫婦已造成家庭經濟負擔。縣市主管機關應依《兒童及少年福利與權益保障法》規定訂定托育服務收退費項目及基準。

　　為避免各縣市訂定收費標準時差異性過大，衛生福利部建議原則上以當地每日收托十小時、每週收托五日之托育月費金額之 25%至 75%、中位數及平均數為參考值。綜合全國 22 個直轄市與縣（市）政府公告訂定「居家式托育服務收退費項目及基準」情形，縣市規定的收退費項目內容不一，分別包含：托育費、副食品費、延托費、節慶獎金獎品、三節獎金、逾時托育費等，澎湖縣的托育費用還包含副食品費、沐浴費、活動、教材教具。因為收退費金額造成的申訴案件，2015 年有 92 件，2016 年上半年即已高達 145 件，可見缺乏托育費用收退費項目和基準的一致性原則，家長和托育人員經常為哪些該收、不該收的經費而造成爭議。同時因為縣市政府公告了參考的托育費用金額，也讓原本收費低於公告值的托育人員，藉機拉抬托育費用。

3. 鼓勵技術士證人員投入，運用優質人力資源

　　居家式與機構式的托育服務形成雙薪家庭育兒的重要選擇之一。托育人員的專業程度以及能否維持穩定的服務品質，更是攸關受托兒童照顧品質的主要關鍵。居家式托育服務登記及管理制度，即在鼓勵更多具保母證照的托育人員辦理登記。

4. 完善居家托育登記管理制度，確保居家式托育品質

　　建構托育管理制度，落實托育人員輔導管理制度，提升托育人員照顧嬰幼兒專業知能，提供可近性高且優質之幼托服務，以保障托育品質。

參、托育服務的發展

一、國家提供質優量足的托育服務

在法國，有 95% 的三歲以上幼兒在國家補助的托兒設施中被照顧；北歐國家的瑞典、丹麥，也有三至四成零至二歲幼兒在國家提供的公共體系下受照顧；但在臺灣，只有二成五的幼兒可以進入公立幼托機構，其他七成五以上念的都是私立學校（唐文慧，2004）。英國甚至將托育服務的年齡逐年下降到三歲（葉郁菁，2005），英國政府公布的「全國兒童照顧策略」計畫書（National Childcare Strategy），則於 1998 年至 2003 年之間投入三億英鎊提供課後托育照顧，嘉惠一百萬學童（Smith & Barker, 1999）。由此看來，我國在學齡前幼兒的照顧普遍不足，僅能依賴私有市場的供給。幼兒照顧工作不應該是母職的複製，因此照顧的需求並非只是女性的需求，而是全體社會的需求。從此一觀點來看，唯有國家提出完整的托育服務照顧政策與執行的方案，才能使女性免於繼續淪為被壓迫與被剝削的角色（王淑英、張盈堃，1999b）。

縣市政府依據法令實施幼兒園與托嬰中心的評鑑，並應公告評鑑結果，對於明顯違法或評鑑結果不理想的幼兒園和托嬰中心，應基於維護嬰幼兒的基本權益，強制業者限期改善。依據《幼兒教育及照顧法》第 45 條規定，直轄市、縣（市）主管機關應對幼兒園辦理檢查、輔導及評鑑。依據《兒童及少年福利與權益保障法》第 84 條規定，主管機關應辦理兒童及少年福利機構（含托嬰中心）之輔導、監督、檢查、獎勵及定期評鑑。

二、托育服務機構的評鑑與托育服務方案評估

Phillips 與 Howes（1987）指出，評估托育服務品質可以從三方面來看（引自楊曉苓、胡倩瑜，2005）：

1. 綜合性的評估托育服務方案（global assessment）。評估指標包含以綜合品質的概念，包含過程面向、結構面向、成人工作環境與照顧者對品質

的看法。

2. 以某一個特別強調的托育服務面向作為評量的標準。例如結構面向、團體大小、動態面向、互動品質、情境面向等。衛福部頒布了《托育服務環境安全檢核表》、《居家式托育服務提供者登記及管理辦法》與《托嬰中心評鑑作業規範參考範例》，即在透過托育機構實際服務的各個面向，評估托育服務的品質。

3. 結合托育品質與兒童家庭環境的組合式評估方式（joint effects of child care and family environments）。主要從家庭因素，例如父母運用托育的態度、社經地位等，如何影響家庭對托育服務的選擇。

　　政府對於托育機構評鑑的結果，應該採取更為積極的作為，例如真正落實托育機構的評鑑制度，提供家長查閱托育機構相關紀錄的網站，同時規範居家托育服務人員必須登記，納入社會局的管理範疇（葉郁菁，2005），以實質獎勵鼓勵優質的托育機構與人員，並且擬定輔導計畫，提供托育機構與托育人員更多的社會資源和協助，才能創造政府、家庭和托育機構之間三贏的局面。

三、家庭樣貌的驟變對托育服務的影響

　　Newman 與 Grauerholz（2002）指出，透過人工流產、避孕藥與墮胎藥等生育技術的控制，可以使女性贏得身體的自主權，女性不再因為不斷生育而被迫留在家中照顧幼兒，女性選擇走出家庭，照顧工作則由機構取代家庭。兒童有愈來愈多時間待在托育機構與學校之中，相對而言家庭對兒童的照顧和保護由其他機構取代，父母對子女的權力和影響也逐漸消失，這種機構人員的權力凌駕於父母之上，稱之為「機構的擴散」（institutional diffusion）。因為機構的增多，幼兒回到以往農業社會的「集體式」照顧，藉由團體與機構之間的互助合作，共同撫育兒童，成為未來社會的發展趨勢。例如每年一到寒暑假就有許多營隊產生，以及近年來福利工作「社區化」的口號，突顯的是家庭已無力承擔照顧子女的工作，而必須藉由機構或團體承擔照顧的職責。加上家庭少子化的結果，未來幼兒與同儕相處的

機會，恐怕會多於自己的兄弟姊妹。

　　從一項英國的調查研究發現，參加正式課後托育的兒童，明顯花較多時間在課業相關的活動以及音樂、美術和體能等才藝班，他們花在看電視的時間以及在外面閒晃的時間明顯較少，這些兒童與同儕和其他成人相處的時間多於和自己兄弟姊妹相處的時間（Munton, Blackburn, & Barreau, 2002）。不同的社經地位背景也會影響家長選擇托育服務的類型，低收入家庭的兒童若參與正式的課後照顧，他們在數學和閱讀方面有較好的成績。非洲裔的美國家庭較傾向選擇非正式的成人照顧托育方式，白人家庭則較常是自己照顧。教育程度較高的家長，愈會採取非正式的成人照顧方式，或是正式的課後照顧方案；低收入家庭則比中產階級家庭更較傾向使用正式的課後照顧（Posner & Vandell, 1994）。

　　此外，因為多元家庭的增加，單親家庭、隔代教養家庭、外傭托育照顧的家庭，使得托育的類型更為多元化，但同時也增加更多托育服務衍生的問題。例如外傭照顧嬰幼兒，可能面臨的文化差異與語言等問題（Rou-mani, 2005），是否影響嬰幼兒的發展與學習；外籍僱傭與居家托育人員對嬰幼兒的施虐行為和不當對待，政府必須透過公權力的介入，以保障幼兒的基本生存權。單親家庭面臨工作職場與兒童照顧的兩難時，也需要依賴政府提供支持性的托育服務，開辦臨時托育照顧，使單親家長可免於工作與家庭照顧的兩難。

四、近年來因應少子化的國家托育政策發展

　　以下就目前國內在稅賦減免、特定對象的貸款或補助、津貼或現金移轉、支持育兒家庭的社會環境，以及完善的托育和照顧服務等幾個政策面向（表 1-3），分別敘述目前臺灣已經實施的托育政策。

● 表 1-3　友善家庭政策面向與推進實施情況

	政策面向	政策推進與實施情況
稅賦減免	1. 托育費用納入列舉特別扣除額。 2. 六歲以下幼兒比照 70 歲以上老人免稅額增加 50%。	1. 綜合所得稅（大專子女）教育學費特別扣除額從每戶最多扣除 25,000 元改為每名子女最多扣除 25,000 元。 2. 幼兒學前特別扣除額：納稅義務人育有五歲以下幼兒的納稅義務人，每人每年有 25,000 元的特別扣除額。
特定對象的貸款／補助	1. 撫養未滿 20 歲之子女購屋貸款優惠利率、租屋租金補貼。 2. 低收入戶及中低收入戶之體外受精（俗稱試管嬰兒）補助方案。	內政部營建署《青年安心成家作業規定》（2015）。
津貼／現金移轉	1. 勞保：育嬰留職停薪津貼。 2. 衛福部：托育費用補助。	1.《就業保險法》：育嬰留職停薪津貼者，不論父或母都可申請（2009）。 2. 實施托育費用補助（2014）。
支持育兒家庭的工作環境	企業托兒與照顧形式彈性化。	《性別工作平等法》第 19 條：撫育未滿三歲子女得減少或調整工作時間（員工 30 人以上）（2008 年修正）。
	落實《就業保險法》中的家庭照顧假。	1.《就業保險法》：實施家庭照顧假（2008）。 2.《性別工作平等法》：受僱者安胎休養期間，可以相關法令請假及計薪，受僱者合法享有一年七日之家庭照顧假（2010 年 12 月 21 日修正，第 15、20 條）。
托育和照顧服務	安全與安心的課後照顧與托育服務。	強化居家托育服務系統管理機制。
	社區化和公共化的臨時托育與短期托育服務。	擴增居家托育服務中心的服務能量及據點，促進托育制度普及化。

(一) 稅賦減免

綜合所得稅自 2009 年開始，（大專子女）教育學費特別扣除額從每戶最多扣除 25,000 元改為每名子女最多扣除 25,000 元，惟教育學費特別扣除額不包含學前學費支出。幼兒學前特別扣除額，則是針對納稅義務人申報扶養五歲以下之子女，每人年度可以扣除幼兒學前特別扣除額，2018 年度每人扣除 12 萬元。但有下列情形之一者，不得扣除：(1)經減除本特別扣除額後，全年綜合所得稅適用稅率在 20%以上，或依所得稅法第 15 條第 2 項規定計算之稅額適用稅率在 20%以上；(2)納稅義務人依所得基本稅額條例第 12 條規定計算之基本所得額超過同條例第 13 條規定之扣除金額（財政部稅務入口網，2019）。

(二) 特定對象的貸款／補助

內政部營建署（2015）推出「青年安心成家方案」，其中針對育有未滿 20 歲子女的申請人，可以申請租金補貼、前兩年零利率購屋和換屋貸款利息補貼。

衛福部國民健康署 2015 年函頒「低入戶及中低收入戶之體外受精（俗稱試管嬰兒）補助方案」，則是由國家提供經費補助，協助經濟弱勢的不孕夫妻人工生殖（試管嬰兒、不含人工授精）補助。補助的對象資格為低收入戶及中低收入戶，且夫妻至少一方須具有中華民國國籍。該補助規定：35 歲（含）以下最多植入的胚胎數為一個，36 歲以上最多植入兩個胚胎。自 2019 年起，每對不孕夫妻每年可以補助的金額調高為 15 萬元（衛福部國民健康署，2019）。

(三) 育兒津貼

2009 年 5 月 1 日起，勞工參加就業保險年資累計滿一年，育有三歲以下子女，依《性別工作平等法》的規定，辦理育嬰留職停薪者，不論父或母都可申請育嬰留職停薪津貼。被保險人同時需具備（勞動部勞工保險局，

2009）：(1)保險年資合計滿一年以上；(2)子女滿三歲前；(3)依《性別工作平等法》之規定，辦理育嬰留職停薪。給付標準則按被保險人平均月投保薪資 60% 計算，每一子女父母各得請領最長六個月，合計最長可領 12 個月。育兒津貼的實施，使得育兒家庭可以兼顧工作與子女照顧的需求，2010年 1 至 8 月育嬰津貼初次核付件數共計 25,878 件，共計 22.3 億元。其中 81.4%為女性申請，就業保險申請者即占九成。育嬰留職停薪津貼實施七年以來，總共有 39 萬 5 千多人受惠，發放金額超過 360 億 8 百多萬餘元。育嬰留職停薪津貼也有助於鼓勵男性育兒，七年來男性申請人數由開辦當年的 4,808 人，累計增加到 6 萬 6 千多人，顯見男性被保險人有愈來愈重視育兒的趨勢（行政院勞委會，2016）。

衛福部社家署（2014）提供未滿二歲幼兒托育費用補助，對象為父母（或監護人）均就業或單親一方就業無法照顧未滿二歲幼兒者，可以送請托育人員托顧，並依家庭收入狀況分別給予不同等級的補助：

1. 一般家庭：申請人經稅捐稽徵機關核定之最近一年綜合所得總額合計未達申報標準或綜合所得稅稅率未達 20% 者，補助每位幼兒每月 2,000 至 3,000 元。

2. 中低收入戶補助每位幼兒每月 3,000 至 4,000 元。

3. 低收入戶、家有未滿二歲之發展遲緩或身心障礙幼兒之家庭、特殊境遇家庭、高風險家庭，補助每位幼兒每月 4,000 至 5,000 元。

行政院於 2018 年 7 月核定「少子女化對策計畫（民國 107 年至 111年）」，包括十個部會規劃全面的策略，支持國人生兒育女。其中托育公共化及準公共化機制整併了前述育嬰留職停薪的育兒津貼、雙就業家庭的托育費用補助（包含親屬保母、非準公共化保母或托嬰中心），改採新制的「育兒津貼」。幼兒未滿五歲之前均可以請領育兒津貼，一般家庭綜所稅率未達 20%者，每月可領 2500 元；中低收入戶每月可領 4000 元，低收入戶家庭每月可領 5000 元，第三名以上子女每月加發 1000 元。育嬰留職停薪津貼最多補助六個月，家長領完育嬰停薪津貼後，可以立即接著領育兒津貼。

課後練習

一、何謂「托育服務」？托育服務包含哪些類型？

二、女性在托育服務的需求面臨哪些困境？

三、請申論托育服務的未來發展有哪些議題應予重視。

參考文獻

中文部分

《兒童及少年福利機構設置標準》（2013 年 12 月 31 日修正）。

《居家式托育服務提供者登記及管理辦法》（2015 年 11 月 19 日）。

內政部統計處（2012）。一〇一年第一週內政統計通報（**100 年結婚及出生登記統計**）。2012 年 1 月 28 日，取自 http://www.moi.gov.tw/stat/news_content.aspx?sn=5870

內政部統計處（2016a）。**內政統計月報～現住人口出生、死亡、結婚、離婚登記**。2016 年 12 月 31 日，取自 http://sowf.moi.gov.tw/stat/month/list.htm

內政部統計處（2016b）。**內政國際指標——主要國家粗出生率**。2016 年 12 月 31 日，取自 http://sowf.moi.gov.tw/stat/national/list.htm

內政部統計處（2019）。**結婚登記對數——按區域分**。取自 http://statis.moi.gov.tw/micst/stmain.jspisys=100

內政部營建署（2015）。**青年安心成家作業規定**。取自 http://www.cpami.gov.tw/chinese/index.php?option=com_content&view=article&id=10627&Itemid=57

王淑英、張盈堃（1999a）。文化、性別、與照顧工作：對「托育工作女性化」現象的一些討論。**性／別研究「性侵害、性騷擾」專號，5-6**，

404-437。

王淑英、張盈堃（1999b）。托育工作女性化及相關政策檢視。**婦女與兩性學刊**，**10**，167-194。

王淑英、賴幸媛（1997）。臺灣的托育困境與國家的角色。載於劉毓秀（主編），**女性國家照顧**（頁 129-159）。臺北：女書。

中華民國統計網（2019）。**嬰兒出生數按生母國籍分**。取自 https://stadb.gov.tw/pxweb/Dialog/Saveshow.asp

行政院勞委會（2016）。**就業保險育嬰留職停薪津貼開辦 7 週年──39 萬人受惠**。取自 http://www.bli.gov.tw/print.aspx?a=b1%2FEFLRwBPs%3D

李新民（2002）。美國課後輔導方案對國內課後托育的啟示。**高雄師大學報**，**13**，235-256。

李新民（2003）。臺灣與瑞典幼兒教保體制差異之探討。**樹德科技大學學報**，**5**（1），93-110。

唐文慧（2004）。**誰來照顧？臺灣幼托政策的政經分析**。行政院國家科學委員會專題研究計畫成果報告（NSC92-2412-H-006-001）。臺南：國立成功大學。

財政部稅務入口網（2019）。**1208 綜合所得稅申報幼兒學前特別扣除之規定如何？**取自 https://www.etax.nat.gov.tw/etwmain/front/ETW118W/CON/464/72496678/5605888260? tagCode

馬祖琳、楊琇媄（2004）。**家庭保母專業角色之初探**。論文發表樹德科技大學舉辦之「2004 年 0-3 歲嬰幼兒保育國際研討會」，高雄縣。

張翠娥、劉蔚萍、黃麗蓉（2005）。專業人員巡迴輔導介入收托發展遲緩兒童托育機構實施成效探討──以高雄市為例。**兒童及少年福利期刊**，**8**，33-54。

陳美谷（2004）。**桃園縣身心障礙兒童課後托育現況與需求之研究**。國立臺北師範學院特殊教育學系研究所碩士論文，未出版，臺北市。

陳倩慧（1997）。**家庭托育服務的品質：家庭保母的角色、家庭系統及與家長互動關係之探討**。國立臺灣大學社會研究所碩士論文，未出版，

臺北市。

馮燕（1996）。我國托育政策的展望。**理論與政策，秋季號**，111-130。

馮燕（1997a）。**托育服務——生態觀點的分析**。臺北：巨流。

馮燕（1997b）。家庭需求與福利政策——制定托育政策的探究。**臺大社會學刊，25**，141-178。

勞動部（2018）。**技能檢定歷年合格數（保母人員）**。取自 http://www.labor.gov.tw/home.jsp?pageno=201109290032&acttype=view&dataserno=201406300001

勞動部勞工保險局（2009）。**育嬰留職停薪津貼**。取自 http://www.bli.gov.tw/sub.aspx?a=ybp56iObtGY%3D

楊曉苓、胡倩瑜（2005）。臺北市合格家庭保母托育現況及托育服務品質認知之研究。**兒童及少年福利期刊，8**，1-32。

葉郁菁（2005）。臺灣與英國家庭式托育服務制度之比較研究。**兒童及少年福利期刊，9**，109-128。

衛生福利部（2015）。**建構托育管理制度實施計畫（104 年-107 年）**。取自 http://www.sfaa.gov.tw/SFAA/File/Attach/4676/File_165228.pdf

衛福部社家署（2014）。**托育費用補助**。取自 http://www.sfaa.gov.tw/SFAA/Pages/Detail.aspx?nodeid=148&pid=622

衛福部社家署（2016）。**公私協力托嬰中心名冊**。取自 http://www.sfaa.gov.tw/SFAA/Pages/Detail.aspx?nodeid=148&pid=654

衛福部社家署（2018a）。**97～107 年居家托育服務中心數（原社區保母系統）及托育人數**。取自 http://www.sfaa.gov.tw/SFAA/Pages/Detail.aspx?nodeid=516&pid=3840

衛福部社家署（2018b）。**全國托嬰中心及社區公共托育家園分布圖**。取自 https://www.sfaa.gov.tw/SDAA/Pages/List.aspx? nodeid=970

衛福部社家署（2019）。**育兒津貼及托育準公共化專區**。取自 https://www.sfaa.gov.tw/SFAA/Pages/List.aspx? modeid=1057

衛福部國民健康署（2019）。**低入戶及中低收入戶之體外受精（俗稱試管嬰兒）補助方案**。取自 http://www.hpa.gov.tw/Pages/Detail.aspx? nodeid=500&pid=436

衛福部統計處（2019）。**托嬰中心專業人員人數**。取自 http://www.mohw.
gov.tw/DOS/cp-2978-13975-113.html

聯合新聞網（2016 年 5 月 10 日）。**國人晚婚！女性初婚平均年齡邁入 30
歲**。2016 年 12 月 23 日，取自 http://udn.com/news/story/7272/1686163

英文部分

Lamb, M. E. (1987). Introduction: The emergent American father. In M. E. Lamb
(Ed.), *The father's role: Cross-cultural perspectives*. Hillsdale, NJ: Erlbaum.

Munton, A. G., Blackburn, T., & Barreau, S. (2002). Good practice in out of
school care provision. *Early Child Development and Care*, *172*(3), 223-230.

Newman, D., & Grauerholz, E. (2002). *Sociology of families*. London: Pine
Forge Press.

Phillips, D. A., & Howes, C. (1987). Indicators of quality in child care: Review
of the research. In D. A. Phillips (Ed.), *Quality in child care: What does
research tell us?* (pp. 1-20). Washington, DC: NAEYC.

Posner, J. K., & Vandell, D. L. (1994). Low-income children's after-school care:
Are there beneficial effects of after-school programs? *Child Development*,
70, 756-767.

Roumani, H. B. (2005). Maids in Arabia: The impact of maids as carers on
children's social and emotional development. *Journal of Early Childhood
Research*, *3*, 149-167.

Smith, F., & Barker, J. (1999). From "Ninja Turtles" to the "Spice Girls": Chil-
dren's participation in the development of out of school play environments.
Built Environment, *25*(1), 35-43.

U. S. Bureau of the Census (1998). While moms work, dads or other relatives
provide primary care for pre-schoolers. *Census and You, April*.

第 2 章

臺灣托育服務現況

●＞葉郁菁著

第一節　托育機構的演進與發展

　　臺灣托育機構的發展受到政治情勢與經濟結構的不同而有其階段性的發展過程，大體而言可分為日據時期、光復初期、發展期及轉變期等四個階段。

壹、日據時期

　　早期日本人為加深民眾的皇民化思想，透過托兒所的教保活動來作為同化思想的一種手段。根據記載，日本政府在 1928 年於臺東鹿野所設立的「鹿野村托兒所」為臺灣最早的托兒所，但其主要收托對象則僅限於日本人子弟。至於最早收托臺灣人的托兒所，則是 1932 年在新竹州銅羅庄三座厝所開辦的「三座厝農繁期托兒所」（翁麗芳，1998）。

貳、光復初期

　　1945 年臺灣光復以後，當時政府為重整戰後的臺灣，鼓勵全民一起奮鬥，力求盡快改善人民的生活品質。而此時臺灣的經濟恰以農業為基礎，當時的婦女在農忙之際均得下田幫忙，無暇照顧年幼的孩童。政府為解決農民的困境，一方面讓他們能安心的工作，一方面讓兒童能有良好的照顧環境，乃商討對策，並於 1955 年起委託省政府社會處統籌，會請農林廳、財政廳、省農會等單位協助研擬相關推行辦法與規章，在各地鄉鎮市陸續成立「農忙托兒所」，供農婦在忙碌之餘有一托兒的地方，這也是臺灣設立托育機構的開始。

　　起初，「農忙托兒所」的設立是請各縣市政府在其轄區中每兩個鄉（鎮）中選一個鄉（鎮）的方式來推行，共設立 171 所。從試辦的過程中檢討需改進之處，最後在 1956 年起才普遍推行，規定全省各鄉鎮均要設立一所，每所至少要三班。初期，「農忙托兒所」是屬於短期性質的服務，

只有在收成忙碌的時候才有托兒的服務。到了 1958 年，政府將其改變成為全日制的「農村托兒所」，讓農民能有更充裕的時間從事勞動的工作，而兒童也有一個固定的托育機構幫助其發展。

參、發展期（1975 年至 1992 年）

省政府社會處為加強兒童福利，落實托兒的服務，以嘉惠更廣大的民眾，於 1975 年將「農村托兒所」改為「村里托兒所」，並鼓吹縣市政府在各村里廣設托兒所，期能達到一個村里一間托兒所的願景，而原本屬於農忙時才有的托育服務，歷經改變也從短期轉變成長期性質的托育。而「村里托兒所」的設置也不再只侷限於農村地區，相反的，已擴及至各個社區之間。村里托兒所係由鄉鎮公所、農會、婦女會、民眾服務分社或國民中小學所主辦，負責各項業務的推動與督導。其托育的場地大多是社區活動中心、集會所、廟宇或國小的空教室（邱志鵬，2002）。據統計，1987 年時，全省已有 2,828 所「村里托兒所」，收托幼兒人數達 13 餘萬人，托育機構從無到有，逐漸萌芽。

肆、轉變期（1993 年迄今）

為使托育管理的制度更臻完善，政府乃於 1993 年訂定「臺灣省各縣市立鄉鎮市立托兒所組織規則」，以加強托兒所的管理，提升托兒所的教保品質，此後托兒所如雨後春筍般紛然而立。至於村里托兒所、公立托兒所以及私立托兒所，彼此之間消長的關聯性，分析如下：

1. 村里托兒所在 1995 年達到巔峰狀態，共有 1,931 所，共收托 106,976 人；隔年隨著政府政策的轉向，對村里社區托兒所進行收編的動作，使得其數量逐漸走下坡，直到 2011 年 6 月僅餘十所。村里托兒所的階段性任務達成，並轉而由公立和私立托兒所取代。

2. 1996 年隨著村里托兒所的收編，將班級數集中至「示範托兒所」，再加上因應婦女就業的需求，托兒所不再限制只給低收入戶就讀，大幅度開放給一般有需求的民眾，使得公立托兒所的需求數量大增，從原本的 21

所激增至 1999 年 318 所，達到最高峰，之後則呈現衰減現象，至 2011 年底降至 271 所，共收托 55,835 人。隨著行政體系人事凍結和經費有限，以及因應民營化的浪潮席捲下，公立托兒所逐漸朝公辦民營的方向發展（陳建志，2001）。導致公立托兒所的數量也慢慢趨於減緩，同時幼托整合之後，也造成公立托兒所的另一波衝擊，包含取得建物使用執照、消防安全、師資等，都造成公立托兒所轉型過程的困難。

3. 幼托整合之前私立托兒所一直是民間托育服務的大宗，歷年來收托的幼兒人數比例也最多，幼托整合前，全臺有 3,402 所私立托兒所，收托人數達 18 萬餘人（占 76.5%）；相對的，公立托兒所只有 271 所，收托幼兒五萬餘人（內政部兒童局，2012）。2011 年幼托整合之後，原托兒所改制為幼兒園，2016 年公立幼兒園數 2,052 所，收托幼生數 145,401 人（占 29.5%），2014 年後陸續開辦非營利幼兒園，導致私幼幼生人數略有下降，2016 年私幼幼生人數為 342,095（占 69.4%）（葉郁菁，2018）。

　　而隨著社會結構的複雜化，單一的托育型態已漸漸無法滿足現代人的需求，各種類型的托育機構在街頭林立，安親班、才藝班、居家托育人員、托嬰中心……各有各的功能與不同的屬性，托育內容的多元化，連帶也促成了托育服務的蓬勃發展，管理督導的問題也慢慢浮上檯面。為使接受托育的兒童能享受到安全有保障的品質與環境，並促進安親班管理的合法化，臺灣省政府更在 1998 年頒布《臺灣省校外課後安親班輔導管理要點》，正式將安親班納入管理（王靜珠，1999）。此外，政府也制定國小開辦課後安親班的辦法，運用現成的師資與場地，直接在國小開辦課後照顧服務，一來可解決孩子放學後四處奔波的問題，二來也可讓家長免去花費時間尋找合格安親班的困擾。

　　2012 年 1 月 1 日幼托整合正式上路，過去的托兒所和幼稚園成為歷史名詞，整併為「幼兒園」，依據《幼兒教育及照顧法》（2015 年 7 月 1 日修正）所定義，幼兒園乃指「對幼兒提供教育及照顧服務（簡稱教保服務）之機構」，幼兒園教育與照顧的對象為二歲以上至入國民小學前之幼兒。

《幼兒教育及照顧法》的立法目的為健全幼兒教育及照顧體系，兼顧教育與保育功能，以促進幼兒的身心健全發展。二歲以上至六歲幼兒的教育與照顧主管機關在中央為教育部，直轄市與縣市則為教育局處。未滿二歲嬰幼兒的托育與照顧，中央主管機關為衛生福利部社會及家庭署，主要統籌居家托育服務、托嬰中心與托育補助等業務，地方主管機關則為縣市政府的社會局處。

第二節　托育現況

壹、托育需求

照顧孩子的責任一直落在婦女的身上，但隨著整體時代的變遷，臺灣面臨社會經濟環境快速的轉變，雙薪家庭和小家庭型態為主流，托育服務的需求漸增，導致托育的需求量逐漸增加的原因包含如下：

一、家庭結構的改變

以往的家庭結構以大家庭為主，在此家庭環境之下，孩子的照顧除了由母親負責之外，遇到農忙時期，爺爺奶奶甚至是各妯娌親戚之間則成了協助照顧孩子的最佳人選。農業社會人與人的關係密切，人我之間的互動頻繁而熱絡，鄰里之間總喜歡守望相助，將小孩寄放在鄰居家的情形屢見不鮮。

隨著工商業的發展，人們忙於在這競爭激烈的社會上求生存，人際關係逐漸淡漠，彼此之間罩上一層冷峻的面紗，鄰居互不相識不打招呼，鄰里的力量削弱，無法發揮其應有的效果。再加上家庭組成結構的變遷，使得核心家庭、雙薪家庭、單親家庭、重組家庭的數量逐漸增加，鄰里之間的托育鏈結瓦解，由商業化的托育機構取代。

(一) 家庭組織型態以核心家庭為主軸

　　依據最近一次衛福部臺閩地區兒童及少年生活狀況調查結果（衛生福利部，2015a），兒童之家庭組織型態以「核心家庭」比例最高（占45.2%），「主幹家庭」（26.6%）次之，「混合家庭」（16.5%）居第三，單親家庭（9.3%）與祖孫二代（隔代教養家庭）（2.3%）比例最低。與2010年比較，核心家庭及混合家庭的比例增多，尤其是核心家庭增加的比例最高；主幹家庭的比例減少10.8%。兒童父母的婚姻狀況為結婚同住者，核心家庭的比例為50.2%，但單親未婚者為單親家庭的比例高達91%。

(二) 各種家庭型態的定義

1. 核心家庭：包含父親（生父／繼父／養父）、母親（生母／繼母／養母），但不包含（外）祖父、（外）祖母等，可能包含兄弟姊妹、父親的兄弟姊妹或母親的兄弟姊妹。
2. 主幹家庭：包含父、母、（外）祖父、（外）祖母等，可能包含兄弟姊妹，但不包含父親的兄弟姊妹、母親的兄弟姊妹。
3. 混合家庭：包含父、母、（外）祖父、（外）祖母等、父親的兄弟姊妹或母親的兄弟姊妹等，可能包含兄弟姊妹。
4. 單親家庭：包含父、母其中一位，可能包含（外）祖父、（外）祖母、兄弟姊妹、父親的兄弟姊妹、母親的兄弟姊妹等。
5. 祖孫二代：包含（外）祖父、（外）祖母，但不包含父、母，可能包含兄弟姊妹、父親的兄弟姊妹、母親的兄弟姊妹等。

二、婦女投入就業市場

　　受到新思想潮流的影響，「女子無才便是德」的觀念已被打破，擁有高學歷的女性比比皆是，隨著受教育的程度提高，女性的自主意識也相對的逐漸抬頭，她們紛紛投入就業市場，以追求更高層次的自我實現，而傳統在家相夫教子的婦女比率下降，職業婦女已是新女性的代名詞。

　　婦女出外工作是當前的趨勢，一方面是為了實現自我成就的滿足，一方面是為了分擔家計。根據行政院主計處人力資源統計的資料顯示（圖2-1），婦女的勞動參與率已從 1980 年的 39.25%逐年成長到 2015 年的50.74%（行政院主計總處，2015）。

　　女性的勞動參與率提升與育嬰假政策有正面效益，除了提供女性就業誘因及保障、促其重返工作崗位外，有利於兩性、家庭及企業。依據《性別工作平等法》規定，育嬰留職停薪假可達二年，比日本、韓國長，依《就業保險法》規定，其中有給付之育嬰假（可申請育嬰留職停薪津貼）為六個月，可領到投保薪資的六成，與日本接近，比韓國的三成三還要優。2014年臺灣 25 至 29 歲女性勞參率高達 90.2%，但自 30 至 34 歲級距開始下滑，且 25 至 49 歲育齡婦女無就業意願的主要原因為「需要照顧子女」，反映出女性仍必須負擔較多的育兒責任。

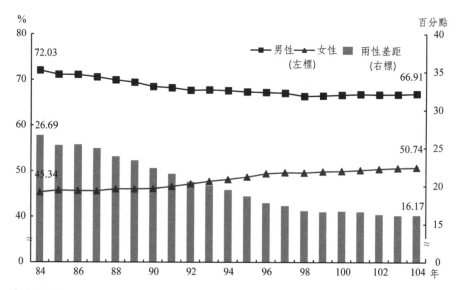

●圖 2-1　近 20 年兩性勞動力參與率

資料來源：行政院主計總處（2015）。

　　隨著婦女投入市場的勞動參與率逐年增加趨勢看來，愈來愈多的婦女無法親自照顧兒童，因此正式的社會支持系統介入，才能讓婦女得以在生育後繼續留在工作崗位上效命，政府部門與民間單位提供完善且周全的托育服務，則是當前重要的社會福利課題。

貳、托育型態

　　2015 年臺閩地區兒童及少年生活狀況調查報告指出（衛生福利部，2015a），零至二歲學齡前幼兒在托嬰中心或幼兒園接受托育照顧的比例為10.1%，但三至五歲送至托嬰中心或幼兒園的比例為 77.3%，明顯增加（42.7%），與 2010 年的調查結果相比，在家由母親帶的比例略為下降，但接受機構托育的比例則增加 7.2%。白天送到托育人員（或親戚）家，晚上帶回，以及全天托育在托育人員家裡，比例都略有增加（表 2-1）。都市化程度愈高的地區，零至二歲幼兒家長仰賴機構托育的比例也更高。零至二歲幼兒照顧型態與母親國籍比較，結果發現在家由母親自己帶的比例，本國籍原住民（63.7%）與本國籍新住民（65%）、外國籍（57.6%）均遠高於本國籍非原住民（39.8%），顯然原住民與新住民親自照顧零至二歲幼

表 2-1　學齡前兒童之主要托育安排狀況

單位：人、%

項目別	總計		在家由母親帶	在家由父親帶	在家由其他家人帶	在家由外籍幫傭帶	花錢請托育人員在家帶	白天送到托育人員家，晚上帶回	白天送到親戚家，晚上帶回	全天托育在親戚家裡	全天托育在托育人員家裡	送至托嬰中心或幼兒園	送到工作場所設置托嬰中心或幼兒園	其他
	樣本數	百分比												
2010 年	1,234	100.0	29.6	-	26.3	0.1	1.2	2.5	1.8	0.1	0.0	35.5	0.4	2.2
2014 年	2,415	100.0	27.8	0.9	19.4	0.4	-	3.9	3.4	1.2	-	41.9	0.9	0.1

資料來源：衛生福利部（2015a）。

兒的比例反而比較高，相對上本國籍非原住民送托嬰中心照顧的比例則較高（10.6%）。若與母親教育程度比較，母親教育程度為國小以下者，在家親自照顧的比例較高（73.9%），而母親教育程度為研究所以上者，在家親自照顧二歲以下幼兒的比例僅有 19.8%。從這個調查看到一個有趣的現象，母親教育程度為研究所以上者，選擇二歲以下幼兒的托育方式在「白天送到托育人員（或親戚）家，晚上帶回」的比例遠高於其他教育程度的母親，顯然高教育程度者非自己照顧，但也較傾向選擇居家式托育服務（由托育人員或者親戚帶），晚上再自行照顧。

參、托育型態概況

為因應雙薪家庭的增加，不同類型的托育型態如雨後春筍般產生，針對不同年齡的兒童及需求而有不同的托育服務，目前臺灣的托育方式除了公私立幼兒園、非營利幼兒園之外，尚有托嬰中心、公私協力托嬰中心、社區公共托育家園、居家托育服務等型態，提供學齡前的兒童照顧與保育的服務。以下針對托嬰中心、居家托育服務、幼兒園、課後托育中心等四種托育服務做一概略的描述。

一、托嬰中心

依據《兒童及少年福利機構設置標準》（2013 年 12 月 31 日修正通過）第 2 條規定，托嬰中心指的是辦理未滿二歲兒童托育服務之機構，且應具有收托或安置五人以上之規模。托嬰中心應提供受托兒童獲得充分發展之學習活動及遊戲，以協助其完成各階段之發展，並依其個別需求提供下列服務：
1. 兒童生活照顧。
2. 兒童發展學習。
3. 兒童衛生保健。
4. 親職教育及支持家庭功能。

5. 記錄兒童生活成長與諮詢及轉介。

6. 其他有益兒童身心健全發展者。

　　若托嬰中心已收托之兒童達二歲，尚未依《幼兒教育及照顧法》規定進入幼兒園者，托嬰中心得繼續收托，但期間不得超過一年。托嬰中心之收托方式分為下列三種：

1. 半日托育：每日收托時間未滿六小時者。

2. 日間托育：每日收托時間在六小時以上未滿十二小時者。

3. 臨時托育：父母、監護人或其他實際照顧兒童之人因臨時事故送托者。

　　其中臨時托育時間不得超過半日托育與日間托育的托育時間。

　　《兒童及少年福利機構設置標準》第 7 條規定，托嬰中心應有固定地點及完整專用場地，其使用建築物樓層以使用地面樓層一樓至三樓為限，並得報請主管機關許可，附帶使用地下一樓作為行政或儲藏等非兒童活動之用途。

　　《兒童及少年福利機構設置標準》第 8 條規定，托嬰中心應具有下列空間：

1. 活動區：生活、學習、遊戲、教具及玩具操作之室內或室外空間。

2. 睡眠區：睡眠、休息之空間。

3. 盥洗室：洗手、洗臉、如廁、沐浴之空間。

4. 清潔區：清潔及護理之空間。

5. 廚房：製作餐點之空間。

6. 備餐區：調奶及調理食品之空間。

7. 用餐區：使用餐點之空間。

8. 行政管理區：辦公、接待及保健之空間。

9. 其他與服務相關之必要空間。

　　上述空間應有適當標示，且依收托規模、兒童年齡與發展能力不同分別區隔。空間可以視實際情形調整併用，例如：睡眠區、清潔區或用餐區可設在活動區之內；睡眠區和用餐區、廚房和備餐區可以合併使用；清潔區可以設置在盥洗室之內；清潔區應設有沐浴槽及護理臺；備餐區內應設

有調奶臺。

　　托嬰中心室內樓地板面積及室外活動面積，扣除盥洗室、廚房、備餐區、行政管理區、儲藏室、防火空間、樓梯、陽臺、法定停車空間及騎樓等非兒童主要活動空間後，合計應達 60 平方公尺以上。兒童主要活動空間，室內樓地板面積，每人不得少於 2 平方公尺，室外活動面積，每人不得少於 1.5 平方公尺。但無室外活動面積或不足時，得另以其他室內樓地板面積每人至少 1.5 平方公尺代之。

　　托嬰中心應提供具有適當且符合兒童年齡發展專用固定之坐式小馬桶一套；超過 20 人者，每 15 人增加一套，未滿 15 人者，以 15 人計；每收托 10 名兒童應設置符合兒童使用之水龍頭一座，未滿 10 人者，以 10 人計。

　　托嬰中心應置專任主管人員 1 人綜理業務，並置特約醫師或專任護理人員至少 1 人；每收托 5 名兒童應置專任托育人員 1 人，未滿 5 人者，以 5 人計。

　　依據《兒童及少年福利與權益保障法》第 75 條規定，托嬰中心屬「兒童及少年福利機構」。托嬰中心托育服務之輔導及管理事項，應由直轄市、縣（市）主管機關自行辦理或委託相關專業之機構、團體辦理。

　　至 2018 年 12 月為止全國立案的托嬰中心共計有 1,031 家，其中私立托嬰中心 852 家（占 82.6%）公辦民營托嬰中心已達 179 家，其中以六都最多，新北市 60 家、臺北市 70 家、高雄市 17 家、臺中市 5 家、桃園市 7 家、臺南市 1 家（表 2-2）（衛福部統計處，2019a）。全國接受機構式收托的嬰幼兒人數共計 26,637 人，以一歲未滿兩歲最多（13,326 人，占 50%）（衛福部統計處，2019a）。依據衛福部統計處（2019b）統計資料顯示，至 2018 年 12 月底止全國托嬰中心的專業人員，主管人員共 1,011 人，托育人員共 6,425 人、教保人員共 74 人、助理教保人員共 10 人。2018 年全國收托嬰幼兒人數為 26,637 人，扣除主管人員平均每位托育人員照顧嬰幼兒數為 4.09 人。

● 表 2-2　各縣市 2018 年度托嬰中心設置情形及收托人數統計表

區域別	所數			
	總計	公立	私立	公辦民營
2018 年 12 月底	1,031	-	852	179
新北市	211	-	151	60
臺北市	219	-	149	70
桃園市	87	-	80	7
臺中市	148	-	143	5
臺南市	69	-	68	1
高雄市	72	-	55	17
宜蘭縣	12	-	5	7
新竹縣	51	-	51	-
苗栗縣	9	-	9	
彰化縣	41	-	41	-
南投縣	4	-	4	-
雲林縣	10	-	10	
嘉義縣	1	-	1	-
屏東縣	8	-	8	
臺東縣	8	-	4	4
花蓮縣	4	-	4	-
澎湖縣	3	-	1	2
基隆市	6	-	4	2
新竹市	61	-	61	-
嘉義市	3	-	2	1
金門縣	2	-	1	1
連江縣	2	-	-	2

資料來源：衛福部統計處（2019a）。

二、社區公共托育家園

　　衛生福利部社會及家庭署補助臺北市進行「社區公共托育家園試辦計畫」，自 2016 年開始，臺北市政府於萬華區雙園國中、南港區舊莊國小以及文山區興華國小試辦三處社區公共家園，採取收托十名嬰幼兒的小型化照顧模式，仿照托嬰中心設置標準立案。社區公共托育家園的規模小於公辦民營托嬰中心，雖然照顧人數僅有十名嬰幼兒（公共托嬰中心則可收托到 40 人），但公共托嬰中心的造價與營運成本甚高，自中央開辦公私協力托嬰中心以來，投入的經費高達 1 億 7,190 萬元，地方自籌經費超過 15 億，開設家數 98 家，平均每一個公私協力托嬰中心的設置成本高達 1,754 萬元（衛福部社家署，2017a）。規模較小的社區公共托育家園，造價成本經評估後約需 250 萬元，利用國中小閒置空間進行整修，不僅可以達到空間活化，也可以提供家長近便性的托育服務，使零歲開始到國小的教保服務真正達到托嬰、幼教、小教，零至十二歲的「一條龍」服務。至 2018 年 6 月為止，全國已設置 36 處社區公共托育家園（衛福部社家署，2018）。

　　社區公共托育家園的服務模式由三名托育人員照顧十二名嬰幼兒，可以收托的嬰幼兒人數比居家托育多，但同時可以兼顧居家式托育服務「類家庭」的照顧，同時又可避免居家托育隱密性的問題，托育人員可以與家長建立親師關係。縣市可以設置的公私協力托嬰中心有限，但公共托育家園則更有機動性與彈性。不過設置公共托育家園的初期，縣市政府主管機關必須遊說相關團體或學校設置社區公共托育家園，提供在地社區民眾就近、就便的托育服務。社區公共托育家園設置一名專任主管人員、兩名專任托育人員及一名兼職廚工，不過因為收托的幼兒不超過十二人，專任主管人員不列入照顧師生比計算，行政事務與托嬰中心相對較少，主管人員較無法發揮專才；因應一例一休，若僅有兩名托育人員，則可能因請假造成臨時人力不足；兼職廚工烹調食物量少，工時短，不易招聘，這些均為目前營運的人力管理問題。

　　社區公共托育家園可以由企業、機關、團體、學校附設，由企業、機

關、團體、學校擇定場地，以自辦或委託專業團體或公益法人辦理。或者在社區中設置，由社會局擇定社區合適場地，委託專業團體或公益法人辦理。社區公共托育家園供兒童主要活動空間，室內樓地板面積，扣除盥洗室、清潔區、廚房、備餐區、行政管理區、儲藏室、防火空間、樓梯、陽台、露台、走道（廊）、法定停車空間、騎樓、道路退縮地及依法應留設之公共開放空間，合計應達 35 平方公尺以上（行政院，2017）。

　　衛生福利部根據臺北市公共托育家園的試辦成果，規劃未來將逐步推動到全國其他縣市，讓有意願推動的縣市政府可以提前瞻計畫申請，預計至 2020 年將布建 440 處社區公共托育家園提供 5,280 位零至二歲嬰幼兒的托育照顧（行政院，2018）。縣市政府可盤整轄內可資運用的公共空間，以社區近便性考量為設置地點，並申請前瞻計畫經費。社區公共托育家園之試辦規格與內涵，比照上述臺北市政府社會局辦理模式，收費標準則由縣市政府彈性調整，惟每名兒童每月托育費用應相當於特約居家托育人員的收費。

三、居家托育服務

　　從婦女選擇三歲以下兒童的托育方式來看，除了自己帶或親人帶為首要選擇之外，尋求居家托育人員的幫助，也是婦女考量的托育方式之一。與機構式托育服務相比，居家托育人員的優點為：年紀愈小的孩子愈需要情感的依附，居家托育人員恰巧提供了這項需求。蘇怡之（2000）提出，居家托育人員能提供熟悉、溫暖的環境，以及穩定的依附對象，且在收托人數少的情形之下，使嬰幼兒得以獲得較多的關注與互動的機會，有助於建立社會關係與行為系統，發展安全的依附感。

　　既然居家托育人員主要托育二歲以下嬰幼兒，對於居家托育人員服務品質的要求是刻不容緩的事情。而傳統居家托育人員給人的感覺是：一般的家庭婦女為貼補家計而在家中兼職照顧小孩的形象。政府為擺脫這樣的窠臼，建立居家托育人員的專業形象，提升居家托育人員的專業素質，內

政部於 1998 年開始，結合地方民間團體辦理托育人員養成訓練，並協助其取得保母技術士執照。

　　2001 年開始衛福部社家署透過「社區保母支持系統」，協助專業保母納入系統管理，媒合育兒家長與保母。之後並於 2014 年 12 月 1 日起實施居家托育登記制，「社區保母支持系統」更名為「居家托育服務系統」，為居家托育服務品質奠定良好基礎。所謂的「居家托育服務」指的是幼兒由三等親內親屬以外的托育人員，在居家環境中提供收費的托育服務。過去將有收費且在居家環境提供托育服務照顧的人員稱為「保母」，登記制實施之後正式名稱為「居家托育人員」。居家托育人員的資格必須年滿 20 歲，並具備下列條件之一：

1. 取得保母人員技術士證。
2. 高級中等以上學校幼兒保育、家政、護理相關學程、科、系、所畢業。
3. 修畢托育人員專業訓練，並領有結業證書。

　　「登記制」為 2014 年 12 月 1 日起，照顧三等親以外幼兒的托育人員依法需要辦理登記，才可以擔任居家托育服務工作。辦理登記的地點為縣市政府社會局處。如果沒有登記而實際擔任托育人員，則會被社會局處裁處六千元至三萬元的罰鍰，並且限期改善。居家托育服務登記流程如圖 2-2。

　　依據《居家式托育服務提供者登記及管理辦法》第 2 條，「居家托育服務」包含兩種類型（衛生福利部，2015b）：

1. 在宅托育服務：居家托育人員在自己家裡提供托育服務。
2. 到宅托育服務：居家托育人員到家長指定的處所提供托育服務。

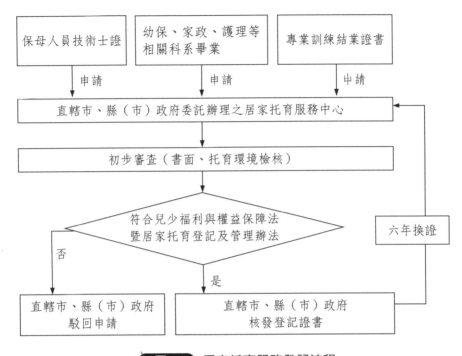

圖 2-2 居家托育服務登記流程

資料來源：衛福部社家署（2016）。

居家托育服務照顧的兒童包含 12 歲以下的兒童，因此，若是國小學童課後托育，依規定也要辦理登記。另外，居家托育人員也不可以在收托時間兼職或經營足以影響托育服務的職務或事業。收托人數規定如表 2-3（衛福部社家署，2017b）。

「親屬托育人員」指的是照顧兒童之祖父母或親屬。自 2012 年 7 月 1 日起擴大辦理保母托育費用補助，並放寬《兒童及少年福利與權益保障法》第 26 條之托育人員資格，任何人只要具有幼兒保育、家政、護理等相關科系畢業，或修畢托育人員專業訓練課程領有結業證書者且加入居家托育服務中心，政府亦補助送托兒童家長托育費用。雖然親屬托育人員仍屬於居家托育服務中心造冊管理的對象，不過他們與執業托育人員仍有差別，採分流輔導且低度管理，須接受在職訓練或親職教育課程與一次性訪視，使

表2-3 居家托育人員收托人數規定

收托人數	計算方式
半日托、日間托、延長、臨托最多四名，其中未滿二歲至多二名	(1) 二個二歲以上兒童＋二個二歲以下兒童 (2) 三個二歲以上兒童＋一個二歲以下兒童 (3) 四個二歲以上兒童
全日托或夜托至多二名	(1) 二個二歲以下兒童或二個二歲以上兒童 (2) 一個二歲以上兒童＋一個二歲以下兒童
全日或夜托一名，加上半日、日間、延長或臨托至多二名，其中未滿二歲至多二名	(1) 二個二歲以下兒童＋一個二歲以上兒童 (2) 一個二歲以下兒童＋二個二歲以上兒童 (3) 三個二歲以上兒童
夜托二歲以上二名者，得增收半日、日間、延長或臨托至多一名	(1) 二個二歲以上兒童＋一個二歲以下兒童 (2) 三個二歲以上兒童
二名以上托育人員共同照顧至多四名，其中全日或夜托至多二名	(1) 四個二歲以下兒童 (2) 一個二歲以上兒童＋三個二歲以下兒童 (3) 二個二歲以上兒童＋二個二歲以下兒童 (4) 三個二歲以上兒童＋一個二歲以下兒童 (5) 四個二歲以上兒童

資料來源：衛福部社家署（2017b）。

能兼顧托育照顧品質。至 2015 年 9 月止親屬托育人員共 27,275 人，人數已經超過領有居家托育服務登記證書的托育人員數，其屬性不同於一般執業托育人員，除了照顧親屬的兒童外，甚難轉為執業托育人員照顧其他兒童（衛生福利部，2015c）。隨著行政院 2018 年實施全國育兒津貼新制，不再對親屬托育提供額外補助，併入育兒津貼一併實施，親屬托育人員逐漸退場。

2018 年 7 月衛生福利部公告「育有未滿二歲兒童育兒津貼申領作業要點」，原受過訓練的親屬照顧的托育補助每月可領取 2000 元取消，新制則改為父母一方未就業或由親屬協助照顧的零至二歲幼兒家長均可領取每月 2500 元的育兒津貼；2019 年 8 月開始將擴及二歲以上未滿五歲幼兒家長受

益（衛生福利部，2018）。

　　衛福部統計資料顯示至 2018 年底止，居家托育人員數共計 26,240 人，收托人數（不包含親屬托育者）為 42,535 人（衛福部統計處，2019o）（表 2-4）。依據勞動部勞動力發展署技能檢定中心全國統計數據（勞動部，2016）顯示，全國取得保母技術士證照者，至 2018 年 11 月底止已達 158,858 人，其中僅有 30,957 人辦理居家式托育服務登記，未執業率達 80.5%。

● 表 2-4　97-107 年居家托育服務中心數（原社區保母系統）及托育人數

年度	系統數	托育人數		托育兒童人數
		一般托育	親屬托育[註]	
97	54	13,624	-	
98	55	14,248		16,985
99	58	14,874		22,134
100	62	16,419		25,509
101	62	18,505	4,662	35,348
102	66	20,549	13,650	49,296
103	70	21,381	20,468	59,982
104	72	22,933	25,748	69,428
105	71	24,259	27,751	73,270
106	72	25,750	29,647	76,221
107	71	26,240	28,315	73,294

註：因應 2011 年修正「兒童及少年福利與權益保障法」，第 26 條第 2 項訂定托育人員資格為「居家式托育服務提供者應年滿二十歲並具備下列資格之一：一、取得保母人員技術士證。二、高級中等以上學校幼兒保育、家政、護理相關學程、科、系、所畢業。三、修畢保母專業訓練課程，並領有結業證書。」2012 年起「建構友善托育環境——保母托育管理與托育費用補助實施計畫」配合修正放寬可加入社區保母系統之保母人員資格，並得申請就業者家庭部分托育費用補助，因修畢托育人員專業訓練課程門檻較低，吸引許多親屬照顧者接受專業訓練取得托育人員資格申請托育補助，惟渠等托育人員以照顧自己親屬幼兒為主，多數未提供親屬外之托育。

資料來源：衛福部統計處（2019c）。

四、幼兒園

幼托整合自 2012 年 1 月 1 日起開始生效，收托機構統稱幼兒園，以下將依據主管單位、依據之法令、托育宗旨、收托方式、收托對象、教保服務人員資格等項目，簡要介紹幼兒園的相關情況。

1. 主管單位：在中央為教育部；直轄市為直轄市政府；在縣（市）為縣（市）政府。

2. 依據之法令：《幼兒教育及照顧法》。

3. 收托對象：指二歲以上至入國民小學前之幼兒。

4. 收托類型：二歲以上未滿三歲幼兒，每班以 16 人為限，且不得與其他年齡幼兒混齡；三歲以上至入國民小學前幼兒，每班以 30 人為限。但離島、偏鄉及原住民族地區之幼兒園，因區域內二歲以上未滿三歲幼兒之人數稀少，致其招收人數無法單獨成班者，得報直轄市、縣（市）主管機關同意後，以二歲以上至入國民小學前幼兒進行混齡編班，每班以 15 人為限。

5. 教保服務人員：

   (1) 不同班級的教保服務人員：

      ①招收二歲以上至未滿三歲幼兒之班級，每班招收幼兒八人以下者，應置教保服務人員一人，九人以上者，應置教保服務人員兩人。

      ②招收三歲以上至入國民小學前幼兒之班級，每班招收幼兒 15 人以下者，應置教保服務人員一人，16 人以上者，應置教保服務人員兩人。

      ③五歲至入國民小學前幼兒之班級，每班應有一人以上為幼兒園教師。

      ④幼兒園助理教保員之人數，不得超過園內教保服務人員總人數之三分之一。

      ⑤公立學校附設幼兒園，除依上述規定聘用教保服務人員外，每園應再增置教保服務人員一人。

(2) 教保服務人員資格：

①幼兒園教師：依《師資培育法》規定取得幼兒園教師資格者。

②教保員，應具備下列資格之一：

- 國內專科以上學校，或經教育部認可之國外專科以上學校幼兒教育、幼兒保育相關系、所、學位學程、科畢業。
- 國內專科以上，學校或經教育部認可之國外專科以上學校非幼兒教育、幼兒保育相關系、所、學位學程、科畢業，並修畢幼兒教育、幼兒保育輔系獲得學分學程。

③助理教保員：具國內高級中等學校幼兒保育相關學程、科畢業之資格。

五、課後照顧班（中心）

依據教育部（2015）公布的《兒童課後照顧服務班與中心設立及管理辦法》第 3 條，「兒童課後照顧」是指招收國民小學階段兒童，於學校上課以外時間，提供以生活照顧及學校作業輔導為主之多元服務，以促進兒童健康成長、支持婦女婚育及使父母安心就業。因此，由公、私立國民小學設立，辦理兒童課後照顧服務之班級稱為「兒童課後照顧服務班」（簡稱課後照顧班）。由鄉（鎮、市、區）公所、私人（包括自然人或法人）或團體設立，辦理兒童課後照顧服務之機構，則稱為「兒童課後照顧服務中心」（簡稱課後照顧中心）。公立國民小學或鄉（鎮、市、區）公所，可以透過公開招標方式，由國小提供學校內各項設施及設備，委託公、私立機構、法人、團體辦理公立課後照顧班或公立課後照顧中心。

《兒童課後照顧服務班與中心設立及管理辦法》第 18-1 條規定，課後照顧分為三種型態：

1. 平日服務：於學期起迄期間提供服務者。

2. 寒暑假服務：於寒暑假期間提供服務者。

3. 臨時服務：為父母、監護人或其他實際照顧兒童之人因臨時需要提供服務者。

　　課後照顧班、課後照顧中心收托兒童數以每班 15 人為原則，至多不得超過 25 人。每招收 25 名兒童，應置一位課後照顧服務人員；未滿 25 人者，以 25 人計。公立課後照顧班、中心，每班以招收身心障礙兒童 2 人為原則，並可以酌予減少該班級人數。國小也可視身心障礙兒童照顧需要，以專班方式辦理。

　　課後照顧中心除每年年底前，應檢附公共意外責任險保單影本，每二年需檢附主任、課後照顧服務人員與其他工作人員之健康檢查結果影本，報直轄市、縣（市）主管機關備查。課後照顧中心所有人員（包含主任、課後照顧人員、行政人員）均無違反《兒童及少年福利與權益保障法》第 81 條規定，並簽署切結書及提供警察刑事紀錄證明。

　　課後照顧中心應有固定地點及完整專用場地；其為樓層建築者，以使用地面樓層一樓至四樓為限。其中兒童活動總面積應達 70 平方公尺以上，兒童室內活動面積每人不得小於 1.5 平方公尺，室外活動面積不得小於 2 平方公尺。

第三節　當前托育問題

　　當前的托育問題，仍有許多漏洞待解決，大致上可分為五個面向討論：(1)缺乏有系統的托育政策；(2)缺乏托育諮詢管道；(3)幼托整合後的發展現況與問題；(4)托育品質階層化；(5)缺乏托育品質的監督管理系統。

、缺乏有系統的托育政策

　　受限於傳統父權社會的影響，托育被認為是婦女所從事的工作；因此，國家在這方面的育兒支持一直處於被動的姿態，缺乏統整性的政策引導托育服務的走向。國家托育政策有以下幾個問題。

一、補償式的心態

　　對於托育服務，總是被定位為社會福利的事業，其目的是藉以補充福利政策的不足之處。也因為這種補償的心態，在中央方面不論人員編制或經費預算，托育政策常是處於弱勢的一環，而在政策的推動上，則常常淪於「地方行政措施」，而非國家所決定的政策，自然會受限於地方財政的影響，而無法長遠穩定的推展下去（王淑英、孫嫚薇，2003）。

二、沒有穩定的推展系統

　　針對托育問題，政府並沒有制定一套有系統的政策來逐步施行，相反的，托育內容如同一塊拼布般，斷斷續續的散落在各項法規之中，例如2002年行政院勞委會推動的《兩性工作平等法》（2008年修訂為《性別工作平等法》）中第23條提及雇主設置托兒設施或提供托兒措施，由政府給予經費補助；原住民就讀私立托育的補助費用則歸屬於《原住民族教育法》之中。政府大開親屬托育人員請領補助之門，親屬托育人員經過托育人員專業訓練課程之後，加入居家托育服務中心，政府可補助兒童家長托育費用，其結果造成大量親屬托育人員占用執業托育人員的培訓名額，親屬托育人員雖屬低度管理，但仍耗費訪視員時間家訪與管理。幼兒家長因有托育補助可領，造成國庫每年耗支在親屬托育的費用不斷增加，津貼型政策尾大不掉，成為托育政策中最難解決的問題。政府對托育政策的願景及相關問題的配套措施並無完整和延續性的規劃，讓托育政策猶如一個可憐的孤兒，沒有強而有力的後盾來做推行，更沒有辦法確實讓所有的民眾受益。

三、牽涉部門眾多，難以凝聚共識

　　托育政策的法令在中央除了《兒童及少年福利法》（2011年11月修正為《兒童及少年福利與權益保障法》）之外，另有內政部《加強推展社會福利補助作業要點》、行政院勞委會1995年《輔導勞工托兒服務要點》等（何慧卿、趙詩瑄、陳一惠，1997），涉及的部門廣泛，包含中央兒童

局、地方社政部門，甚至是勞工局，因此在推動相關的托育措施時，因牽涉部門眾多而出現無法徹底實行的情況。例如《性別工作平等法》雖推動企業托育以減輕婦女就業的負擔，但托育既涉及到國家的社會福利政策，又牽扯到內政部的管轄範圍，多頭馬車的結果，僅有33%的業界有設置托育場所，成效不彰（董建飛、余聲信、劉世芬，2003）。各部門之間礙於政策的考量，彼此無法做最緊密的配合，導致在推展上有所缺失，最後往往使得立意良好的政策，無法確實有效的實行運作。

貳、缺乏托育諮詢管道

一、遇到托育困難傾向熟人求助

衛生福利部（2015a）103年臺閩地區兒少生活狀況調查中發現，父母若遇到托育方面的問題時，40.5%會「向（岳）父母或長輩求助」；28.3%的家長「向同事或朋友求助」；25%的家長「向孩子學校老師求助」。從中可以看出國人對於托育方面的相關問題仍是傾向尋求親戚朋友等熟識的人支援，反而較少利用專業的諮詢管道尋求幫助。此外，受訪家庭的育兒知識來源以「長輩親友傳授」（占58.3%）比例最高，其次為「自己閱讀育兒相關書籍」（占53.2%）次之，「自己帶孩子的經驗累積」（占50.1%）再次之。雖然政府積極推動育兒家長親職講座等，不過課程式的授課方式參與家長人數有限，未必能普及化或針對個別家長的問題，成效較有限。

二、居家托育人員與家長媒合不易

以往父母在尋找居家托育人員的過程當中都是靠鄰居朋友之間口耳相傳，選擇大眾口中有品質、口碑好的居家托育人員。家長大多以本來就認識的親戚為主要托育對象，其次是認識的朋友，少數才是透過傳單或廣告來尋找合適的居家托育人員。而父母在進行兒童的托育時，面臨最大的困難則是居家托育人員難找，其次才是兒童的接送問題（魏季李、陳佩茹、

簡美娜、陳宇嘉，1999）。從這項調查看來，居家托育人員難找是父母最亟需解決的托育問題之一，但一般大眾普遍不知道該利用什麼樣的諮詢管道請求協助，也無法得知政府有哪些機構可以提供幫忙，只能運用最原始的管道──「尋找熟人」來解決問題。

依據調查，居家托育人員從事居家托育工作的主要原因包含：可兼顧家庭（89.06%）、工作環境單純（84.14%）、時間彈性大（52.93%）、工作內容彈性大（30.2%），以及收托對象選擇性大（26.38%）（王舒芸，2014）。不過，居家托育人員也存在年齡老化的問題。衛福部分析指出，居家托育人員的年齡分布以 50 至 59 歲最多（占 40.5%），其次為 40 至 49 歲（占 29.7%），再其次為 60 至 69 歲（14%）。依照行政院主計總處「婦女婚育與就業」調查資料推估，未滿二歲兒童由家長及親屬自行照顧的比例高達九成，居家托育約占 9%，機構式托育則為 0.76%，預估托育服務的需求量為 41,074 人，不過 2016 年國內居家式托育可以收托嬰幼兒人數為 46,804 人、機構式托育有 26,202 人，應該還可提供 31,325 人的托育量，形成市場供給大於需求的現況。居家托育人員待業比率高達 13.8%，有極多的居家托育人員登記了但仍處於等待嬰兒的狀態，「空手保母」的人數懸宕在居家托育服務中心，既有人力資源並未得到妥善運用。主要原因為：居家托育照顧疏失等新聞事件層出不窮，或者家長憂慮因為非親屬照顧可能會有照顧不周甚至施虐的情形，影響家長送托意願。

參、幼托整合後的發展現況與問題

幼托整合於 2012 年 1 月 1 日正式實施，原來分屬教育部和內政部管轄的幼稚園和托兒所，統一名稱為「幼兒園」，提供二歲到入國小前幼兒教育及照顧服務，並統一由教育部管轄，成為亞洲第一個實施幼托整合制度的國家。幼兒園適用《幼兒教育及照顧法》，兼重教育與保育工作。教育以 2012 年 8 月 1 日前為幼托整合的緩衝期，相關子法共有 22 項，包含幼托整合後幼兒園教保員專業課程與學分規定等，亦於整合之後陸續研訂。

幼托整合後，幼兒教育課程規劃與教學方法可能產生質變，過去負責

教學的幼兒園老師也需要協助保育工作，而負責保育和照顧的教保員要開始教學；幼托整合之後，原本僅招收大班與中班幼兒的公立幼稚園，年齡將下放到二歲幼兒，對原本以教學為主的幼教師是一項挑戰。其次，依據現行的《幼兒教育及照顧法》規定，五至六歲的大班班級才需要編制一名幼教師，另一名教師可以由教保員擔任，教保員為一年一聘的約聘僱人員，適用《勞動基準法》。許多縣市政府顧及政府財政及少子化衝擊的雙重影響下，部分偏遠地區幼兒人數大幅下降，增聘的公幼教師將產生調動與教師退休保險等問題，減少公幼教師徵聘，改聘教保員。此舉將造成原本一班二（幼教）師的公幼教學環境，成為一位幼教師負責教學、另一位教保員負責保育工作的情況。雖說教保員的照顧品質未必不如幼教師，但就取得教保員的資格門檻，的確比公幼教師容易。同為幼兒教師的公幼教師和教保員，角色定位和工作內容不清，對於需要與照顧者建立長期依附關係的幼兒而言，實在是不利的結果。同樣，幼托整合前的私立幼稚園，擔任教師者必須具備幼教師資格，但在《幼兒教育及照顧法》通過後，除了大班以外，其他班級也都可以以教保員取代幼教師，重保育、輕教育的結果，將使得取代幼教師的教保員從事教學工作，對幼兒學習造成影響。

幼托整合之後，私立幼兒園因應大班需聘任幼教師，造成臨時無法找到合格幼教師的窘境，但是實際上每年師資培育機構培育並且通過教師檢定的幼教師人數已超過市場需求量，師資培育機構培育的幼教師不願意進入私立幼兒園職場的主要原因在於，私立幼兒園的教師工作壓力大、低薪、工作時間長，都是具有幼教師資格者不願意到私幼工作的主要原因（王為國，2011），寧可到公立幼兒園擔任代理代課教師或者教保員。除非私立幼兒園願意提高教師合理的薪資待遇，否則幼教專業者即會淪為低薪照顧的工作。

肆、托育品質階層化

在這強調多元競爭的市場當中，私立托育機構林立，彼此競爭激烈，但卻也造成品質良莠參差不齊的情形出現。有的托育機構設備新穎，採用

國外進口的硬體器材，講求高質感的路線，而為迎合家長的目光，更是打著電腦班、英語班、陶藝班的名號，藉以招攬學生。家長們為了追求社會的潮流，跟上大家的腳步，因此陷入了「貴就是好」的迷思之中，一窩蜂的想進入收費昂貴的幼兒園，以為設備新穎、眾多的才藝教學才是所謂的高品質教育。這也促使經濟優渥的家長，只想將自己的孩子送往昂貴的托育機構，卻忽略了最重要的師資與教保活動內容。托育機構的選擇對社會階層頂端和底端的父母原本就影響不大，但是托育和補助政策牽動最大的反而是中間階層的家長（葉郁菁，2009）。

　　臺灣出生率年年降低，影響年輕夫妻不願生育子女的原因包含：工作與時間壓力、經濟壓力、教養壓力、夫妻婚姻品質受影響（王愛珠，2007）。此外，劉毓秀也指出，托育費用昂貴也是目前托育現況的問題之一，根據 2004 年民間調查統計，不想生育的男性與女性分別為 34.6%與18.9%，擔心養不起的男女比率分別為 35.4%與 45.6%，突顯出托育經費的昂貴是父母生活中一項極大的重擔（引自鍾蓮芳，2005）。其中業者巧立各種才藝教學名目，拉抬收費的標準，從中牟取較高的利潤，使得每個月的收費少則兩、三千元，高則達上萬元。此外，托育機構走向以營利為主，透過企業精算成本與利潤的經營方式，大量的複製連鎖式托育機構，其生存優勢常將小型機構逼入生存的困境，造成惡性競爭與壟斷市場的狀況（王淑英、孫嫚薇，2003）。大型連鎖機構挾著強大雄厚的財力進駐到社區，其龐大的資本也能因應政府所提出的各種要求，相對的促使非市場走向的機構無法生存。而這樣的趨勢使得弱勢地區的家庭可選擇的托育機構更加減少，在可篩選的機會降低、家庭負擔不起過多的開支等因素下，更加無法顧及托育的品質。因此，托育機構的私有化不僅迫使弱勢家庭的兒童喪失了享受同樣品質的托育服務，也將形成托育的白領化或中產階級化（詹火生、林玉潔、王芯婷，2002）。這樣的結果將對托育品質產生極負面的影響。

　　未來托育政策須盡快著力之處，應思考如何降低托育的費用、保障托育服務的品質，使兒童都能享有穩定的托育環境。

伍、缺乏托育品質的監督管理系統

在政府大力倡導托育制度私有化的結果，導致托育機構的品質難以管理，托育環境參差不齊。雖然目前有訂定「幼兒園基礎評鑑規準」、「托嬰中心評鑑指標」等，藉以督導其托育品質，但其公平性與正確性，以及是否能確實做到監督與管理的責任，仍令人存疑。對於其他的托育服務，如居家托育人員、托嬰中心、課後托育中心等，則更加缺乏完善的督導管理系統與計畫，以至於未合法的安親班、托嬰中心、超收的居家托育人員等仍在市面上進行托育的工作。據統計，2011年時合法的課後托育中心只有846所，收托37,000人，而實際上有超過50%的人數接受托育或立案為美語補習班，但行招收六歲以下兒童之實；招收二歲以上未滿三歲之幼兒，收托比例超過法令規定之1：8，或者以行政人員但未具托育人員資格者，實際執行帶班工作。顯見絕大多數的兒童仍是處在不合法的環境。而許多安親班在用地的取得、收托人數規定方面，並不能完全符合（何慧卿、趙詩瑄、陳一惠，1997）。根據許榮宗、黃松林、馮素蓮、翁文蒂（1999）的研究發現，未立案的托育機構以未符合建築法規為首要，再者未立案的機構，對於幼童的教保方式，保育只占44%，反之有56%之機構其服務重點完全放在「教學活動」。這樣的情形完全違反了托育機構設立的宗旨。

此外，師資的管理、居家托育人員的監督、環境安全的稽查與設備、交通車的管理、補習班但行招收幼兒或進行課後照顧之實等問題，都是目前托育環境中亟待改善之處。

第四節　未來發展

托育服務同屬幼兒教育和兒童福利的一環，一個好的政策制度能讓國家人民無後顧之憂，全力在事業上衝刺，從政策中也可以展現出政府照顧人民的決心。沒有一個政策是十全十美的，唯有從缺失中去尋求改進之道，

方是托育服務能夠日益精進的原動力。未來托育政策的發展應考量：(1)有系統的推動兒童托育政策；(2)建立周延的托育服務諮詢管道；(3)明確執行托育服務的規範；(4)建立托育機構督導管理系統。

壹、有系統的推動兒童托育政策

多頭馬車是無法走到目的地的，因此在建立一套完善的托育系統之前，最重要的是確定掌管的部門，由單一主管機關統籌學齡前兒童日間托育事宜，就行政效率而言有其必要性，就政策決策與執行而言，有其一貫性（羅秀青，1999）。衛福部社家署負責統籌規劃未滿二歲幼兒的托育事宜，因此我們期待透過專屬單位的行政推動，使托育服務擺脫傳統補償式的心態，有系統的推動居家托育、公私協力托嬰中心、公共托育資源中心、育兒津貼補助等方面的政策，讓托育不是零散的落在各種法規之中。也期待透過托育服務政策的推動，政府能更正視托育的重要性，並每年固定編列相關的預算，以補充目前托育經費的不足，達到托育公共化的政策目標。教育部設定目標，希望在 2020 年之前，可以增設一千班公共化幼兒園，以非營利幼兒園為主，公立幼兒園為輔，預估投入 62 億，將使三萬名幼童受益（聯合報，2016）。而藉由專屬單位的規劃，使經費能做更長遠且有效性的考量，在托育政策的施展也能更加按部就班的落實。政府推動的《幼兒教育及照顧法》，整合教育與托育，建構完整的兒童照顧體系。

最後，整合現今托育服務所面臨的問題，參考其他國家的托育制度，並參酌自己既有的社會文化背景，藉由吸取他人的經驗與考量現實的狀況，擬定一套詳盡的托育政策，讓托育服務能夠真正落實到人民的生活之中。

貳、建立周延的托育服務諮詢管道

為改善當前托育諮詢管道缺乏的窘境，政府應設法建立周全的托育服務諮詢管道，其目的有：(1)為有需求的家長做資源的轉介；(2)提供周延的相關資訊，供家長有更多的選擇；(3)整理供給予需求的資料，回饋給地方、政府，做托育服務的規劃（馮燕，1996）。當諮詢系統建立完善時，

不但可提供足夠的托育訊息給家長參考，讓家長得以建立正確的消費知識，更重要的是能夠提供最新的市場訊息給政府，讓執政當局更了解現實托育制度的優劣之處，進而隨時進行修正補充。

至於諮詢機構的服務則可以結合社區的力量，或者是透過公共托育資源中心為諮詢據點，藉以落實托育服務在地化的理念，因為這些地方在人們的生活中是既熟悉且具有服務近便性，而透過這些據點的設立，進一步與幼兒園、托嬰中心、課後照顧機構、居家托育服務中心等托育服務連結成一個資源網，除可協助父母解決尋找托育機構的問題，提供家長各種育兒資訊以及分享教養孩子的理念與心得之外，又可提供托育人員一個支持、輔導以及專業成長進修的地方。

參、明確執行托育服務的規範

目前托育機構私有化的結果，造成優質與低劣的托育環境差距愈來愈大，為了不讓以營利事業為主的機構獨占鰲頭，促使擁有良好理念的托育機構得以生存，並保障弱勢家庭的兒童能夠有良好的托育服務，政府應：

1. 嚴格把關，要求業者須遵守收費標準的上限，並明定各種教學設備、活動材料或才藝教學的收費標準，藉以平衡已經過度高昂的托育費用。
2. 要求業者確實遵守托育服務的目的，讓托育回歸到生活教育與自理能力的養成，而非流於認知教學的場所。
3. 給予經濟弱勢的家庭適度的托育經費補助，紓解父母托育經費的開支，也供弱勢家庭有能力去選擇合法的托育環境。

肆、建立托育機構督導管理系統

面對非法安親班、未納管的居家托育人員、托育機構林立的問題，想要開單嚴懲，恐怕已不是最好的解決方法，政府部門或許可以從就地合法化的策略著手，先輔導其通過立案標準，之後再協助改善有缺失的地方，例如針對都會區建地、建物取得不易的情況，研擬放寬標準（羅秀青，1999）。在管理上應以建築安全、消防安全為重點（許榮宗等，1999）。

透過政府與民間的合作，提升托育環境的品質，之後再進行後續的監督管理，讓托育服務的品質能夠更加的落實。

　　整體來說，不論是幼兒園基礎評鑑、托嬰中心評鑑，多是每隔幾年才舉辦一次，其成效有限，且沒有辦法真正做到監督管理的責任。未來的發展應可朝向與社福單位或家長自治團體合作的方式，透過其專業性的角色，站在輔導的立場，定期對範圍內的托育機構或人員做訪視和監督的工作，藉由專業知識的交流與對談，落實監督與管理托育品質的責任。

 課後練習

一、試述臺灣托育環境每一階段的演變與發展，受到哪些因素的影響，因而有不同的政策措施？

二、試述托育服務興起的原因為何？

三、試述目前臺灣托育服務的類型及其要點規範為何？

四、試述當前臺灣托育服務所遇到的問題有哪些？

五、試述幼托整合之後，在行政歸屬與師資方面有哪些重大的變革？

參考文獻

《幼兒教育及照顧法》（2018）。

《兒童及少年福利與權益保障法》（民國 104 年 12 月 16 日修正通過）。

《兒童及少年福利機構設置標準》（民國 102 年 12 月 31 日修正通過）。

王為國（2011）。幼托整合面臨的問題。臺灣教育評論月刊，1（1），52-53。

王淑英、孫嫚薇（2003）。托育照顧政策中國家照顧的角色。國家政策季刊，2（4），148-172。

王舒芸（2014）。我國托育服務供給模式與收費機制之研究。衛福部社家

署委託研究報告。

王愛珠（2007）。**為難與難為：大臺北地區頂客族自願不生育現象之探討。**私立輔仁大學兒童與家庭學系碩士論文，未出版，新北市。

王靜珠（1999）。我國托育機構的演進及未來發展途徑。**幼兒教育年刊，11**，167-190。

內政部兒童局（2012）。**84-100 年度托育機構概況**。2012 年 4 月 3 日，取自 http://www.cbi.gov.tw

行政院（2017）。少子化友善育兒空間建設之建構零至二歲兒童社區公共托育計畫補助及評選作業要點。臺北：行政院。

行政院（2018）。**我國少子女化對策計畫（107 年～111 年）**。臺北：教育部、衛生福利部、勞動部、內政部、財政部、經濟部、科技部、交通部、人事行政總處、國家發展委員會。

行政院主計總處（2015）。**性別專題分析～勞動參與情形**。取自 http://www.stat.gov.tw/public/Attachment/6317105138MKFPKGMR.pdf

何慧卿、趙詩瑄、陳一惠（1997）。中美托育服務現況比較。**兒童福利論叢，1**，75-105。

邱志鵬（2002）。**臺灣幼兒教育百科辭典**。臺北：五南。

翁麗芳（1998）。**幼兒教育史**。臺北：心理。

教育部（2015）。**兒童課後照顧服務班與中心設立及管理辦法**。取自 http://law.moj.gov.tw/Law/LawSearchResult.aspx?p=A&k1=%E8%AA%B2%E5%BE%8C%E6%89%98%E8%82%B2%E4%B8%AD%E5%BF%83&t=E1F1A1A2&TPage=1

許榮宗、黃松林、馮素蓮、翁文蒂（1999）。**臺灣省未立案托育機構調查研究**，197-230。

陳建志（2001）。**臺北市公立及公設民營托兒所經營績效之研究**。中國文化大學兒童福利研究所，未出版，臺北市。

馮燕（1996）。我國托育政策的展望。**理論與政策，10**（4），111-130。

勞動部（2016）。**技能檢定歷年合格數（保母人員）**。取自 http://www.mol.

gov.tw/media/2688832/%E6%8A%80%E8%A1%93%E5%A3%AB%E6%
8A%80%E8%83%BD%E6%AA%A2%E5%AE%9A%E6%A6%82%E6%
B3%81%E5%88%86%E6%9E%90.pdf

葉郁菁（2009）。幼兒教育階段新移民家庭的邊陲化現象探討。**教育與社會研究，18**，101-122。

葉郁菁（2018）。因應少子化世代的幼兒教保公共化政策論析。**兒童照顧與教育期刊，8**，1-13。

董建飛、余聲信、劉世芬（2003，1月27日）。**臺北市幼兒福利政策之探討托兒場所篇**。臺北市政府公務人員訓練中心行政個案專題研究報告。2005年8月31日，取自http://pstc.test.tcg.gov.tw

詹火生、林玉潔、王芯婷（2002）。**我國兒童照顧政策分析**。國政研究報告編號：社會（研）091-022號。臺北：財團法人國家政策研究基金會。

衛生福利部（2015a）。**103年臺閩地區兒童及少年生活狀況調查報告──兒童報告書**。臺北：衛生福利部。

衛生福利部（2015b）。**居家式托育服務提供者登記及管理辦法**。取自http://law.moj.gov.tw/Law/LawSearchResult.aspx?p=A&k1= % E5% B1% 85%E5%AE%B6%E5%BC%8F%E6%89%98%E8%82%B2%E6%9C%8D%E5%8B%99%E6%8F%90%E4%BE%9B%E8%80%85&t=E1F1A1A2&TPage=1

衛生福利部（2015c）。**建構托育管理制度實施計畫（104年-107年）**。取自http://www.sfaa.gov.tw/SFAA/File/Attach/4676/File_165228.pdf

衛生福利部（2018）。**育有未滿二歲兒童育兒津貼申領作業要點**。取自https://www.sfaa.gov.tw/SFAA/Pages/Detail.aspx? nodeid=1057&pid=7497

衛福部社家署（2016）。**衛福部完善保姆照顧體系報告**。臺北：衛生福利部。

衛福部社家署（2017a）。**推動0-2歲兒童托育公共化試辦計畫**。（衛生福利部托育公共化會議資料）

衛福部社家署（2017b）。**居家式托育服務登記制度常見問答集**。取自 http://www.sfaa.gov.tw/SFAA/Pages/VDetail.aspx?nodeid=516&pid=3233

衛福部社家署（2018）。**97-107 年居家托育服務中心數（原社區保母系統）及托育人員數統計表**。取自 https://www.sfaa.gov.tw/SFAA/Pages/Detail.aspx? nodeid=516&pid=3840

衛福部統計處（2019a）。**托嬰中心所數及收托人數**。取自 https://dep.mohw.gov.tw/DOS/cp-2978-13971-113.html

衛福部統計處（2019b）。**托嬰中心專業人員數**。取自 https://dep.mohw.gov.tw/DOS/cp-2978-13975-113.html

衛福部統計處（2019c）。**居家托育人員數及收托人數**。取自 https://dep.mohw.gov.tw/DOS/cp-2978-46740-113.html

聯合報（2016，10 月 21 日）。**公共化幼兒園 4 年擬增一千班**。取自 http://udn.com/news/story/9689/2038110

鍾蓮芳（2005）。**托育政策催生聯盟要求補助保母費**。取自 http://chienhua.com.tw/examinfo/dailynews/9403/94030904.htm

魏季李、陳佩茹、簡美娜、陳宇嘉（1999）。**臺灣省理想托育模式分析**，**3**，143-158。

羅秀青（1999）。德國學齡前兒童托育政策及其對臺灣之啟示。**社區發展季刊**，**68**，299-310。

蘇怡之（2000）。保母托育服務的支持與管理——系統面的策略。**社會福利**，**76**，17-25。

第3章

日本托育服務

↦葉郁菁、陳乃慈

第一節　托育服務的演進與發展

、明治時代

　　日本最早的托育服務源起於 1890 年新潟縣的「新潟靜修學校」附屬保育所（托兒所），「新潟靜修學校」是由赤澤鐘美夫婦所開設的私塾學校，專收當時無法進入縣立中等學校的貧困孩子。由於那些貧困學生經常帶著家中幼小弟妹一起來上學，赤澤太太便免費在學校臨時幫忙照顧幼兒，讓學生能安心上課，此為日本兒童福祉服務的開端（保育問題檢討委員会，2011）。此後，1894 年大日本紡織的東京深川工廠、1896 年福岡縣的三井碳坑曾於工廠內設置保育所以方便女性作業員安心工作，此堪稱日本早期的員工幼托福利。1904 年日俄戰爭爆發，神戶開設了一所專門收托日俄戰爭軍人遺族幼兒的保育所，以便軍人遺孀可以安心謀生工作（福田博子，2002）。由此可知，日本明治時代的托育即以照顧貧弱、勞工家庭為主。

、大正時代

　　1919 年大阪市設立了日本第一所公立保育所。1923 年在農村出現一種保育所，稱為「農忙期季節保育所」，主要是讓家長在農務繁忙時期，可以將家中的孩子寄放在托育機構接受照顧。同年關東發生大地震，增加了許多保育所，以照顧失依的幼兒（福田博子，2002），此種托育機構多為應付臨時需求，而不是常年設置的托育服務。

、昭和時代

一、第二次大戰期間

　　1929 年世界經濟大恐慌，日本國內也同樣面臨經濟蕭條不振，人民生

活的困苦更加突顯為餬口而必須外出勞動的國民生活狀況，而當家中父母親都得工作時，保育所的需求也就相對提高。

中日戰爭至二次大戰的戰亂期間，男人上戰場，女人上工廠，家中的幼兒便托放在厚生省設置的「簡易保育所」內，由政府來照顧幼兒。1945年日本戰敗在即，東京遭受大轟炸，日本政府將東京都內的幼兒全遷移至其他縣市的農村，並將幼稚園與保育所合併成「避難保育所」（疏開保育所）至戰爭結束（吳貞祥，1988；福田博子，2002）。

二、戰後《兒童福祉法》的制定

日本戰敗後，保育所就成了收留幼兒的保護設施，照顧對象以流離失所的孤兒為主，這些孩子有些是戰場士兵的遺族，也有些是戰亂中與父母失散而等待親人認領的孩子（吳貞祥，1988）。

由上可知，日本從早期開始，保育所即屬於福利機構，功能也與幼稚園不同，主要是照顧或保護經濟生活上需要接濟的幼兒，其家庭多數為窮困或藍領的勞動階層。

主張皇軍帝國主義思想的日本戰敗後，在聯合國的監督下進行制憲，同時也實行其他的制度改革。《兒童福祉法》在1947年12月由厚生省制定公布，並將日本國內所有托育機構的名稱統一改成「保育所」，此後日本的「保育所」正式成為受到法律規範，並具保護照顧兒童功能的福祉機構（吳貞祥，1988）。

1948年厚生省根據《兒童福祉法》內容，訂定《兒童福祉設施最低基準》，清楚規定有關保育所的設備、師資、人員配置、保育時間與保育內容的最低標準，從此奠定了日本保育所制度的基礎。當時頒布《兒童福祉設施最低基準》的主要原因，是因為戰後一切尚處於重整恢復期，因此只要符合兒童福祉設施的最低基準就能設立保育所。

1951年為保障幼兒雙親因經濟生活而必須工作的低收入戶家庭，厚生省修訂《兒童福祉法》第39條內容為「保育所為平日接受家長的委託，以照顧欠缺保育的嬰幼兒為目的之設施」，將保育所的入園對象限制為「白

天無人照顧的幼兒」，由此更突顯保育所提供福利照顧的性質。

從 1950 年代起，日本國內經濟大幅成長，產業結構開始產生變化，企業的急速擴張，造成工業人口需求大增，許多婦女紛紛走向生產線從事生產工作，而以兒童福利為宗旨的保育所，便是當時有工作的婦女們托育幼兒的首要選擇場所之一。

其實，在一般日本人的觀念中，家庭主婦有較多的時間可以帶小孩，所以她們的孩子上的是幼稚園，以銜接小學教育為主要學習內容，上課時間一天約四至五小時；而職業婦女則是因為工作之故，所以一天八至十一小時以上的保育所為她們的第一首選。

三、從嬰兒潮到少子化

1945 年二次大戰結束，世界各國開始重整國家建設，人民也進入和平的新生活，在安定重建的日子中，許多國家湧現了一股戰後的嬰兒潮。而日本首次的嬰兒潮則是出現在 1947 年至 1949 年，尤其是 1949 年的嬰兒出生數目更達到 270 萬人，創下戰後至今的最高紀錄。1970 年代中期，這批第一代嬰兒潮世代，長大成年、結婚生子造就了第二次嬰兒潮，其高峰出現於 1973 年的 209 萬人，當時正值日本經濟高度發展期，女性接受教育普遍，婚後就職的女性人口也相對增加，以致白天需要接受托育的幼兒年年增加，許多保育所也在此時應運而生（赤川　学，2003）。但是事隔 30 年，現在這批三十多歲的第二次嬰兒潮的世代卻沒有貢獻出第三次嬰兒潮。由於不婚、晚婚、不生、少生深植於他們的價值觀且持續發酵（榊原智子，2004），以致少子化問題始終無法好轉。日本政府認為應該隨著時代潮流與家長需求來改變托育服務內容，讓日本呈現「妳來生，社會來照顧」的育兒、工作兩得意的福祉社會（內閣府，2004）。

肆、平成時代——少子化社會

一、少子化社會的影響

　　日本在戰後締造兩次嬰兒潮後，政府曾大力宣導家庭計畫運動，教導日本婦女同胞們如何避孕，建議她們理想的生育胎數，但是萬萬沒想到如今卻陷入少子化社會的泥沼。2003 年日本的嬰兒出生人口已經降到 112 萬人，2005 年出生人口數 106 萬 2,530 人，2007 年為 108 萬 9,888 人，2008 年為 109 萬 1,156 人，而 2009 年出生數則為 106 萬 9,000 人，比前年約少了 22,000 人。專家估計在 2010 年前半，日本每年的出生人口可能會低於 100 萬人，2020 年以後則更由於高齡化人口的死亡與少子化效應，每年全國將少掉 70 萬人，這相當於日本每年將會消失一個鳥取縣或島根縣的人口（榊原智子，2004）。尚且，戰後第一次嬰兒潮世代已年屆 60 歲，這些人即將從支撐日本經濟大局的人口陸續轉為被扶養人口。日本政府擔心少子化的影響將導致下列現象（厚生勞働省，2004）：

1. 勞動人口減少，經濟成長率降低。
2. 人口結構老化，年輕世代的經濟負擔提高。
3. 家庭結構改變，單身戶口或無子女家庭比例增加。
4. 少子高齡化，將造成社會福利與醫療保險的龐大支出，嚴重影響國民基本的生活水準。
5. 孩子教養問題，由於家庭少子化原因造成家長過於溺愛與保護，強調孩子學習成就的競爭性而忽略人格與道德性的培養。

　　因此，日本政府認為如何減緩低出生率的衝擊，進而鼓勵國內婦女的生育，是當下刻不容緩的事情。

二、少子化的原因

　　日本「少子化」一詞首次出現在 1992 年內閣府發表的「國民生活白皮書」，該年度白皮書的附標題為「面臨少子化社會之影響與因應」，此後，

象徵「婦女生育率降低、孩子數目減少」的「少子化」便開始廣泛地被使用（內閣府，2004）。針對少子化問題的因應，日本政府曾跨部會地完整探討國內少子化的形成背景因素（厚生勞働省，2004），歸納後整理如下：

1. 年輕人的生活自主性勝過婚姻共同體，個人價值觀的改變讓他們感覺不出結婚有什麼好。

2. 國民的生兒育女觀念淡薄，不願為生兒育女而犧牲自己的時間與金錢。

3. 女性高學歷化與就職率的提高，不再認為結婚是唯一的終生飯票。

4. 小家庭取代三代同堂，親戚、鄰里交往減少，育兒工作全落在媽媽一人身上。

5. 終身僱用制的動搖與就職市場不穩定，造成女性不敢輕易懷孕生子。

6. 托育機構與社區環境的育兒措施不完備，使婦女難取捨工作與育兒之間的平衡性。

　　日本政府的育兒支援政策，尤其是 1995 年開始實施的一系列計畫，即針對上述後兩項問題的解決。在這些托育措施的服務項目中，包含了增加托育機構以廣收雙薪家庭幼兒，提供多樣化的托育服務，如保育所的延後托育、假日托育、臨時托育，病後回復期的幼兒托育以及學童的課後托育等，主要是期望能改善上班族，尤其是職業婦女的育兒環境，讓他們得以工作、育兒兩全兼顧，藉這些措施提高日本女性的生育意願。

三、少子化時代的托育政策

(一)「今後育兒支援措施之基本方向」（今後の子育て支援のための施策の基本的方向について）

　　「今後育兒支援措施之基本方向」通稱「天使計畫」（Angel Plan），由文部省、厚生省、勞働省、建設省四位大臣於 1994 年聯合制定，目標為支援國民育兒與工作的兼顧，改善兒童居家與生活的環境。實施期間從 1995 年至 1999 年，主要的項目內容如下：

1. 擴大低年齡嬰幼兒（零至二歲）的收托服務。

2. 延長保育所下午六點以後的托育。

3. 推動保育所的臨時托育服務。

4. 促進病後恢復期幼兒的托育照顧。

5. 充實多重機能之保育所，提供家長有關育兒的各項諮詢服務。

6. 成立地區性育兒支援中心。

7. 推動學童課後托育設施。

(二)「重點式推動少子化對策之具體實施計畫」
（重点的に推進すべき少子化対策の具体的実施計画について）

「重點式推動少子化對策之具體實施計畫」通稱「新天使計畫」（New Angel Plan），由大藏省、文部省、厚生省、勞働省、建設省與自治省六位大臣於 1999 年同意後制定。「新天使計畫」在育兒支援方面，繼續完成前一計畫「天使計畫」對策中未全面達成的目標。並加強保育所的假日托育服務與家庭支援中心（ファミリー・サポート・センター）的設置（厚生省，1999），實施期間從 2000 年至 2004 年。

(三)「工作與育兒兩全兼顧的支援策略方針」
（仕事と子育ての両立支援策の方針について）

日本內閣會議於 2001 年制定「工作與育兒兩全兼顧的支援策略方針」，目的為解決職業婦女的托育困擾，促進男女工作平等，鼓勵企業改進僱用制度，使孩子家長可以育兒工作兩得意。各地方之實施期間從 2001 年或 2002 年開始至 2004 年。

此方針的解決重點是「待機兒零作戰」，也就是將「待機兒」數目減到零。所謂「待機兒」是符合進入「認可保育所」（立案托兒所）條件（參考第二節中之「認可保育所」），但卻因為保育所招收名額爆滿而處於候補階段的嬰幼兒。通常這些「待機兒」的媽媽會將孩子托育在不符合《兒童福祉法最低設置基準》的未立案保育所，否則她們就得選擇放棄工作，在家自己照顧孩子。

　　待機兒童集中在零到二歲，同時也有區域性的差別——雙薪家庭高比例的都會區，通常等待進入保育所的時間也較長。收托三歲以下幼兒的托育機構不僅成本較高，同時也需要設置特殊的托嬰設備，托育人員與照顧的嬰幼兒比例較高，相對都增加營運成本，經營的困難度高於幼稚園，即使政府大力鼓吹，也很難提升三歲以下幼兒的托育供應量（翁麗芳，2013）。

　　由此，想進保育所的孩子不能順利入園，社會的托育條件不完善，整體大環境無法帶動日本婦女的生育意願，儼然已成為一項隱憂了。而「待機兒零作戰」就是用盡各種措施，讓所有等待進入保育所的幼兒數字降到「零」。

　　「工作與育兒兩全兼顧的支援策略方針」的主要訴求，在於放寬保育所的招收名額以及幼兒園的設置基準。對於符合放寬基準的保育所，地方政府應迅速給予認可立案，以便讓更多需要入園的幼兒可以順利進入保育所，並善用民間企業或非營利事業組織（NPO）的力量，利用學校的空餘教室等資源，導入公設民營或設立較彈性的托育設施，讓「待機兒」能順利地進入措施安全、托育品質有保障的保育所，以免除職業婦女的托育擔憂。

(四)「少子化對策 plus one」

　　針對「認可保育所」名額不足的缺失，小泉內閣會議於 2001 年提出「工作與育兒兩全兼顧的支援策略方針」，並在 2002 年要求厚生勞働省需再加強「待機兒」問題的解決，於是厚生勞働省在同年 9 月提出補強性的「少子化對策 plus one」，以充實「新天使計畫」的不足。「少子化對策 plus one」的育兒支援項目如下（厚生省，1999）：

1. 「待機兒零作戰」（待機児ゼロ作戰）：日本全國的「待機兒」在 2004 年之前，必須獲得妥善的安置。在大都市周邊地區設立「公設民營」保育所、增設保育所分園、放寬保育所營運與設置規定，以鼓勵幼兒園廣收「待機兒」。

2. 擴大幼兒的彈性托育：

(1) 設立「特定時間的托育」（特定保育事業）：此項是支援打工或計時工作的媽媽。「特定時間的托育」的托育時間可配合媽媽的工作日期，例如一個星期固定工作二至三天的媽媽。如此其孩子也能和職業婦女的孩子一樣公平的接受公立托育的照顧。

(2) 保育媽媽（保育ママ）：保育媽媽必須擁有合格保育士資格，是經由公家政府介紹的居家托育，只要家長與保育媽媽決定彼此適合的時間與日數，家長便可將孩子送到保育媽媽家中請求托育。

(3) 鼓勵企業經營者在公司內部設置托兒設施，或由數家公司共同設置的員工保育所。

(4) 推動幼稚園的課後延長托育。

3. 增加「學童課後托育設施」的設置，並接受特殊身心障礙兒童的收托等。

4. 跨越保育與教育壁壘分明的界線，鼓勵保育所與幼稚園或與小學進行交流活動，促進幼稚園與保育所的孩子們以及老師與保育士之間的彼此了解和溝通。

(五)「小孩‧育子加油 Plan」（子ども‧子育へ応援プラン）

於 2004 年 6 月 4 日，由閣議決定，同年 12 月 24 日少子化社會對策會議決定，進一步於 2005 年推動「少子化對策方針」（少子化社會對策の一層の推進方針について），2006 年 6 月 20 日少子化社會對策會議決定「新少子化社會對策」（新しい少子化對策について）（翁麗芳，2010）。

(六)「新‧待機兒童零作戰」

日政府於 2008 年推出「新‧待機兒零作戰」計畫，預計使保育所收容名額增加到 15 萬人。且視父母所在地區增加並充實托育服務，不僅考慮家庭的托育照顧，同時也希望解決日本國內長期以來勞動力不足的問題（翁毓秀，2009）。

第二節　托育現況

　　日本幼稚園招收三至五歲幼兒，分為公立與私立。2010 年（平成 22 年）全日本共有 13,392 所幼稚園，其中 49 所為國立幼稚園（0.4%），5,107 所（38.1%）為公立幼稚園，8,236 所（61.5%）為私立幼稚園（文部科學省，2012）。2007 年保育所共有 22,838 所，其中公立保育所 11,240 所，私立有 11,598 所。保育所招收零至五歲幼兒，托育時間從早上七點半至下午六點半，可延長托育至晚上九點半，但幼稚園幼童九點入園，下午二點離園，主要提供給未工作的家庭主婦，若幼兒來自雙薪家庭，只能選擇保育所。保育所因為托育時間較長，且家長直接向區辦公室申請，列入等候名單，區辦公室則會依據家長年收入決定學費級距。平均家長支付的費用約為 30 萬日幣左右。由於少子化和雙薪家長不斷增加，日本家長托育需求提升，為了打消冗長的「待機兒」名單，近年來日本政府除了放寬保育所照顧的時間，同時也鼓勵招生不足的幼稚園合併成為「孩子園」（kodo-moen），孩子園的合併通常為公立幼稚園併公立保育所，私立保育所併私立幼稚園，並無公私立合併的狀況。1997 年之後，鼓勵幼稚園提供下午 2：30 離園之後的延長保育時間。1998 年 3 月，日本文部科學省和衛生福利省規範了幼托整合的指導方針，目前全日本共有將近 300 所幼托整合之後的孩子園（葉郁菁，2010）。

、保育所的種類

　　日本保育所種類大致可分「認可保育所」、「認可外保育所」兩種，而不符合設置規定者則通稱「無認可保育所」（表 3-1）。

一、「認可保育所」

　　「認可保育所」有公立和私立保育所（社會福祉法人設立）兩種機構。

● 表 3-1 日本保育所種類

	設置基準	托育機構	收費標準
認可保育所	兒童福祉設施最低基準	• 公立保育所 • 私立保育所	依家長所得
認可外保育所	認可外保育設施指導監督基準	• 私立保育所 • baby hotel • 保育室 • 企業內設置的員工保育所	依業者規定
	東京都認證保育所事業實施要綱	東京都內之： • 私立保育所 • baby hotel • 保育室 • 企業內設置的員工保育所	
無認可保育所	無	非法之保育所或 baby hotel 等	依業者規定

整理自：東京都福祉局（2001）、厚生勞働省（2002）。

收托的嬰幼兒以照顧「欠缺保育」為對象，所以「認可保育所」功能是以社會福祉為觀點，協助家長照料幼兒，這些幼兒的爸爸、媽媽可能由於工作或生病等原因而無法白天在家照顧孩子。日本《兒童福祉法》內所標示的保育所，即指「認可保育所」。

保育所之保育內容原以依據「保育所保育指針」制定，2008 年 3 月修訂為「厚生勞働大臣告示」的具規範性之規準，沿承原有的保育所保育指針中的基本原則，其增訂必須遵守的重要性；2009 年 4 月起，修訂為根據保育指針實施托兒所的指導監查（翁麗芳，2010）。

日本提供充足的日間托育援助的主責在地方政府，特區行政長官和中央政府也分擔整體的費用開支（葉郁菁，2006）。「認可保育所」的營運費用由國家補助，家長繳納的保育費則依所得的高低而定。中央政府建立最低標準的條例法規，並支付有執照日間照顧服務機構服務人數的標準、

營運費用，和使用者的費用。標準費用與名義費用差別在於政府來源不同：中央政府占 50%，特區和市政府各占 25%。許多市級政府提供額外的補貼來減低家長的費用支出，兒童家長在全部費用中負擔的比例低於 30%。無執照日間照顧服務的費用開支幾乎全部依賴兒童家長，除非是被「認可」也是市政府補助的服務機構。課後照顧服務費用由家長（50%）、市政當局（33.3%）以及中央政府（16.7%）分擔（葉郁菁，2006）。其設置條件，如保育士的人數、幼兒收托人數、安全設施、空間比例與飲食調理室等必須完全符合《兒童福祉設施最低基準》才能獲得政府的認可。幼兒的入園申請與許可需經由地方自治體的市、區、町、村（「認可保育所」的監督機關）審查核准才能入園。以東京保育所為例，申請的資格如下（足立区政情報係，2005；墨田区役所子育て支援課，2002）：

1. 幼兒家長因工作，而無法照顧孩子。
2. 幼兒家長因生病或身心障礙，而無法照顧孩子。
3. 幼兒家長必須照顧同住的生病或有身心障礙親人，而無法照顧孩子。
4. 幼兒母親因懷孕或生產，而無法照顧孩子。
5. 幼兒家長因就學或進修，而無法照顧孩子。
6. 幼兒家長因遭受災害，且正處於重整恢復期，而無法照顧孩子。
7. 其他特殊原因，而無法照顧孩子。

　　由於「認可保育所」名額有限，以致許多符合入園條件卻進不去的幼兒相當多，這些幼兒即所謂的「待機兒」。近來日本政府的托育改革重點，就是想減少「待機兒」的數目，以解決家長的托育困擾。

二、「認可外保育所」

(一) 無認可保育所的合法化

　　由於日本政府不補助無認可保育所營運費，家長也必須全額繳納保育費，所以在經濟的考量下，當然「認可保育所」是多數家長的第一選擇，不過由於僧多粥少，進不了的幼兒就成了「待機兒」。

　　多數「待機兒」的媽媽由於必須工作，所以當得知自己孩子進不去「認可保育所」時，便會將他們的孩子托育在無認可保育所，而這種未受法令限制，且設置條件與保育士資格都有問題的非法保育所，曾經發生過多次幼兒意外致死事件，令許多有托育需求的家長擔憂不已。

　　很諷刺的，日本在少子化時代中，無法進入「認可保育所」的幼兒卻是大排長龍。根據東京千代田區的推算，東京都排不進「認可保育所」的「待機兒」（多數是二歲以下嬰幼兒），2010 年 3 月 25 日 mbs 每日動畫新聞公布待機兒童人數為 46,058 人（厚生勞働省，2010）。這或許只是冰山一角，如果再加上自認不符合「認可保育所」入園資格而未申請者，真正潛在性的數目可能已經超過數萬人（千代田区ダウン，2005）。

　　對此，家長抱怨「認可保育所」名額不足，托育服務不完善，政府沒有公平照顧到需要接受托育的全部幼兒，才會造成有孩子的家庭不願意多生，未婚男女或尚沒有孩子的家庭視「生育小孩、養育小孩」為累贅（村山祐一，2001）。

　　因此「認可外保育所」與東京「認證保育所」的產生便應運而出，將無認可保育所就地合法，以解決「待機兒」問題與無認可保育所的設施安全和托育品質問題。

(二)「認可外保育所」的設置

　　基於無認可保育所的管理與擴大安置嬰幼兒托育，厚生勞働省 2001 年制定了《認可外保育設施指導監督指針》與《認可外保育設施指導監督基準》，使這些沒有立案的保育所可以受到法令規範，讓無認可保育所就地合法，並以補助修繕費的方式要求它們設置臨時托育、假日托育等多樣化的托育服務，來填平「認可保育所」保育項目的不足，同時也能滿足職業婦女的需求（厚生勞働省，2001a）。

(三) 認證保育所的設置（東京都）──以收托零至二歲幼兒為主

日本雖然少子化問題嚴重，但是大排長龍等待進「認可保育所」的「待機兒」，卻與幼稚園空盪盪的教室景象形成強烈對比。以東京都為首的大都會地區就由於女性就業普遍，「待機兒」數目相當多，保育所的八小時保育時間，根本不夠上班的媽媽接送小孩，況且有不少保育所都是設置在離車站很遠的住宅區內，這對於需要搭電車上班的職業婦女很不方便。此外，很多「認可保育所」不收托零歲的嬰幼兒，以致上班族媽媽休完產假後，只好將孩子托放在無認可的保育所，因此，認證保育所的設置也是為了解決孩子的托育問題。

雖然厚生勞働省於 2001 年 3 月公布《認可外保育設施指導監督指針》與《認可外保育設施指導監督基準》來規範無認可保育所，以輔導這些未立案的保育所化暗為明，向地方自治體提出「認可外保育所」的申請，但是由於該內容規範不明確，所以在雙薪家庭普遍、「待機兒」眾多的東京都便自行制定「認證保育所制度」（東京都福祉局，2001），以「認證」的方式，將設有收托零歲幼兒、托育時間 13 個小時以上的「認可外保育所」合法化，此稱為「認證保育所」（表 3-2），同時也以修繕補助金的方式鼓勵更多的「認可外保育所」改善內部設備與人員配置，轉型成「認證保育所」以消化「待機兒」。「認證保育所」的設施安全規範與保育人員的品質，在各區自治體的監督下，較能確實掌握幼兒的托育保障與安全。

「認證保育所」的申請入園方法，家長不需經過市（區）役所的核准，可以直接與幼兒園接洽，但是家長無法獲得政府的托育補助費。不過這種「認可外」的「認證保育所」最能吸引家長的地方，就是產假過後就馬上能接受托育，而且地點多設在交通方便的電車車站附近，如此正好符合「育兒與工作兩全」的多樣化需求。大樓內的保育室、居家式的保育媽媽以及可以過夜的「baby hotel」在東京都皆可經由認證方式而成為「認證保育所」。

● 表 3-2　「認可保育所」與「認證保育所」比較

	認可保育所（日本全國）	認證保育所（東京都）
招收年齡	六個月至六歲	A 型：零至五歲 B 型：零至二歲
名額	必須 20 人以上	A 型：20 至 120 名 （零至二歲必須占二分之一） B 型：6 至 29 名
零歲兒保育	不一定有實施	必須實施
室內面積標準	零歲與一歲幼兒：3.3 m²／人	零歲與一歲幼兒：3.3 m²／人 二歲以上幼兒：2.5 m²／人
保育費	由地方自治體的市、區、町、村收取	由「認證保育所」收取，費用由「認證保育所」決定，但是有規定上限
申請方法	向地方自治體的市、區、町、村提出申請	與「認證保育所」訂定契約
修繕經費補助	不針對公司企業進行補助	補助對象：A 型「認證保育所」，需離車站剪票口步行五分鐘以內的距離
托育時間	原則上八小時 （含延長托育時間）	必須 13 小時以上
托育內容說明	沒有特定說明的義務	訂立契約時，必須交付家長「重要事項說明書」，並有義務向家長說明保育內容與設備、業者的概要
公開保育所相關資料的義務性	會交付「設置認可書」給「認可保育所」，但是不需公開其內容	必須將載有規定的招收名額、收托時間、托育內容的「認證保育所認證書」，懸掛於家長容易看見的入口處

資料來源：東京都福祉局（2011）。

(四)「認可外保育所」的種類

1. 保育室

　　保育室多設置在大樓的一樓或二樓，若符合厚生勞働省的《認可外保育設施指導監督基準》或東京都的《東京都認證保育所事業實施要綱》，則可合法收托嬰幼兒。雖然設施不如公立保育所完備，但是保育室最大的特色是可以收托兩個月大以上的幼小嬰兒，讓職業婦女於產假結束後，可以很快的回到職場安心上班。

2. baby hotel

　　baby hotel 的特點，可以接受晚上七點以後的托育或過夜，保育費以計時制收取（東京都福祉局，2005）。選擇 baby hotel 的媽媽，大部分是晚上或深夜的工作者，這些媽媽都是晚上必須工作，且找不到可以托育孩子的對象，才會將幼兒寄放在 baby hotel。儘管其最低的設立條件必須符合《認可外保育設施指導監督指針》或《東京都認證保育所事業實施要綱》，但是 baby hotel 的托育品質參差不齊，令人堪慮。事實上都會區中，有很多 baby hotel 是既非「認可保育所」，也非「認可外保育所」，或「認證保育所」的非法保育所，因為日本「認可保育所」的入園資格保守又嚴苛，以致非法的 baby hotel 才能生存。

3. 企業或醫院之員工托育設施

　　托育對象僅針對內部員工的子女，是近年來日本政府對企業公司大為倡導的育兒支援方案。

4. 幼稚園的「課後托育活動」（預かり保育）

　　受到少子化與婦女的就職影響，文部科學省鼓勵幼稚園增設「課後托育活動」（文部科學省，2001）。事實上，許多私立幼稚園在招生不足的壓力下，會在半天的正規活動結束後，利用空餘的教室進行下午的幼兒托育，甚或導入才藝活動。由於幼稚園的設備與人員配置不符合《兒童福祉設施最低基準》，所以厚生勞働省將幼稚園下午的托育視為「認可外機構的托育」，認為應該列入監督指導（厚生勞働省，2002）。

三、無認可保育所

不符合《兒童福祉設施最低基準》規定的保育所，同時也不是「認可外保育所」或「認證保育所」者，通稱「無認可保育所」（又稱非認可保育所）。簡言之，即為非法之保育所，其中以 baby hotel 的現象最為嚴重。

貳、托育目的之轉變

早期日本保育所的托育對象以扶弱濟貧為主，且幼兒家庭多為單親或貧困者，有些媽媽為補貼家用而不得不外出工作。不過現在則由於女性就職率提高，很多婦女結婚後仍繼續留在職場工作，因此現在保育所幼兒的媽媽，她們的工作已不再像以前一樣多為打工或為補貼家用的性質。

自從 1951 年《兒童福祉法》修改後，將保育所限定為「以照顧欠缺保育的嬰幼兒為目的」的機構，家境清寒幼兒就不一定進得了保育所，反倒是幼兒父母若能提出白天無法照顧孩子的證明，就有機會進入設施完備、人員配置齊全的「認可保育所」。所以有些兼職或計時制工作的媽媽，可能由於工作時數不夠長，造成她的孩子被認定「托育需求或急迫性不高」，而排在候補名單，成為名副其實的「待機兒」。

日本從 1973 年第二次嬰兒潮後，出生率便逐年下降，當日本政府殷切盼望國民能增產報國時，卻察覺到國內女性的職場狀況是影響生育率的原因之一。尚且，日本自 1990 年代泡沫經濟爆發後，不穩定的就業市場已經對女性工作者相當不利；再加上近年來，即使是結婚有了孩子的職業婦女，也必須與男人一樣早出晚歸，平日加班、假日出勤，造成工作與育兒無法兼顧難以兩全，如此更讓女性視生兒育女為畏途，很多已婚女性曾表示「不是不想生，而是工作環境不允許」（武田信子，2002）。

日本提出兩個五年計畫——天使計畫（1995～1999）和新天使計畫（2000～2004），設定的目標為改善兒童照顧服務的供給，特別是三歲以下兒童和六歲以上兒童。在日本育兒支援政策中，改善女性工作者的托育問題是重要的項目，從一系列的天使計畫、新天使計畫等內容即可得知，

政策的目標藉著重視女性工作育兒的平衡、強調多樣化托育的服務，以改善幼兒的托育環境，讓日本女性不再認為生孩子、養孩子是生活與工作的絆腳石。在 2001 年，「零待機兒」的創議被發起，透過增加 15 萬個日間托育的名額、兒童照顧或幼稚園等服務位置，到 2004 年達到完全無待機兒的目標。這項動議包括補助創立費用、營運費用以及 5,000 名兒童照顧者補助薪資。目標是零至六歲兒童組的照顧人數提高 8%。2002 年日本財政年度在這些計畫項目下的費用開支總額幾乎是六億美元，相當於 GDP 的 0.015%（OECD, 2003）。

、托育服務內容

一、保育所的服務項目

(一) 一般托育與提前、延長托育

依據日本「保育所保育指針」內容，保育所的保育時間為八小時（厚生省，1999），而一般「認可保育所」的托育時間約從上午九點至下午四點，此實難因應職業婦女的接送時間，因此有許多保育所，尤其是私立的「認可保育所」，早就增加托育前與托育後的保育時間以配合家長的接送。提前托育時間約從上午七點半或八點至九點左右，延長托育則約延長至下午六點或六點半。提前或延後托育的費用，依需求時間另外計算。

(二) 假日托育（休日保育）

解決父母必須在假日工作的托育問題。但是托育條件僅限因工作而無法照顧幼兒者。

(三) 臨時托育（一時保育）

日本「認可保育所」招收對象以雙薪家庭的幼兒居多，因此很多家庭主婦不平的認為，政府只考慮到雙薪家庭的育兒問題，卻沒有想到納稅的

公平性與家庭主婦帶孩子的苦悶與壓力，較便宜且完善的公立保育所名額
優先分配給雙薪家庭，她們的孩子只能選擇私立保育所或上半天的幼稚園。
日本政府也注意到這一點，2002 年提出的「少子化對策 plus one」中即強
調「擴大幼兒彈性托育」，鼓勵更多的保育所增加臨時托育服務，讓上非
正常班的媽媽可以一週托育二至三天，甚至當她們臨時有事必須外出、看
病或參加婚喪喜慶，甚至是散心、購物、找朋友喝咖啡等，都可以利用住
家附近有設置臨時托育的保育所。

二、其他機構或個人的托育服務項目

(一) 病後兒托育（病後兒保育）

日本「認可保育所」與幼稚園並不執行餵藥也不收托生病的幼兒，根
據《學校保健法施行規則》第 20 條「停止出席基準」內容規定，感染特定
疾病的病童必須在家休養至完全康復（保育問題檢討委員会，2011），且
需提出醫師證明才能重回托育機構或學校，這種制度造成上班族媽媽必須
請假在家看顧幼兒。

自 1995 年「天使計畫」提倡應該增加「病後兒托育」服務後，如今日
本已有不少特定醫院、診所或托育機構提供這樣的服務，以照料病後恢復
期的幼兒。病後兒托育症狀範圍如下（厚生省，2000）：

1. 一般性疾病：感冒、發燒、胃腸炎、下痢。
2. 高傳染性疾病：德國麻疹、流行性腮腺炎、水痘、腸病毒、流行性結膜
   炎。
3. 其他：氣喘、骨折、外傷。

有了病後兒托育的設置，確實解決了家長照顧病兒托育的困擾，且能
達到政府倡導的「育兒工作兩全」目的。一般收托對象除保育所與幼稚園
嬰幼兒外，尚包含小學三年級以下的低年級兒童。

(二) 產後支援服務

　　支援小家庭的產後媽媽，在生產出院後一個月內，由地方自治體的市、區、町、村或非營利事業組織（NPO）、社會福祉法人機構等派遣人員協助做家事，工作包含煮飯、打掃、洗衣服、買東西、照顧小孩或接送孩子上幼稚園、保育所。目前該服務的實施，大部分多由非營利事業組織或社會福祉法人以會員制的方式派遣。

(三) 保育媽媽（保育ママ）

　　保育媽媽正式名稱為「家庭福祉員」，但是一般都以保育媽媽稱之。保育媽媽是具有保育人員資格的居家保母，嬰幼兒的托育年齡從出生一歲八個月至三歲，保育媽媽的特點是讓嬰幼兒感受家庭式托育的溫暖與母愛。托育條件比照「認可保育所」入園資格，必須為該地區的居民，且家長需因工作或疾病而無法照顧孩子者，因此得經由地方自治體的市、區、町、村認定托育資格。托育費用與時間亦依照市、區、町、村的規定，保育費大約是一般保育所的七成。

(四) 家庭支援中心（ファミリーサポートセンター）

　　「家庭支援中心」是由地方自治體的市、區、町、村、非營利事業組織或社會福利機構以會員制的方式在社區中設置。會員類型分兩種，一種為使用者會員，條件以家中有三個月至小學三年級的孩子為主；另一種為支援者會員，人員不需要持有特別的資格，但必須接受育兒相關知識與技能的研習。以大阪市為例，接受 18 小時的研習訓練，即可成為家庭支援中心的托育支援者會員。托育費用由地方自治體的市、區、町、村決定，大多以小時為單位計費，早上七點到晚上八點的一般時段，一小時約日幣 800 元，若同時托育兩人以上的兄弟姊妹，則第二個以後的孩子托育費減半。托育申請與照料者的介紹均需透過家庭支援中心的安排，托育地點則在提供托育照料者的家中（大阪市ファミリーサポートセンター，2005）。

　　家庭支援中心的管轄單位屬地方自治體的市、區、町、村。經營權則有兩種，一種是為地方的市、區、町、村自行經營，但較常見的類型是委託給社會福利機構。育兒支援服務項目各地不盡相同，大致有下列幾項：

1. 幼稚園、保育所上學前與下課後的幼兒托育。
2. 接送小孩上下幼稚園、保育所。
3. 小學低年級學童之課後照顧。
4. 暑假期間的幼兒與學童托育、照顧。
5. 家長臨時加班時，協助至幼稚園、保育所接小孩。
6. 家長生病或臨時外出之托育。
7. 家長參加婚喪喜慶或參加家中較大孩子學校活動時之托育。
8. 家長外出購物、上美容院時之托育。

肆、學童課後托育（放課後児童クラブ）

一、「學童課後托育」的需求化

　　在保育所接受托育的幼兒，升上小學後若沒有妥善的托育設施，便可能會成為胸前掛有鑰匙的「鑰匙兒」，放學後獨自一人守候家門。雖然日本的社區設有兒童館等機構，可供孩子免費利用該館的圖書室或遊樂、體能設施等，但其屬自由進出性質，兒童館職員不需對孩子的行蹤負責。而「學童課後托育」設施內的指導員就如同家長代理人，必須確認孩子放學後的行蹤，幫忙看功課、提供點心、唸故事書給孩子聽，甚至當孩子發燒或受傷時，會先給予處置並送至醫院（橫浜市子育て支援事業本部，2004），讓孩子感受在設施中有如家庭般的溫馨。同時，「學童課後托育」的孩子還有機會與不同年齡層同伴互動，以彌補小家庭、少子化效應下，缺乏表堂兄弟姊妹的接觸機會。

　　事實上，日本 1975 年以前僅有 1,782 所學童課後托育機構（厚生勞働省，2001b），至 2010 年日本全國登記有案的「學童課後托育」設施已經增加至 19,946 所，利用的學童總共有 814,439 人（厚生勞働省，2011），

從數字的成長即可了解日本育兒環境對「學童課後托育」的高需求。

二、「學童課後托育」的法規化

「學童課後托育」正式名稱為「放課後兒童健全育成事業」。由於日本女性就職狀況普遍，且少子化問題日趨突顯，1995 年厚生省推動「天使計畫」時，即鼓勵各地區廣設「學童課後托育」，以支援女性育兒工作兼顧的環境。

1997 年厚生勞働省修訂《兒童福祉法》時，便將「學童課後托育」正式納入第 6 條之 2 第 12 項中，定名為「放課後兒童健全育成事業」。內容明訂，對於十歲以下的放學後小學生，若家長因工作等因素而無法在白天照顧，則應提供學童正向的遊戲活動與生活場所，以培育孩子健全的身心（厚生勞働省，2001b）。此後，「放課後兒童健全育成事業」便列為法令所規範的托育事業，藉由「學童課後托育」的推動，使學童媽媽可以安心工作，同時也能避免「鑰匙兒」獨自看家而造成種種問題的出現。

三、「學童課後托育」的設置與實施狀況

根據厚生勞働省 2011 年的調查，20,561 所「學童課後托育」設施中，公營機構有 8,390 所；私營機構有 12,171 所，實施主體包含地方自治體的市、區、町、村、社會福利機構、家長會、其他團體或個人等，場所多利用小學空教室或體育館等專用設施、兒童館、私人建物、保育所或幼稚園空教室。月費高低不等，以公營機構最便宜，約日幣四千至六千元；家長會與個人機構則平均高於日幣一萬元（厚生勞働省，2011）。以下比較兩所公營與私營機構的托育內容供參考（表 3-3）。

● 表 3-3　公營與私營機構的「學童課後托育」內容比較

名稱	梅田學童保育 club（公營） （梅田学童保育クラブ）	花之臺學童 hall（私營） （花の臺学童ホール）
所在地	東京都葛飾區	川崎市（神奈川縣）
設置年份	1972 年	2003 年
場所	兒童館	獨立建物
樓層	四樓建物中的三樓	二層樓
設置主體	葛飾區	家長會
營運主體	葛飾區	家長會
職員	七人	五人
招收人數	59 人（三年級以下）	35 人（一至六年級）
招收身心障礙兒	有	無
月費	第一個孩子日幣 4,000 元；第二個孩子（含）以上日幣 2,000 元	第一個孩子日幣 25,000 元；第二個孩子（含）以上日幣 13,250 元
時間	至 18：00（含寒暑春假）	至 19：00（含寒暑春假）
托育內容	指導功課、戲劇表演等	指導功課、戶外體能、才藝課程等
入會資格	1. 需居住葛飾區 2. 小學一至三年級；身心障礙孩童可至小學六年級 3. 單親家庭或雙薪家庭、家長患病	無限制條件，但是不收身心障礙幼兒或學童

整理自：花之臺學童 hall（花の臺学童ホール，2005）；葛飾區育兒支援課保育科（葛飾區子育て支援課保育係，2005）。

第三節　當前日本托育問題

、托育品質下降

日本《兒童福祉設施最低基準》制定於二次大戰結束後第三年的 1948 年，由於當時正處於戰後重建期，因此保育所的設置條件屬低標準，而事實上至 1997 年為止，日本始終以高於《兒童福祉設施最低基準》條件要求「認可保育所」的設置，尤其是嬰兒的活動空間大小（村山祐一，2001）。然而，由於日本中央為了解決「待機兒」問題，支援家長育兒措施，卻將保育所的設置標準下降至比戰後重建期還要低的標準，使得沒有室外遊戲室、高比例的計時制保育士、超收嬰幼兒的保育所都可以被列入合法的保育所。因此，學者專家質疑這種只是在乎數字達成的育兒支援措施，事實上是忽略了幼兒本身應有權益與收托的意義（村山祐一，2001；森上史朗，2004）。

一、「認可外保育所」問題

隨著日本政府「待機兒零作戰」與「育兒支援政策」的提倡，放寬保育所設置條件，促使無認可保育所合法化，以致每年新增的「認可外保育所」數目已經超越了正常「認可保育所」的新增數（竹內章，2001）。然而，因為基準的放寬，專門收托嬰幼兒的「認可外保育所」，卻常傳出嬰幼兒意外死亡事故，2001 年東京都豐島區一所「認可外保育所」，讓兩名嬰兒同睡一張嬰兒床，導致其中一名四個月大的嬰兒臉部被另一名嬰兒壓住而窒息死亡；2002 年四國香川町、2004 年福岡縣的「認可外保育所」等地方也都發生過嬰幼兒死亡事件。由此，不禁令人懷疑符合「認可外保育所」條件的保育所品質是否真的有保障。

根據《認可外保育設施指導監督指針》規定，「認可外保育所」的人

員資格配置，具保育士或護士資格人數只需全數的三分之一，若全園僅有保育士二人，則必須至少有一人具資格，此與「認可保育所」全體都具有保育士資格的差距太大。「認可外保育所」的嬰幼兒死亡事故與虐童事件，應該與保育士的資質與專業有關。為了減少保育所「待機兒」人數，卻忽略孩子托育的品質與安全，著實與《兒童福祉法》第1條中之「所有國民必須為兒童健康的身體與心理養成培育作努力」之目的相違背（四国新聞，2002）。

雖然厚生勞働省提出《認可外保育設施指導監督指針》的設置基準，並將監督權交由地方自治體去執行，但是由於該內容並沒有清楚規範，僅簡單描述面積大小、全職與短時間計時保育士的人數比例以及資格的規範，讓監督執行單位難以掌握「認可外保育所」的托育安全與品質問題。

二、「認可保育所」問題

日本為了舒緩「待機兒」問題、提供職業婦女多元育兒服務與家庭主婦的育兒支援，自1995年提出「天使計畫」後，各地區托育機構陸續增加了延長托育、假日托育等項目。但是保育時間的加長、工作份量的增加，以致許多私立保育所聘請不合格的保育士或打工制保育士，造成幼兒托育品質難以掌控。

中央政府財源短缺，對地方政府的補助金刪減，造成公立保育所沒有經費增加保育士名額，保育士的加班，超時、超量的照顧超收的幼兒，實難維持公立保育所向來自豪的托育品質。

日本許多地區的兒童照顧服務需求漸增，必須大量依賴由商業性經營者提供管理差、無執照的日間照顧服務。這些日間照顧服務看顧約10%的兒童，儘管它們在全國的分布不平衡。這些商業性無執照服務的優點是他們可提供各種服務，包括在baby hotel或夜間保母臨時托育，或整夜托育。為回應此趨勢以及有關品質的憂慮，一些地方政府特別是在服務短缺更為迫切的東京地區，已經開始承認這些私營托育機構已經形成的影響力。雖然不是直接發許可，但是如果他們符合每個地方政府建立的服務設置和經

營標準規範，並向家長收取的費用不超過這些標準規定的最大額度，就可以獲得政府「承認」，被承認的商業性托育機構可以得到大量的地方政府補貼（OECD, 2003）。

貳、政府財政問題

2004 年小泉首相決定在三年內（至 2006 年）削減三兆中央對地方的補助金，並將公立保育所 1,700 億的營運補助費轉成一般財源，亦即本來中央對地方的公立保育所營運補助費是以指定用途科目補助，不能挪用至其他支出，而現在小泉內閣將其改成由地方自由運用的一般財源。對此，托育相關人員與專家相當擔憂，深怕托育品質的好壞會因為地方自治的重視與否而有所改變，也就是說，重視幼兒托育的地方自治體會撥出較多的經費補助保育所，不重視者則將短絀，因而產生各地托育品質良莠不齊的結果，此有失於造福全體兒童福利的公平性與一般性。

環顧當今日本幼兒托育環境，在少子化的壓力下，日本政府為幫助職業婦女解決「待機兒」問題而提出多項對策，至今已經邁入第十個年頭，現在日本各地方自治體與保育所仍持續朝其所設定目標努力。但是小泉內閣卻提出削減國庫育兒補助金政策，除上述的公立保育所營運補助費外，還包含了私立保育所的營運補助費用、社會福祉設施的修繕費用以及其他的特別事業補助費用。托育相關人員認為這種「又要馬兒好，又要馬兒不吃草」的做法，不僅忽視幼兒本身的利益，而且也不利整體托育服務的發展（全国保育団体連絡会，2004）。

參、保育所公設民營的疑慮

2001 年小泉政府提出規制鬆綁（規制緩和）政策，意指政府縮小對產業界或營業界的規範限制權，以帶動各業界的活絡生態，公設民營即為其中一項。

以前日本「認可保育所」的設置僅限為公家或公益法人（翁麗芳，2004），2000 年開放私人及公司企業可從事經營托育機構，此後日本政府

更由於財政短縮之故，便計畫將公立保育所委託給民間企業經營，借重民間企業的經營型態來活絡公立保育所，一方面可以解決政府無法全面應付的高成本幼兒托育服務，同時又能達成政府所推出的多樣化托育類型。

不過，一旦保育所民營化之後，公家政府便不再負責保育所的內部行政與經營，民間企業則可依己身的方便性與市場性而提高保育費，變更保育士人數的配置，大量採用計時制保育士以節省成本（全国保育団体連絡会，2004）。

托育服務為社會性的福祉，而非營利性事業，不應讓私人企業進入公立保育所而造成托育品質下降。日本國民質疑政府的托育政策鬆綁，其背後除了財政與待機兒壓力外，尚隱藏著政府幫助民間企業方便進駐公立保育所的陰影。但無論如何，幼兒托育事業必須要以兒童福祉為目的，才不失其真正的意義與本質。

肆、非雙薪家庭的幼兒托育

從早期開始，日本保育所的入園資格規定，就不以全職主婦家庭的孩子為對象，少子化對策實施後，所有的托育支援重心更放在解決雙薪家庭的托育問題，家庭主婦的孩子只能等到滿三歲後上半天制的幼稚園，如果媽媽有打工的工作，可能就得自掏腰包讓孩子進入無認可保育所或「認可外保育所」，當然媽媽打工賺取的費用是無法支付沒有政府補助的昂貴托育費。許多家庭主婦認為，她們是因為有了孩子才放棄工作而短少收入，但是政府卻將福利設施較好的托育機構讓給高收入的雙薪家庭，藉此鼓勵生育，她們質疑如此不公的政策，只會令家庭主婦視生兒育女為畏途。日本政府對家庭主婦的托育協助，並非如「方便媽媽逛街、喝咖啡、辦急事」之類的點狀式托育支援措施，應該需要更完備的機制，讓家庭主婦的孩子也能無差別的進入「認可保育所」接受托育。

第四節　未來發展

、幼托合一──「綜合設施」

　　自多樣化托育實施後，許多進不了「認可保育所」的「待機兒」，會先進到「認可外保育所」接受托育，雖然厚生勞働省認為如此已經解決待機兒托育問題了，不過這些「認可外保育所」的幼兒家長，認為自己的孩子還是「待機兒」，因為他們依舊在等待進入「認可保育所」的機會。由此可知，雖然日本政府放寬無認可保育所的設立限制，但是這些保育所因為托育費用較貴、設施不齊全、保育士資格與配置比例不完備，並不受家長喜愛。

　　另外，在雙薪家庭的大都市，半天制的幼稚園招生景氣是相當低迷的，因為收托時間僅半天，且只招收三歲以上的兒童，尤其是師生比更不如保育所優勢（表3-4），再加上少子化原因，以致有很多的幼稚園招收不到孩子，而面臨難以生存的廢園命運。

表3-4　「保育所」與「幼稚園」比較

	保育所	幼稚園
根據法源	《兒童福祉法》	《學校教育法》
主管機關	中央：厚生勞働省 地方自治體的市、區、町、村：福祉部局兒童福祉課	中央：文部科學省 地方自治體的市、區、町、村：教育委員會初等教育課
監督權限	地方自治體的市、區、町、村	公立：地方自治體的市、區、町、村 私立：都道府縣知事

●表 3-4 「保育所」與「幼稚園」比較（續）

	保育所	幼稚園
設置主體	公立：地方自治體的市、區、町、村長 私立：社會福祉法人、學校法人、宗教法人、非營利事業組織（NPO）、株式會社、個人	公立：中央（國立）、地方的市、區、町、村 私立：學校法人、經營保育所之社會福祉法人
招收對象	零歲至入學前之白天無人照顧幼兒	滿三歲至入學前之幼兒
教保內容	保育所保育指針	幼稚園教育要領
資格規定	• 保育士資格證明書 • 厚生勞働大臣指定之保育士養成學校畢業或通過都道府縣舉辦的保育士資格考試者	幼稚園教諭普通免許狀 • 兩種免許狀：短大、專門學校畢業 • 一種免許狀：四年制大學畢業 • 專修免許狀：研究所碩士畢業
保育時間	八小時／日（含延長保育）以上 一年保育日數無規定	四至五小時／日 一年不得少於39週，每日四小時為基準
保育士配置比例與師生比	零歲（1：3） 一至二歲（1：6） 三歲（1：20） 四至五歲（1：30）	每班均為 1：35 一班一位教師 採分齡分班制
收費標準	依家長所得而定	不依所得（地方自治體另有補助制度）
營運費補助	扣除家長繳納費用後，國家補助二分之一，都道府縣補助四分之一，其餘由地方的市、區、町、村自行負擔	設置者自行負擔，但是私立幼稚園可獲得國家給予都道府縣的補助

整理自：保育問題檢討委員会（2011）、翁麗芳（2013）。

　　2004 年文部科學省與厚生勞働省亦聯合提出「學前教育幼托整合之綜合設施」（就学前の教育・保育を一体として捉まえた一貫した総合施設について）方針，所謂「幼托整合之綜合設施」是在不改變現行幼稚園和保育所體制下，另外設置一個順應地方潮流、符合幼兒家長需求的幼托合一機構。所謂符合家長需求，即日本有些家長認為保育所較適合零至三歲嬰幼兒的托育，四歲以後則應該上幼稚園接受幼兒教育以便銜接小學課程，但是礙於「認可保育所」名額得來不易，且有全天八小時以上的托育，因此便讓孩子托育到五歲後直接上小學，而錯過學前幼兒教育的機會，因此最理想的學前托育模式是零至三歲在保育所接受托育；四至五歲在幼稚園接受幼兒教育。

　　「綜合設施」有合併幼稚園與保育所的設施，也有從既存招生不良的幼稚園或保育所轉型成幼托合一機構。其特色是零至三歲的教育活動以「保育所保育指針」為主；四至五歲則以「幼稚園教育要領」進行較大孩子的小學銜接教育活動。教師與保育士資格，可能以兩者合流的方式或只持有其中一樣資格即可擔任的形式進行。目前各地的幼托「綜合設施」尚處於實驗階段，師資合流的問題亦仍處於研討當中，2005 年底彙整實施的經驗並完成相關法規，2006 年 10 月政府為了因應地區裡多樣育兒需求，靈活運用幼稚園與保育所等的長處，設定幼兒園四種類型（翁麗芳，2010）：

1. 幼托合作型：認可幼稚園與認可托兒所的組合。
2. 幼稚園寄托托育型：將原來托兒所長時間進入之幼兒納為對象。
3. 托兒所寄托托育型：將原來幼稚園短時間進入之幼兒納為對象。
4. 地方裁量型：既無幼稚園也無托兒所認可的設施，無論時間長短皆納入對象。

　　日本的幼托雙軌合一問題，自二次大戰後就紛紛擾擾爭論了近 60 年，原因是因為文部科學省與厚生勞働省始終各執己見，以致未能有明確的共識。但是近年來因為有些幼稚園實施課後托育，保育所導入教育課程活動，使得兩者之間的托育、教育功能差距逐漸變小。公立幼稚園招收不到孩子、公立保育所大排長龍、父母期待孩子在學前能獲得完整的托育與教育機會

等因素，都是促使幼托合一的契機。2010 年 1 月 29 日，日本政府發表「兒童‧育兒願景」（子ども‧子育てビジョン）內容為創設「兒童家庭省」（暫稱）（子ども家庭省），推動托育制度改革，打造全面性支援次世代育成的單一制度（厚生勞働省，2010），亦即幼保一體化的配套措施，但具體預算仍是當前有待解決的議題（翁麗芳，2010）。

2012 年 8 月日本通過「小孩‧育幼支援法案」，指出中央層級的育兒會議必須包含兒童家長或監護人、都道府縣長、市町村長、幼稚園或托兒所代表、工作人員代表、托育相關事業工作者和學者等，以拉近育兒家庭和政策的落差（翁麗芳，2013）。日本的托育政策從 2006 年提出「認定幼兒園」，作為整合學前教保的機構，但是 2012 年定案之後，卻反而保留原來的幼稚園和托兒所，新增教保合一的「幼托整合型認定幼兒園」，此三者稱為「總合幼兒園」（翁麗芳，2013）。日本幼托整合的制度遭遇內閣人事更迭與現實情況難以整合，尚未能有定論。

這種政策鬆綁性的幼托合一「綜合設施」，其設置基準是低於「認可保育所」的標準。日本全國私立保育園連盟（2004）認為，對於「綜合設施」的零至三歲嬰幼兒照顧者資格，應該要求必須擁有保育士的資格，以確保幼小嬰幼兒的托育品質。同時考量離乳期幼兒的營養，「綜合設施」必須設置食品調理室，不能利用外食送達方式供應幼兒飲食。入園條件也應該考量全體幼兒的公平性，而非僅獨優雙薪家庭。

塘利枝子（2010）指出，日本幼托整合成效不彰的主要原因和困難有下列五項（引自翁麗芳，2013）：

一、私立幼稚園的反對

幼托整合政策要求幼稚園向下招收三歲以下幼兒，但是日本的私立幼稚園有其獨特的辦學理念和精神，私立幼稚園不一定願意配合政府政策。

二、幼托整合的政策反覆不定

2006 年開設「幼保連攜推進室」以來，相關的幼托整合政策反覆不

定，例如：整合幼稚園、托兒所，並統一稱為「幼兒園」，再加一種「總合設施」。但是 2011 年卻又轉而保留幼稚園與托兒所雙軌制。

三、財源有困難

若政府要增加托育服務量，每一年需要追加超過一兆日圓的經費，龐大的經費支出讓政府推動幼托整合時卻步不前。

四、幼托法源依據相異

幼稚園和托兒所依據的法源各異，幼稚園屬於「教育」機構、收托全職家庭主婦子女；但是托兒所則被界定為「養護」機構、收托雙薪家庭子女；兩個制度各有其使用者，且這樣的觀念在日本社會裡已經根深柢固，不易撼搖。

五、幼托設備規範相異

日本的幼稚園通常不供應午餐，中午課程結束後，全職家庭主婦便到幼稚園接孩子；但是托兒所則供應午餐，全日托育。對幼稚園而言，設置廚房並非必要條件，設備和作息的差異，也難以令幼稚園調整。

貳、加強「認可外保育所」的監督

由於「認可外保育所」的設置基準在標準之下，托育品質較難掌控。滋賀縣在 2001 年率先在網路上公告有問題的保育所，並進行無預警的抽查，將不合格幼兒園的問題公開於網路，同時要求限期改善，以達警戒與提醒的作用（竹內章，2001）。東京都福祉局也曾公開都內遭勒令停業的保育所名稱及輔導過程（東京都福祉局，2001）以表明政府管理問題保育所的決心，但是，此舉並未普及於日本全國。而且，對於「認可外保育所」管理機制與無認可保育所的取締行動，應更加積極的進行，以保障幼兒托育品質。2009 年 10 月政府提出廢止「兒童福祉施設最低基準」及權限移轉地方公共團體的議案。對於政府內閣會議的決定，導致托育品質降低，

不但托兒所相關人士反對，教保相關學術團體也出現反對意見（翁麗芳，2010）。

、充實保育所之外的托育服務

　　除了利用保育所之外，家長也相當期待其他托育機構的多元化，目前被使用最多的就屬「家庭支援中心」、「學童課後托育中心」、「兒童館」。根據東京都對「家庭支援中心」使用者的調查，一般民眾對於「家庭支援中心」育兒服務最希望改善的項目，第一順位是「可以照料生病幼兒或病後兒」，占 55.4%；從屬性分析，希望「可以照料生病幼兒」的家長，大多是將孩子寄放在保育所的職業婦女（東京都産業労働局，2003），「病後兒托育」的設置，在職業婦女普遍存在的現在社會確實相當必要。

　　另外，對於非雙薪家庭的幼兒托育照顧，如果現階段「認可保育所」名額不足問題無法解決的話，則應該加強「家庭支援中心」、「學童課後托育中心」、「兒童館」等設施的托育服務，讓家庭主婦或打工的主婦能以較低廉的費用，享受政府的全民托育服務，才是堪稱完善的托育服務。

課後練習

一、請簡述日本托育服務的變遷與其社會背景。

二、試論日本「認可保育所」與「認證保育所」的差別，並說明東京都設立「認證保育所」的目的為何？

三、日本的托育服務內容有哪些？是否有值得臺灣參考之處？

中文部分

吳貞祥（1988）。日本的幼兒教育。**教育資料集刊**，**13**，177-198。

翁毓秀（2009）。日本、韓國少子女高齡化社會之因應策略——臺灣做了什麼？未來可以做什麼？社區發展季刊，**125**，240-255。

翁麗芳（2004）。**當代日本的幼托政策**。臺北：心理。

翁麗芳（2010）。日本的幼兒教育‧托育及其人才的培育。**幼兒教保研究期刊，5**，65-72。

翁麗芳（2013）。少子化日本的幼兒教育改革——幼托的分合爭議與優質人才培育。**教育資料與研究，111**，55-98。

葉郁菁（2006）。**從兒童照顧政策探討提昇出生率之研究**。臺中：內政部兒童局委託研究。

葉郁菁（2010）。日本幼兒教育發展現況與幼兒園參訪紀實。**教師之友，51**（1），2-9。

日文部分

大阪市ファミリーサポートセンター（2005）。**大阪市ファミリーサポートセンター事業**。2005 年 3 月 24 日，取自 http://www.osaka-kosodate.net/news/fs/fs01.html

千代田区ダウン（2005）。**認証保育所**。2005 年 4 月 24 日，取自 http://www.chiyodaku-town.com/gyousei/00002/

文部科学省（2001）。**幼児教育振興プログラム**。2004 年 8 月 19 日，取自 http://www.mext.go.jp/b_menu/houdou/13/03/010322.htm

文部科学省（2012）。**幼稚園の現状（平成 22 年度）**。取自 http://www.mext.go.jp/a_menu/shotou/youchien/08081203.htm

内閣府（2004）。少子化社会白書平成 **16** 年版。東京：作者。

四国新聞（2002）。**認可外保育所の規制強化**。2004 年 8 月 19 日，取自 http://www.shikoku-np.co.jp/feature/tuiseki/187/

全国私立保育園連盟（2004）。「保育総合施設に関する意見書」を提出。**保育通信，7**，47。

全国保育団体連絡会（2004）。〔見解〕地方 6 団体の「国庫補助負担金

等に関する改革案」について。2005 年 5 月 1 日，取自 http://www.ho-iku-zenhoren.org/kenkai/20040908.html

竹内章（2001，8 月 10 日）。認可外保育園どう選ぶ。神戸新聞。

足立区政情報係（2005）。**数字で見る足立**。2005 年 3 月 24 日，取自 http://www.city.adachi.tokyo.jp/021/index.html

赤川　学（2003）。男女共同社会と少子化。**比較家族研究，123-149**，岡山大学文学部。

花の臺学童ホール（2005）。**事業概要**。2005 年 5 月 30 日，取自 http://www.eva.hi-ho.ne.jp/hananodai/

村山祐一（2001）。**もっと考えて!! 子どもの保育条件——保育所最低基準の歩みと改善課題　フォーラム 21**。東京：新読書社。

武田信子（2002）。**社会で子どもを育てる——子育て支援都市トロントの発想**。東京：平凡社。

東京都福祉局（2001）。**いよいよ東京独自の認証保育所制度がスタートします！**2005 年 4 月 23 日，取自 http://www.fukushihoken.metro.tokyo.jp/press_reles/2001/pr0508.htm

東京都福祉局（2005）。**認可外保育施設（ベビーホテル）一覧の公開**。2011 年 11 月 19 日，取自 http://www.fukushihoken.metro.tokyo.jp/koso-date/babyhotel.htm

東京都福祉局（2011）。**「とうきよう福祉ナビゲーツヨン」——「認証保育所制度について」**。2011 年 11 月 19 日，取自 http://www.fukunavi.or.jp/fukunavi/contents/tokushu/ninsyo/ninsyo_02.html

東京都産業労働局（2003）。**平成 14 年度ファミリーサポートセンター事業　需要調査報告書**。東京：作者。

保育問題検討委員会（2011）。**保育・教育用語集**。大阪：大阪教育図書。

厚生省（1999）。**新エンゼルプランについて**。2005 年 1 月 3 日，取自 http://www1.mhlw.go.jp/topics/syousika/tp0816-3_18.html

厚生省（2000）。**乳幼児健康支援一時預かり事業の実施について**。2005

年 5 月 20 日，取自 http://www.byoujihoiku.ne.jp/shiryou/jibo46.html

厚生労働省（2001a）。認可外保育施設に対する指導監督の実施について（抄）。2005 年 4 月 22 日，取自 http://www.2020.jp/fure2/ikuhi/ikuji/html

厚生労働省（2001b）。平成 13 年地域児童福祉事業等調査の概況──放課後児童クラブ・児童館。2005 年 3 月 23 日，取自 http://www.mhlw.go.jp/toukei/saikin/hw/jidou/01/index.html

厚生労働省（2002）。平成 12 年度社会福祉行政業務報告の概要。2005 年 10 月 30 日，取自 http://www.mhlw.go.jp/toukei/saikin/hw/gyousei/00/

厚生労働省（2004）。「少子化社会対策大綱に基づく重点施策の具体的実施計画について」（子ども・子育て応援プラン）の決定について。2005 年 4 月 12 日，取自 http://www.mhlw.go.jp/houdou/2004/12/h1224-4.html

厚生労働省（2010）。認可外保育施設指導監督の指針。取自 http://www.i-kosodate.net/mhlw/new_move/unauthrzd/unauthrzd01.html

厚生労働省（2011）。放課後児童健全育成事業（放課後児童りらづ）の實施狀況（5 月 1 日現在）。2012 年 7 月 28 日，取自 http://www.mhlw.go.jp/bunya/kodomo/houkago-jidou.html

葛飾区子育て支援課保育係（2005）。学童保育クラブ入会案内。2005 年 3 月 23 日，取自 http://www.city.katsushika.tokyo.jp/jimu/kosodateshien/kosodateshien/gakudou_nyuukai17.html

森上史朗（2004）。最近における保育の動向と課題。発達，25（98），2-8。ミネルヴァ書房。

福田博子（2002）。保育園・幼稚園教育と家庭教育概論。神奈川：八洲學園。

榊原智子（2004，12 月 4 日）。少子白書　第 2 次ベビーブーム世代が出産適齢期に（解説）。読売新聞，第 10 版。

横浜市子育て支援事業本部（2004）。放課後児童クラブ（学童）。2005

年 5 月 8 日，取自 http://www7.ocn.ne.jp/~keyakigc/gakudou.html

墨田区役所子育て支援課（2002）。保育園入園申し込みの方法。2005 年
4 月 22 日，取自 http://www.city.sumida.tokyo.jp/~hogo/index.htm

英文部分

OECD (2003). Babies and Bosses-Reconciling Work and Family Life (Volume 2):
Austria, Ireland and Japan. Paris: OECD.

第 **4** 章

香港托育服務

→葉郁菁、徐德成

第一節　香港幼兒托育服務的歷史沿革

香港是一個以華人為主的社會，由於位在中西交通樞紐的特殊地理位置，加上擁有一個深水優良的海港，成為亞洲地區重要的交通運輸中心。1841 年鴉片戰爭，次年中英簽訂南京條約，割讓香港，使得往後的 150 年香港脫離了中國成為英國的殖民地，1997 年英國把香港主權歸還給中國大陸，採取 50 年不變的政治（香港旅遊發展局，2005）。在殖民的年代裡，由於香港擁有其特殊的政治及歷史背景，成為中西文化交融的地方，同時在教育上也因其歷史背景，產生特有的現象，尤其在 1960 年代左右，中國大陸難民潮的來港，使得香港人口劇增，陸續出現很多的社會問題，政府的福利政策也為了因應不同時期的社會需求，而提出了不同的解決方案。貧富懸殊的問題、大陸移民的問題、單親家庭的問題、雙薪家庭的托育需求、出生率降低的現象，促使幼兒托育的需求及發展的型態以及管理政策，也因應香港社會本身的變化而不斷的在改變。從其歷史的演進來看，香港的幼托服務，可分為四個時期。

壹、幼兒托育服務的萌芽期

1950 年代時香港正值一個不穩定的年代，由於政治動亂，中國大陸難民大量移居香港，造成人口激增，產生很多社會福利問題，而其中家庭及兒童的照顧，更是亟需解決。香港的托育服務，最早是英國嘉諾撒修會於 1860 年設立的棄嬰收容所，目的是收容那些被父母棄置的嬰兒，提供一個可以收容安置的地方，也開創了香港照顧幼兒福利服務的先河。

1878 年慈善機構保良局成立，為香港提供多元化的社會福利服務，其中主要服務對象為經濟欠佳、孤兒、棄嬰等，而對有經濟能力的家庭，社會並沒有提供相關的托育服務（杜耀光、馬容貞、黎玉貞、林惠雯，2003）。從這些可以看出，早年的香港托育服務，主要是因應社會問題所

產生的兒童照顧服務需求，並由社會慈善服務團體自發性的成立，提供救助性的服務，因此當時的幼兒服務並沒有任何的法令依據及所屬的政府監管單位。

貳、幼兒托育服務開創期

1948 年政府成立社會福利辦事處，主要服務是針對家庭和兒童照顧，也開始有政府部門關心家庭和兒童照顧的問題；1958 年社會福利署正式成立，並開辦托兒工作員在職訓練，也開創托育服務人員培訓的先例（杜耀光等，2003）。1975 年《幼兒中心法例》正式通過，這條法例開啟了政府對幼兒照顧的重視。其「附屬法例」（《幼兒服務規例》第 243 章 A）規定「所有經常在日間部分，接受較長時間收容超過五名六歲以下的兒童之幼兒中心必須要向社會福利署註冊，且要符合法例所訂有關之設備、裝置、面積及職員資格」等。這條法例的產生使幼兒的安全和健康得到保障，以確保幼兒中心所提供的幼兒服務能落實適當的照顧，同時社會福利署對幼兒中心的監管，也可以有一個明確統一的法令依歸，以確保幼兒中心所提供的環境及設備有一定的水平。

1980 年「小學教育及學前服務」綠皮書指出，來自低收入家庭的兒童，為使家長可以安心工作，因此需要全日受托的服務。為鼓勵相關單位設立更多非營利學前教育機構，政府擬發還所繳交的租金（香港的非營利學前機構承租地點大部分為政府房屋，因此租金需交給香港政府）和營業稅予各幼兒中心和幼稚園；並且積極採用撥地、分配公共房屋單位及支付裝潢費用等資助方法，為經由程序認可的非營利機構所經營的幼兒中心提供援助（黃陳婉燕，2005）。這反映出當時幼兒中心服務數量不足，幼兒對托育服務需求的增多，而政府希望透過補助的方式，鼓勵更多非營利的團體營辦幼兒中心，在家長經濟能力許可的範圍內，提供更多幼兒接受學前服務的機會。

參、幼托整合的意識期

　　社會福利署和香港社會服務聯會於 1986 年成立聯合工作小組共同編撰
《日間幼兒園活動指引》，主要目的是為了提供幼兒工作者多類型的建議
活動，配合二至六歲幼兒的發展特徵和需要，透過遊戲和實際體驗「指引」
出幼兒的培育方向，協助兒童在體能、智能、語言、社群和情緒各方面達
到均衡的發展（香港教育署，1996）[註]。使得幼兒中心的幼兒活動安排有一
個可以依循的方向，尤其是對當時大部分沒有接受過幼兒專業培訓的工作
者而言，《日間幼兒園活動指引》對他們的工作內容及幼兒服務的品質提
升有很大的幫助。

　　香港教育委員會於 1994 年 5 月對學前教育提出多項建議，重點包括整
合社會福利署幼兒園及教育署幼稚園這兩個原本各自運作的單位。並於
1995 年確實研究這兩類型學前服務在課程設計方面如何達到一致的可行
性，建議將《幼稚園課程指引》與《日間幼兒園活動指引》合併，並設立
一個臨時工作小組，成員包括教育署及社會福利署人員。於 1996 年派發至
全港學前教育機構徵詢意見，最後依據匯集的意見修訂，再經由課程發展
小組通過，制定成《學前教育課程指引》，成為一本適用於各級學前教育
機構的教學參考資料（香港教育署，1996）。由於這一本學前指引的產生，
讓香港的幼托整合跨進了一大步，同時使得幼稚園與幼兒中心這兩個服務
性質相似的機構，不再隸屬於不同的行政單位，同時也統整出一套相同的
活動課程。

　　1995 年更進一步統一學前服務條例，促使政府與非政府機構共同檢視
統一學前服務的可行性，並做出多項建議和措施。其中包括統一幼兒工作

[註] 原香港「教育司署」於 1980 年改組，分設負責政策的「教育科」，以及負責執
　　行的「教育署」。1983 年教育科更名為「教育統籌科」，1997 年香港回歸後，
　　又更名為「教育統籌局」。2003 年因財政赤字嚴重，將教育署與教育統籌局合
　　併為「教育統籌局」。2007 年，香港成為「中華人民共和國香港特別行政區政
　　府」，教育統籌局更名為「教育局」。

員及幼稚園教師的學歷條件和薪資、協調幼兒工作員及幼稚園教師的基本
訓練範圍，以及合併幼兒園和幼稚園的課程指引等，就此提高整體學前服
務素質，奠下良好的基礎（香港社會福利資訊中心，2005）。1997 年立法
局通過《新修訂幼兒中心條例》，條例修訂的目的，旨在加入新的法律條
文，將幼兒托管人及互助幼兒小組納入管制範圍，加強保護兒童和鼓勵組
織互助幼兒小組。這項新條例的修訂，反映出香港政府對幼兒托管的服務，
開始有更多的關注。而在 1999 年廢除《幼兒中心規例》，取而代之的是香
港法例《幼兒服務條例》第 243 章，這個法令的修訂，更讓幼兒托管範圍
及托育服務品質有了更為完善的水平與標準。

肆、學前服務的整合期

從 1980 年代初期，香港幼兒服務界一直深切關注提高學前教育素質和
統一學前服務的事宜（社會福利署、教育統籌局，2002）。而社會福利署
根據《幼兒服務條例》所規管的幼兒中心，收托零至六歲的兒童，而由教
育統籌局根據《教育條例》所規管的幼稚園，則收托三至六歲的兒童。由
於幼兒中心和幼稚園的服務對象相似，所提供的服務亦相近，因此提議要
求這些幼兒中心和幼稚園在經營方面應符合相同的規定，並根據同一條例
註冊，由同一機構規管，以便為經營者和家長提供更佳的服務和更多支援
（新聞公報，2005）。而香港幼托整合的實施，基本上分為兩個階段如下。

一、幼托整合的諮詢

在 2000 年，立法會成立了一個工作小組，針對協調學前服務事宜向政
府提出意見。工作小組曾全面諮詢業界、公眾有關的諮詢組織和立法會事
務委員會的意見，大家一致支持實施協調學前服務的措施（新聞公報，
2005）。至此 1981 年的《小學教育及學前服務白皮書》、1986 年的《教
育統籌委員會第二號報告書》和 1995 年的《幼稚園教育工作小組（重組）
報告書》，均曾就這些課題提出了多項建議，其中包括以統一學前服務為
長遠目標，而首要的工作，是在協調如何提升日間幼兒園及幼稚園的服務

素質。1999 年 9 月，教育統籌委員會把應否統一幼兒園和幼稚園的體系，列入教育改革的議程：「教育制度檢討：教育改革建議」。同時 2000 年 4 月，教育署與社會福利署聯合成立了協調學前服務工作小組（社會福利署、教育統籌局，2002）。並以「諮詢文件」蒐集公眾、幼兒中心、幼稚園等相關的意見。2003 年 2 月立法教育事業委員會就協調學前服務工作的進展，以 2002 年的「諮詢文件」所蒐集的意見進行修訂，訂出協調幼稚園和幼兒中心的未來方向。「協調學前服務」主要影響依照《幼兒服務條例》註冊的「零或二至六歲日間幼兒中心」，這些機構的服務在協調時須轉換為幼稚園暨幼兒中心。

二、幼托整合的執行

　　2005 年 4 月立法會二讀通過《2005 年幼兒服務（修訂）條例草案》，以作為協調學前服務的推行措施；同時教育統籌局和社會福利署共同派員組成的聯合辦事處，按照《幼兒服務條例》及《教育條例》，分別規定管理這些機構提供的幼兒中心（零至二或三歲）及幼稚園（三至六歲）服務（香港教育局，2011b）。現在收托零至三歲幼兒及三至六歲智能障礙的幼兒中心，由社會福利署根據《幼兒服務條例》第 243 章及《幼兒服務規例》第 243A 章管理；而三至六歲的幼兒中心則轉為幼稚園，並由教育局《幼兒服務條例》及《教育條例》第 279 章管理。協調學前服務的幼托整合，基本上已達到豐收的成果。整個改革歷程的成功是從民間需求以及政府對學前服務統一的必要性所相互認同努力的成就。這樣的歷程最先是以課程的整合統一作為基礎，經過不斷的商議，透過社會福利署及教育統籌局所共同制定的學前機構表現指標，使得兩個不同的管轄單位，對學前服務有一個明確的共識，最後從這些共識中尋找協調的辦法，達成幼托整合的目的（表 4-1）。

🔴 表 4-1　幼托整合主要改變內容對照表

項目	日間幼兒園	幼稚園	幼稚園及幼稚園暨幼兒中心
負責管理單位	社會福利署（改制整合後，現改為社會福利署幼兒中心督導組）。	教育統籌局（改制整合後，現改為教育局各區學校發展組及幼稚園視學組）。	教育局學前服務聯合辦事處及幼稚園視學組。
註冊登記	註冊為幼兒中心（亦包括留宿幼兒中心及特殊幼兒中心）。	註冊為幼稚園。	可同時在同一地點註冊收托零至三歲之幼兒中心及三至六歲的幼稚園。
法例規章	受《幼兒服務條例》第 243 章及《幼兒服務規例》第243A章規管。	受《教育條例》第 279 章規管。	同時受《教育條例》第 279 章及《幼兒服務條例》第 243 章規管。
收托年齡	二至六歲的幼兒。	三至六歲的幼兒。	幼稚園收托三至六歲的幼兒，幼稚園暨幼兒中心收托零至六歲嬰幼兒。
師生比例	教師與幼兒的人數比為 1：14。	教師與幼兒的人數比為 1：15。	教師與幼兒的人數比為 1：15。
教師資格	每所幼兒園至少有三分之二的幼兒工作員完成社會福利署承認的幼兒相關證書訓練。 由 2003 年 8 月開始，所有新入職者須完成職前訓練。	每所幼稚園至少有60%的教師完成獲得教育統籌局承認的幼兒相關證書訓練。	在協調時，在職幼兒工作員和合格幼稚園教師，不需要接受資歷評審或修讀任何轉讀課程，可分別獲得教育統籌局和社會福利署互相認可為合格幼稚園教師和幼兒工

●表 4-1　幼托整合主要改變內容對照表（續）

項目	日間幼兒園	幼稚園	幼稚園及幼稚園暨幼兒中心
教師資格			作員。但協調後，離開原工作單位時則不再被承認，需接受認可的培訓才可任職相關幼兒服務工作。現專業資格規定是所有新聘幼兒工作員／幼稚園教師須具備合格幼稚園教師或同等資格。幼兒中心、幼稚園須聘用百分百已獲得認可訓練課程證書或同等專業資格的員工。
輔助性服務	提供暫托幼兒服務、延長時間服務及有特殊需要的兒童服務，以及兼收身心障礙兒童服務。	為特殊有需要的幼兒提供特殊融合教育服務。	輔助性服務，包括兼收身心障礙兒童的服務、延長時間服務和暫托服務，原幼稚園兼收身心障礙兒童計畫結束，其資源將會轉調至社會福利署，以增加服務的名額。
家長資助	低收入及需要社會資助的家庭，如有全日托育的需要，可以透過社會福利署幼兒中心繳費資助計畫以獲得經濟上的援助。	幼稚園學費減免計畫。	幼稚園學費減免計畫擴展至幼兒中心，並取代現有的幼兒中心繳費資助計畫，申請者需要接受薪資審查機制。

● 表4-1　幼托整合主要改變內容對照表（續）

項目	日間幼兒園	幼稚園	幼稚園及幼稚園暨幼兒中心
機構的資助	政府提供發還租金、差餉及地租，5%資助計畫，資助開辦新幼兒園的裝修、家具及設備以及資助大型維修、更換家具及設備（政府獎券基金）。	幼稚園資助計畫除了為非營利的幼稚園提供資助外，政府還提供發還租金、差餉[註]及地租等補助。	幼兒中心5%資助計畫將會取消，而幼稚園資助計畫的範圍則會擴展至幼兒中心。

[註]「差餉」是一種對財產所徵收的稅項，如對房屋徵收物業差餉稅。
資料來源：筆者自行整理。

第二節　香港學前服務現況

　　香港的學前服務是指幼稚園及幼兒中心提供的教育和照顧。幼稚園是向教育局註冊；而幼兒中心則向衛生福利局轄下的社會福利署註冊（香港教育局，2011a）。幼兒中心包括育嬰園、幼兒園、混合育嬰幼兒園、互助幼兒中心、住宿幼兒中心、特殊幼兒中心等服務機構。育嬰園為出生至二歲的幼兒提供服務，其餘後者為二至六歲的兒童提供服務。幼兒園的服務則有全日制及半日制兩種；另有暫托和兼收輕度智能障礙的幼兒等不同單位，而大部分的幼兒園則是接受兒童全日制的托管服務。

 壹、幼兒中心的類型與功能

　　幼兒中心是指經常在日間部分時間或較長時間收容超過五名六歲以下的幼兒，給予他們照顧的機構單位，隸屬於社會福利署管轄，並受香港法例《幼兒服務條例》第243章及香港法例《幼兒服務條例》第243A章的規

定登記接受監管的社會工作服務。大部分的幼兒中心為政府所資助或由非營利機構及私人團體開辦。其開辦主旨皆依據政府公布之「非政府機構主辦的幼兒中心經營目標」，旨在為一些低收入、單親家庭、雙薪家庭提供零至六歲幼兒的照顧服務（朱鄧麗娟，2005）。

一、幼兒中心服務的類型

1. 育嬰園：照顧出生至二歲以下嬰兒，提供日間嬰兒托育服務。而部分育嬰園亦提供臨時托育服務。
2. 幼兒園：為二至六歲以下的幼兒提供照顧和教育，其中兼收輕度智能障礙幼兒，提供半日或全日的托育服務，部分幼兒園亦提供暫時托育服務。
3. 混合育嬰幼兒園：提供照顧和教育六歲以下的嬰幼兒。
4. 互助幼兒中心：非正式及非營利之團體營辦，以鼓勵發揮鄰里互助精神，協助社區內家長解決短暫托兒問題，提供最多 14 名六歲以下的幼兒照顧服務。
5. 留宿幼兒中心：為出生至六歲以下缺乏家庭照顧的幼兒提供住宿服務。幼兒的父母可能因為疾病、入獄、婚姻破裂等原因而暫時不能夠照顧自己的子女，也可能是父母有行為或情緒上的問題，或是與家人相處不融洽及受到虐待等情況。
6. 特殊幼兒中心：提供二至六歲以下的中度及嚴重智能障礙幼兒學習成長的環境，特別是訓練和照顧二至六歲中度及嚴重殘疾兒童，協助他們發展及成長，讓他們為小學教育做好準備。一般皆為日間照顧服務，而有特別需要的幼兒，亦提供住宿服務。照顧的對象為患有下列殘疾的幼兒：中度或嚴重智能障礙、中度或嚴重肢體傷殘、失聰、失明或自閉症病童。
7. 早期教育及訓練中心：主要為出生至二歲的殘疾兒童提供早期療育服務，特別著重家庭照顧殘疾幼兒。年齡在二至六歲的殘疾幼兒，若沒有在同一時間內接受其他康復服務，即可以接受早期教育及訓練中心的服務，定期的個別和小組訓練，以協助他們日後融入主流教育。

二、幼兒中心的輔助服務

(一) 臨時托育服務

　　主要目的是避免家長因事外出，把幼兒獨自留在家中，以致發生意外。提供全日、半日或每節兩小時的短暫日間照顧服務，服務時間與日托服務時間相同，大部分為週一至週五上午八時至下午六時，週六上午八時至下午一時。

(二) 延長時間服務

　　旨在使家長能安心從事較長及具彈性時間的工作，或參加在職培訓課程，進而增強家長自力更生的能力及解決照顧年幼子女的問題所提供的服務。大部分的服務時間是週一至週五下午六時至晚上八時，週六的下午一時至晚上八時。

(三) 兼收身心障礙兒童

　　在一般幼兒中心內，兼收二至六歲輕度身心障礙患有輕度殘疾的幼兒：包括輕度智能障礙、輕度肢體傷殘、中度聽覺受損、輕度或中度視覺受損、自閉症。提供日間的照顧及訓練，透過安排輕度身心障礙兒童在普通幼兒中心內學習，讓他們可以在正常環境下接受適合他們個人的教學計畫，在體能、智能、情緒、社交和語言等各方面得到全面的照顧，以協助他們將來融入主流教育及社會。

貳、幼兒中心的註冊登記條件

　　為了確保幼兒得到適當及安全的照顧，所有的幼兒中心須依據幼兒服務條例及規例註冊，並由社會福利署幼兒中心督導組督導及規管。包括註冊、督導及規管、防火及樓層結構安全。

一、負責單位

香港社會福利署。

二、幼兒中心工作人員

1. 幼兒中心主任：幼兒中心主任須年滿 25 歲，在香港中學會考中最少兩科合格，及具備三年以上的幼兒工作經驗，並完成一項認可的幼兒工作訓練課程，若幼兒工作員未具備以上學歷，但擁有五年擔任幼兒工作員的經驗並年滿 28 歲，即可被考慮晉升為幼兒中心主任，並向社會福利署註冊為幼兒中心主管。其職責為策劃制定幼兒中心的年度計畫、財政管理、人員徵募、員工培訓、員工督導和評核、家長聯繫和社區聯繫。

2. 幼兒工作員：在幼兒中心照顧幼兒的教師稱為幼兒工作員，幼兒工作員必須接受社會福利署認可的相關幼兒職訓課程，在社會福利署註冊成為幼兒工作員。其工作內容包括：照顧嬰兒和幼童，並留意他們的健康、智力及情緒的發展；策畫及安排個別或群體的活動，使兒童的身心得到正常的成長和發展；按時向主管、同事及家長報告兒童的發展情況及商量解決兒童成長中遇到的問題。

3. 見習幼兒工作員：年滿 18 歲或以上及具備香港中學會考最少兩科獲得 E 級成績，其中一科必須為中國語文或中國文學，可先註冊為見習幼兒工作員，並在幼兒中心任職。完成認可在職訓練課程後，便可註冊為幼兒工作員。

三、師生比例

每所育嬰園／幼兒園至少有三分之二的幼兒工作員完成有關訓練；而見習幼兒工作員須在受僱後一年內完成專業培訓。2003 年 8 月開始，所有入職者須先完成職前訓練。根據《幼兒服務規例》的規定，日間育嬰園和幼兒園師生比例分別是：一名幼兒工作員負責照顧八名未滿二歲的嬰兒，及一名幼兒工作員照顧 14 名二歲或以上的幼兒。

四、幼兒活動空間平均使用面積

依據法令規定，育嬰園每名幼兒平均使用活動空間面積為 2.8 平方公尺，但不包括通道、儲藏室、廚房、辦公室、洗手間、職員室等；或每名幼兒為 3.3 平方公尺，但包括通道、儲藏室、廚房、辦公室、洗手間、職員室等。而幼兒園每名幼兒平均使用活動空間為 1.8 平方公尺，但不包括通道、儲藏室、廚房、辦公室、洗手間、職員室等；或每名兒童為 2.3 平方公尺，但包括通道、儲藏室、廚房、辦公室、洗手間、職員室等。

五、收費

幼兒中心的收費，必須經由社會福利署批准。低收入及有特別需要之家庭，若在繳交幼兒中心的全日費用時有經濟困難，可向社會福利署所屬的各區社會保障辦事處申請「幼兒中心繳費資助」。幼兒的父母或合法監護人須通過家庭薪資收入的審查，及證明他們因日間工作或其他理由而未能照顧幼兒（如單親家庭或家長因長期病患、年老、失能而未能給予子女適當的照顧）。如個案特殊，申請人可向社工要求協助。

六、財政資助

非營利之日間幼兒園及日間育嬰園可獲得發還租金、差餉（香港的一種稅項）及地租。一般的資助日間幼兒園或日間育嬰園，因為建築環境限制而須加裝冷氣，政府亦會發還管理費和冷氣費。在 1982 年，政府為資助日間幼兒園／日間育嬰園設立「5%資助計畫」，協助他們應付因幼兒人數變動而出現的資金周轉問題，以及突如其來不可預見的營運開支。此外，資助及非營利日間幼兒園或日間育嬰園可向獎券基金申請撥款，作為新辦中心裝修及購置家具設備的費用或為現有的中心進行翻新或維修工程，及更換家具和設備均可申請資助（社會福利署、教育統籌局，2002）。

七、設備

1. 廚房：全日制的幼兒中心須設置廚房，提供幼兒膳食及茶點，須符合社會福利署飲食種類份量表所列的標準。
2. 洗手間：幼兒中心須提供男女共用的洗手間，而洗手間窗戶總面積最少須為該房間樓面面積的十分之一，或裝有建築署批准使用的抽風系統。
3. 通風：在室內的空間，天花板必須離開地面至少 2.5 公尺，以讓足夠的空間使空氣流通。

參、服務內容

　　幼兒中心的服務宗旨是協助有服務需要的家庭，提供安全和培育的環境給六歲以下兒童，並配合兒童的發展需要，安排完整的課程，培養他們在體能、群體互動、情緒、智能、語言和美育各方面均衡發展，讓兒童健康愉快的成長（社會福利署，2002）。社會福利署提出，幼兒中心應包含以下的服務內容：

1. 定時提供均衡、足夠和多樣的食物，而且必須合乎幼兒該年齡的發展需求，配合幼兒身體的發育成長。
2. 定期檢查幼兒生理發展並保存健康紀錄相關資料，以作為幼兒成長發展的追蹤，並確保他們能夠健康成長。
3. 幼兒中心的活動需要安排休息時間、午睡，讓他們能夠有時間恢復體力和養成良好的睡眠休息習慣。
4. 提供充足活動機會，讓兒童透過實際經驗和日常應用，學習和增強生活技能；以養成良好習慣、培養自我照顧能力和生活常規。
5. 根據教育署及社會福利署共同擬定的《學前教育課程指引》，設計全面和靈活的課程，配合所設定的目標有系統地評估幼兒的學習成長。而課程需涵蓋各類符合幼兒發展所需要的遊戲和學習活動。
6. 幼兒中心須備有各類玩具、遊樂設施和教學資源，提供幼兒安全、培育和啟發學習的環境，以培養幼兒對學習的興趣，幫助他們準備銜接小學

的課程。

7. 設立家庭與學校溝通的管道，讓幼兒工作員和家長分享彼此對幼兒的發展成長和表現的認識。並對幼兒中心的家長進行教育推廣，使家長更加了解幼兒需求以促進親子關係。

8. 大部分幼兒中心均成立家長、教師組織，促進家長參與兒童學習和發展，並鼓勵家長間互相支持。

9. 與社區內其他服務單位建立良好的合作關係，例如家庭服務中心、家庭生活教育服務、特約醫療院所和區內小學，以便建立一個支援幼兒中心網絡，使得幼兒中心的課程獲得更豐富的資源。

第三節 學前機構評鑑

「學前機構表現指標」是香港官方提供學前機構作為評鑑參考的文件，同時也是幼托整合的一份預備資料。它的產生是香港教育統籌委員會於1999 年，就香港整體教育制度進行全面檢視，認為幼兒教育是終身學習的基礎，幼兒教育的素質，對下一代的成長影響深遠。為了促進優質幼兒教育的發展，教育統籌委員會建議學前機構要採取多項措施以建立學前機構素質文化。於 2000 年由前教育署制定第一版「表現指標（幼稚園適用）」，作為自我評鑑及外評的參考資料。

為了廣納學前機構（包括教育統籌局轄下的幼稚園和社會福利署轄下的幼兒中心）的意見，社會福利署與教育統籌局邀請業界和資深幼兒工作者參加工作小組，展開一連串的徵詢工作，並於2003 年初陸續由社會福利署及教育統籌局共同制定「表現指標（學前機構）」第二版共四大範疇（黃艾珍，2004）：(1)教與學；(2)管理與機制；(3)機構文化所給予兒童的支援；(4)兒童發展，提供香港學前機構自我評估的參考工具。

壹、教與學（教育署、社會福利署，2001）

教與學的範疇可分為課程設計、教學照顧、兒童學習、學習經驗評估四個部分。四者有著共同的目標，環環相扣，互為影響；透過周而復始的策劃、協調、實施、監察和評估等過程，在互動中不斷改善，詳述如下：

一、課程設計

學前機構配合香港幼兒教育目標及兒童發展，並因應學前機構實況，設計多元化、靈活而連貫的課程設計。課程透過各類遊戲活動，提供全面而均衡的學習經歷，鼓勵以兒童為主體的全方位學習。

二、教學照顧

教學以兒童為本，有明確適當的學習目標，可以啟發思考，建構知識，培養學習能力，建立正確的態度和價值觀；讓兒童透過常規學習，建立自理能力，並培養良好生活習慣。

三、兒童學習

學前機構為兒童提供愉快、開放、多元化的學習環境，鼓勵積極主動、分享合作、思考探索；讓兒童成為樂於學習、善於溝通、勇於承擔、敢於創新的終身學習者。

四、學習經驗評估

學前機構訂定清晰的學習經驗評估政策，善用可信有效的方法和評估資料，全面評估及反映兒童各方面的表現；並利用不同的回饋，提高教與學的效能。

貳、管理與機制（教育署、社會福利署，2002a）

加強管理與組織效能，可以從策劃與行政、領導能力、員工管理、資

源調配、自我評估五個範疇入手。學前機構管理層與員工、家長和社會人士緊密合作，建立開明及透明化的管理制度，讓學前機構不斷改善、尋求進步。因此，管理與組織範疇的表現指標，主要有以下幾個重要理念。

一、策劃與行政

學前機構訂定明確的辦學宗旨和教育目標，與各主要夥伴緊密合作，共同策劃學前機構政策，建立妥善的行政系統，提高管理效能。

二、領導能力

領導階層有抱負和才能，並具實際學養；能以開放及融合的態度去管理和發展學前機構，建立團隊合作文化，帶領同仁面對轉變，邁向優質教育。

三、員工管理

學前機構透過員工的培訓及考績，提升個人的素養及促進學前機構的發展。員工了解自己的角色，彼此真誠合作，將有效地促進工作的成效。

四、資源調配

學前機構訂立機制，策劃及監察財務和資源的調配，以實踐學前機構的發展計畫。學前機構定期檢討和改進，以確保教學資源得到有效的運用，並且切合兒童的需要。

五、自我評估

學前機構制定明確的自評機制、策略和程序，積極鼓勵員工參與，從而提供回饋信息，改善學前機構的效能。

參、機構文化所給予兒童的支援

機構文化的建立及兒童的支援效能，可以從關懷照顧服務、與家長及

外界的聯繫、塑造機構文化三個範圍入手。學前機構管理階層與員工、家長和社會人士緊密合作，建立優質文化，以關懷照顧兒童成長需要為主，提供適切的服務。因此，機構文化給予兒童支援範疇的表現指標，主要為以下幾個理念（教育署、社會福利署，2002b）：

一、關懷照顧服務

學前機構訂定以兒童為本及全校參與的政策，有計畫的透過支援服務和活動，幫助不同需要的兒童，使他們能了解自己、建立價值觀和信心，並豐富生活經驗、發展潛能。

二、與家長及外界的聯繫

學前機構與家長建立夥伴關係，保持良好溝通，鼓勵他們參與學前機構事務。學前機構與外界機構保持緊密聯繫，善用社會資源，促進學前機構的發展，並讓兒童透過參與活動充實自己、發展潛能。

三、塑造機構文化

學前機構的辦學宗旨、歷史、傳統、環境和人物的互相影響下，塑造了機構文化。園內良好的人際關係與積極愉快的氣氛，能薰陶全體成員，使他們擁有歸屬感和團隊精神，彼此接納、各展所長。

肆、兒童發展

個人身心的自然成長和學習環境的薰陶是影響兒童發展的兩個重要元素。兒童發展包括認知發展、體能發展、情意及群性發展、美感及群性發展四個範圍，各領域的發展是相互緊密關聯和彼此相關聯（教育統籌局、社會福利署，2003）：

一、認知發展

培養兒童多元化思維能力，包括數理邏輯、解決問題的能力和創意思

考，幫助他們掌握閱讀、書寫、聆聽及說話等語言能力。

二、體能發展

促進兒童大肌肉和小肌肉活動的發展，並培養良好衛生習慣和自理能力。

三、情意及群性發展

建立良好的自我形象，培養責任感和公德心、社交能力、自我管理及表達情感的能力。

四、美感及群性發展

啟發創作及欣賞事物的能力，引導兒童認識欣賞本身及其他民族文化。

第四節　保母服務

一般需要提供幼兒照顧服務者以單親或雙薪的家庭為主，由於每個家庭的需求不同，幼兒中心並不能符合個別的特殊需求，因此保母的工作型態在整個幼兒的照顧需求上占有一定人數的比例。保母在香港的法律上稱為幼兒托管人，幼兒托管人即是指一般在不屬於兒童所居住的地方，照顧或監管一至五名未滿六歲兒童的人士，而其中最少有一名兒童與該人士是沒有親屬關係。這個定義不包括受照顧兒童的祖父母、其他親戚或照顧幼兒家庭的傭工（幼兒中心督導組，2005）。

壹、香港保母的服務現況

香港的保母制度規定，如果只照顧五名以下的幼兒，即不需要申請註冊登記接受監管，若超過五名，則需要申請登記為幼兒中心。但過往因兒童受到保母虐待受傷至死亡的事故經常發生，因此政府在 1997 年 5 月在

《幼兒服務條例》加入了新的條文，以規管幼兒托育活動，某些人士可能被禁止擔任幼兒托管人，幼兒家長可以主動要求托管人或由托管人自行向社會福利署申請幼兒托管人證明書。因此香港的保母基本上並沒有接受特別的監管，社會福利署印發「如何選擇保母家長須知」，提供給家長在選擇保母時必須注意的事項，其中在內容上，也沒有要求保母需具備任何的專業知能；但隨著社會對保母在工作專業需求的日趨嚴苛，除了一般的保母，很多的家庭亦會聘請外籍傭人同時兼任保母，而提供外籍傭人的機構，也因應市場的需求，提供外籍傭人相關的專業保母培訓課程。而在 1998 年，香港「再培訓局」為了發展本地人出任保母及鐘點工人，因此推出了「保母計畫」（王永平，1998），包括保母培訓、就業媒合、家訪，甚至考核和頒發專業證。「再培訓局」為香港政府針對二度就業或失業者所成立的職業培訓機構。

貳、因應社會福利問題的保母政策

2005 年為了配合單親綜合社會保障援助（提供給單親或因照顧子女而無法工作的家庭一種經濟援助）改革，政府計畫加強幼兒及兒童托育服務，支援家長出外就業，及早脫離綜合援助網絡。政府正在研究如何改善的方案，包括：延長幼兒中心開放時間、設立「街坊保母」（意即社區保母）註冊制度、發放「托兒券」讓家長自由選擇托兒地點等（表 4-2），而「社區保母」就是邀該地區的單親媽媽擔任保母，方便更多有工作能力的家長就業。

培訓局在社區推行保母計畫時，雖然主要目標是提升保母的專業素質，讓幼兒得到優質的托育保證，但其中增加就業機會同樣是推行這項計畫的重要因素。我們可以從「街坊保母」計畫的推行內容得知，其基本訴求為提供更多方便家長的服務，讓幼兒安心托育，使得接受綜合援助的家庭能早日獨立自主，不再需要接受政府經濟的援助。從這裡可以看出，綜合社會保障援助是香港重要的社會福利政策，但當局仍然希望這種政策只是短期的，希望透過各種方法，讓更多接受綜援的家庭、單親家庭、經濟有困

表4-2 政府為單親綜合援助家長提供保母的支援服務

服務	優點	缺點
延長學校開放時間,由家長義務擔任保母	學生留在原校接受托管,家長不需另行接送	學校由教育統籌局管理,需跨部門協調
設「街坊保母」註冊制度	托兒地點便利,單親家長可擔任保母賺取外快	社會福利署或志願機構需培訓及監管,涉及一定行政支出負擔
提供托兒券給家長自行選擇托兒地點	使用現行社會福利署服務網絡	托兒服務使用率低,反映地點位置便利性不足,晚間及週末未能提供服務

資料來源:筆者自行整理。

難的家庭能出來就業;但這些政策除了解決家長的問題外,實施時提供的托育服務內容是否符合幼兒所需,也是另一項值得考量的因素。

香港政府於 2008 年 10 月至 2011 年 3 月推行鄰里支援幼兒照顧計畫之前導計畫,主要為六歲以下的幼兒,提供更具彈性的社區化日間幼兒照顧服務,以配合家長的需要,使長時間工作、工作時間不穩定、非固定工時或有突發需要及其他特殊需求的家長能取得另類的幼兒照顧支援(社會福利署,2011)。此計畫並於 2011 年 10 月開始,涵蓋全港 18 個分區。

第五節 課後照顧服務

第二次世界大戰以前,香港的教育並不普及,經濟條件有限,一般兒童讀書機會不多,他們通常隨街遊蕩,容易習染不良行為。1935 年一些社會熱心人士招收了一群「街童」,成立了香港第一個男童會。1936 年香港小童群益會正式成立,主要以經濟救濟方式為主,提供兒童衣、食、住方

面的照顧；為因應當時貧童普遍失學的現象，同時教授他們「讀、寫、算」和一些謀生技能，如織藤籃、縫紉等，協助他們解決基本生活問題。1968年設立天臺兒童會，成立宗旨為兒童提供基本教育，以彌補正式教育的不足（香港小童群益會，2005）。這種提供兒童托育的服務型態，可以讓孩子在課餘之後、父母無暇照顧時，提供一個正向、具教育性的活動地方，這種照顧形式正是香港課後照顧的雛型。

　　香港的課後照顧，在早期的兒童照顧上是一種慈善福利服務，因此營辦課餘服務的機構，大多是一些教會或是社會熱心人士所組成的非營利單位，而香港政府也沒有對這些課餘托管的服務制定明確的條例來規範，大多以津貼補助的方式，鼓勵非營利機構提供各項的社會服務，而在各項的福利服務中，時常會因應該機構的目標政策，而提供某一部分的兒童照顧服務。

壹、兒童托管津貼補助計畫

　　香港1971年推行公共援助計畫〔現稱綜合社會保障援助計畫（綜合援助）〕，是對於經濟有困難，得不到政府社會保障援助便會陷入極度困境者（如需要獨力撫養幼童的單親人士，或是暫時失業的人士），提供短期的經濟援助。由於申請綜援且合乎資格的家庭為數不少，政府為了幫助那些有工作能力，但礙於孩子需要照顧而無法外出工作的家庭，如綜援受助家庭、低收入家庭、單親家庭和大陸新住民家庭，香港政府於2000年撥款資助課後照顧服務，並提供半費或全免資助名額，以鼓勵低收入家長安排子女（小學生）接受該項服務，使家長可以出外工作、自力更生，減少對綜援金的依賴（游達裕、官文慧，2005）。

貳、課後照顧類型

　　香港的課後照顧服務，最初是以兒童托育照顧及提供一些基本的教育活動為主，但是隨著社會的變遷及家長對孩子的期望，課後照顧的內容也開始從注重托育的項目，同時兼重課業輔導的服務。而香港的兒童照顧機

構經營宗旨及資金來源，大致可以分為三大類型，如下：

一、私人機構

以營利為主，近年也有在補習班中同時招收課後照顧，並沒有接受政府的監管。

二、社會福利慈善機構

由慈善團體所推行的兒童社會福利服務，其資金來源主要是慈善人士捐贈及募捐所得。

三、非營利機構

非營利機構香港稱為非牟利機構，其資金來源主要是接受政府的補助，「課餘托管津助計畫」就是補助這一類非營利機構，因此現階段的課後照顧機構大部分是以非營利的機構為主。

無論是哪一種營運課後照顧的機構，其空間設施要求必須符合消防署「最低限度之消防裝置及設備守則與裝置及設備之檢查、測試及保養守則」規定，日常餐飲衛生應參照環境衛生局編製的「設有提供飲食設施的會所及食堂──工作守則」（馮燕，2001）。

參、課後照顧的內容

課後照顧服務，基本上是為了提供每日課餘缺乏適當成人照顧的學齡兒童更多元化的服務，以照顧學童的身心行為及學業發展為主，並且加強他們人際交往及自我照顧的獨立能力。其服務對象包括有小學一至六年級學生，但由於區域性及營辦機構的服務宗旨不同，其服務的項目內容也會有所不同。以香港小童群益會提供的服務為例，包括午膳供應、功課輔導、個別輔導及諮詢、發展活動（例如社交技巧、自我照顧能力、公民教育等）、家長諮詢工作、家庭活動、遊戲及體操、戶外活動等（香港小童群益會，2005），以提供孩子一個豐富的學習內容。但在香港一般的課後照

顧服務中心，仍以提供午膳及課業輔導為主，至於其他的托育服務項目，可能會因應家長的需求或資源的限制而有不同的調整。

、課後照顧是一種因社會現況衍生的需求

課後照顧服務，在香港是因應社會問題而產生的一種社會福利服務，表面上他們是替孩子尋找一個具教育、適合孩子的活動空間，希望藉此減少日後所產生的青少年社會問題，但從其演變過程的政策推動來看，現階段的目標是針對現有的社會問題提供相關的解決對策。就如「課餘托管津助計畫」來說，其主要目標是希望能有更多有能力工作的家庭能夠外出工作，減低政府綜援的支出負擔，目標並不是完全從兒童的服務品質、內容上著手，因此在計畫的推行時，只著重提供多少課後照顧的名額及津貼補助，同時在課後照顧服務的品質上，並沒有制定相關的法例來監管，目前只做到基本的托育服務，也沒有真正考慮過孩子實際的所需，因此香港的課後照顧充其量只能說是一種解決社會問題的社會福利服務方式。

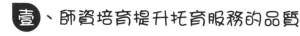

第六節　當前香港幼托服務的問題

、師資培育提升托育服務的品質

香港學前服務的師資在學歷資格上，以幼兒中心而言，一般以國中畢業並具備合格幼兒證書的資歷為主，而在幼稚園任教的師資，則是以高中畢業並具備有幼兒證書的培訓資歷為主。現今，在整合學前幼托服務之後，幼兒中心或幼稚園的教師資格均被承認，但是在專業知識的培育上教師之間仍有很大的落差，這是因為香港基本合格師資的證書主要區分有二：在現階段的合格教師，大多領有一年制的合格師資證書，少部分合格教師才領有三年制的幼兒證書資格。因此在幼托整合之後，在整體的師資培訓規劃上仍有很大的努力空間，如何提供更多在職師資培訓的機會，讓現有的

教師能夠接受更多的專業訓練，以更紮實的專業知識進入現場工作，甚至期望提升每一位合格師資至幼教學士學位，相信這是目前香港學前教育師資培育計畫中很重要的願景。

貳、托育服務的生命週期

　　香港是一個人口密度甚高的都市，從早期的難民潮到現今大量的大陸移民，都顯示出香港的人口大多數並非土生土長的居民。政府所推行的「屋村計畫」，是指在一個社區當中興建數十棟高樓層屋宇的「屋村」，以解決人口膨脹的居住問題，但隨著時間的變遷，早期社區屋村的人口老化，原有在社區中的幼兒中心因為新成立的家庭減少，而沒有更多的新生幼兒，產生幼兒來源不足，最後面臨關閉的命運。相對的，現在新成立的社區新生幼兒較多，在政府的鼓勵下，新社區學前教育機構的陸續成立，使家長在選擇托育服務有更多的選擇；只是，隨著時間的改變，現在的學前機構是否也會更快的面臨汰舊換手的問題，甚至因為學前機構的數量比以往社區的人口比例還要多，更加速了淘汰的速度。因此，香港政府必須為社區中的學前教育機構進行社區需求評估，謹慎地考慮學前機構運作上的問題，讓每一個學前教育機構有更長遠完善的服務計畫，而不至於因為倒閉而使教師常常更換工作地點，產生高流動的現象，教師對工作穩定度的不足而缺乏安全感，使在工作上降低原本的托育服務品質。

參、少子化的香港托育服務

　　香港地區與其他的國家比較，同樣面臨少子化的現象（少子化是指出生率降低的現象）；但是由於香港是個高密度人口的都市，政府配合人口推動新社區的發展，使得少子化的現象並不足以影響學前機構的生存空間，反而社區老化現象更是較具影響力的問題。由於社區老化，幼兒出生率降低，使得學前教育機構有逐漸減少的趨勢，因此對教師的需求相對的也降低，顯示出香港學前服務教師可能面臨找不到工作的問題。但從提升托育品質的角度來看，提高合格教師錄用的比例，淘汰不適任的教師，或許正

是教育品質提升的最佳契機。

第七節　結語

　　幼兒的托育服務，是一種需求與提供的相互關係，牽涉到社會的需求、家長的需求、幼兒的需求及學校的宗旨，而這四者之間有著緊密連接的關係。其中社會的需求即是因應社會的問題而提出不同改善政策，例如延長收托服務時間是希望配合父母的工作時間，鼓勵家長就業，減少政府對綜合援助的支出；在因應家長需求方面，則提供一個可以妥善照顧孩子的地方，讓家長安心的工作；至於學校方面，則是提供多樣的學前服務方式，以社會服務為宗旨，希望能夠照顧亟需幫助的家庭；而最重要的幼兒部分，則需有效的提升托育內容的品質。

　　綜觀香港幼兒托育服務的最初目的，是為了解決及服務家長幼兒托育的需求，然而隨著時代的變遷，社會上對於幼托服務觀念及需求的改變，使得現今學前機構已從原本注重社會服務的宗旨，延伸出幼兒服務更為多元的範疇。同時，香港政府積極推展幼托整合，從了解社會、家長、學校及幼兒的需求做起，依各項目的需求，提供適當的服務。相信這些年來，經由民間團體到政府部門的共同的努力，「協調學前服務」的幼托整合及推動「學前機構表現指標」的評鑑工作，可以使香港的幼托服務制度更臻完備。

 課後練習

一、香港幼托整合的發展過程，有哪些部分是值得我們參考的地方？

二、幼兒托育服務包括社會、托育機構、幼兒、家長四大範疇，這四者扮演的角色為何？

三、與香港的幼托服務生命週期的發展比較，臺灣的幼托機構有哪些特色？

參考文獻

王永平（1998，7 月 10 日）。港聞、再培訓局推出「保母計劃」。取自 http://www.ln.edu.hk/dbus/info/private/%B5%F4%AD%FB%B4%EE%C1~%A8%C6%A5%F3/%A6A%B0%F6%B0V%A7%BD%B1%C0%A5X%A1u%ABO%A5%C0%ADp%B9%BA%A1v.txt

幼兒中心督導組（2005）。如何申請幼兒托管人證明書。香港：社會福利署。

朱鄧麗娟（2005）。香港幼兒服務──追古、悉今後事之師。取自 http://www.swik.org.hk/SWIKPortal/DesktopDefault.aspx?tabIndex=0&ta-bid=50&ItemID=305

杜耀光、馬容貞、黎玉貞、林惠雯（2003）。香港篇。載於黃蕙吟、鄭美蓮（編），幼兒教育之旅（頁 111-136）。香港：教育出版社。

社會福利署（2002）。幼兒中心資料冊。香港：社會福利署。

社會福利署（2011）。鄰里支援幼兒照顧計劃。取自 http://www.swd.gov.hk/tc/index/sice_pubsvc/page-family/sub-listofse

社會福利署、教育統籌局（2002）。協調學前服務工作小組諮詢文件。香港：社會福利署、教育統籌局。

香港小童群益會（2005）。服務發展。取自 http://www.bgca.org.hk/bgca/html/tchi/home.asp

香港社會福利資訊中心（2005）。社會福利歷史。取自 http://www.swik.org.hk/swikportal/

香港旅遊發展局（2005）。古蹟傳統。取自 http://www.discoverhongkong.com/taiwan/

香港教育署（1996）。學前教育課程指引。香港：教育署。

香港教育局（2011a）。學前教育課程指引。香港：教育局。

香港教育局（2011b）。**問與答**。2012 年 8 月 25 日，取自 http://www.edb. gov.hk/index.aspx? langno=2&nodeID=704

教育署、社會福利署（2001）。**表現指標（學前機構）學與教範疇**。香港：教育署、社會福利署。

教育署、社會福利署（2002a）。**表現指標（學前機構）管理與機制範疇**。香港：教育署、社會福利署。

教育署、社會福利署（2002b）。**表現指標（學前機構）機構文化所給予兒童的支援範疇**。香港：教育署、社會福利署。

教育統籌局、社會福利署（2003）。**表現指標（學前機構）兒童發展範疇**。香港：教育統籌局、社會福利署。

黃艾珍（2004）。**幼教機構《「表現指標」應用指引》進行自我評估及完善範例**。香港：香港教育學院。

黃陳婉燕（2005）。**分析幼兒園及幼稚園的資助方式**。取自 http://www.swik. org.hk/SWIKPortal/DesktopDefault.aspx?tabIndex=5&tabid=50&itemid=481

馮燕（2001）。各國學齡兒童課後照顧方案。**兒童福利期刊**，**1**，195-280。

游達裕、官文慧（2005）。**成長綜合課程──另類課餘托管計劃**。香港家庭福利會。2012 年 8 月 25 日，取自 http://swforum.socialnet.org.hk/article/010603.doc

新聞公報（2005）。立法會《**2005 年幼兒服務（修訂）條例草案**》。取自 http://www.info.gov.hk/gia/general/200504/27/04270114.htm

第 **5** 章

英國托育服務

葉郁菁

第一節 英國托育服務的源起

　　英國的托育服務起步得相當早，中世紀時期教會與慈善團體扮演幼兒托育照顧的重要角色，不過當時多數托育的都是失依兒童。直到第二次世界大戰期間，婦女跟隨男人上戰場縫製戰衣，或是擔任家中主要經濟來源的角色，家中的幼兒無人可照顧，因而興起許多民間的托育機構，因此當時的托育照顧實際上是為了解決婦女的工作問題，而非從幼兒的利益為出發。二次世界大戰結束後，許多男性重返職場，因此許多婦女被迫走回家庭，但一股托育服務的思潮開始出現，開始重視對幼兒的教育經驗。1923年全國幼兒教育協會（Nursery School Association）成立，學前教育的部分獲得社會重視；從 1950 年代開始，英國的幼稚園與托兒所逐漸受到國際重視（葉郁菁譯，2002）。

第二節 英國幼兒托育服務使用現況

　　英國對於托育照顧服務（childcare providers care）的定義為：至少有一位兒童接受任何一天超過兩個小時的照顧，照顧時間未必要連續，而照顧八歲以下兒童的托育人員必須事先登記。依據托育照顧的型態，可以分為下列四種人員（Ofsted, 2014）：

1. 托育人員（childminder）：托育人員登記註冊照顧一個以上兒童，他們與兒童無親屬關係，有收費事實。保育員可以與兩位托育人員或助理同時照顧兒童，但聯合照顧以三位托育人員為上限，可以採居家照顧或到宅照顧的方式。

2. 聯合式居家托育人員（childcare providers on domestic premises）：在托育人員家中照顧兒童，他們可以直接提供托育服務或者聘僱其他托育人員

一起工作。前述的托育人員（childminder）和聯合式居家托育人員主要的差別在於托育人員的人數。居家托育的托育人員必須少於三人，但若有四個以上托育人員同時托育兒童，則稱為「聯合式居家托育」。

3. 機構托育人員（childcare providers on non-domestic premises）：托育人員提供個別兒童的照顧，但照顧的地點為機構，機構的設施設備符合托育兒童的需求。

4. 到宅保母（home childcarers）：照顧任何年齡的兒童直到他們 18 歲為止，托育人員到兒童家中照顧。

依據英國教育標準局（Office for Standard in Education, OFSTED）統計結果顯示（Ofsted, 2014），全英國註冊登記的托育人員數有 51,771 人，機構托育人員有 27,906 人，到宅保母則有 11,108 人。接受托育人員照顧的兒童數有 263,129 人；接受機構托育的兒童人數最多（共 1,026,061 人）；居家托育的人數則有 3,364 人。

依據英國教育部 2015 至 2016 年統計結果（Department for Education, 2016），二至四歲的托育機構分為接受政府補助的學校（maintained schools）和未接受政府補助的學校（non-maintained schools），前者學校數為 1,135,200 所，後者僅有 64,600 所。除去特殊教育學校、中學附設等，主要仍是以幼兒學校（nursery schools）和國小附設幼兒班（nursery classes）居多；2015/16 年幼兒學校共有 50,600 所，小學附設的幼兒班有 258,900 班，幼兒學校的班級則有 548,800 班。2015/16 年全英國總共有 10,143,400 位就讀於托育機構的二至四歲學童，其中就讀於政府補助的學校人數較多（9,546,900 人，占 94.1%），就讀於非政府補助的學校人數為 596,500 人（占 5.9%）。幼兒就讀於幼兒學校的人數為 147,900 人，但就讀小學附設的幼兒班則有 5,461,500 人；就讀於中學附設幼兒班的人數次之，達 3,795,100 人。2015/16 年全英國的專任幼教老師共有 509,700 人，其中多數任職於接受政府補助的學校（429,200 人，占 84.2%），任職於非政府補助的學校則有 61,200 人。2015/16 年英國公立學校的師生比約為 1：20.2；未接受政府補助的幼兒園（通常為私立）師生比則為 1：7.8。平均幼兒園的

師生比為 1：16.5。

　　從 2005 年以來，除了時段制托育的提供者，所有托育機構支薪或不支薪的工作人員均有增加，目前從事托育服務的人員約有 434,100 人。英國托育機構人員兼職化的情形愈來愈嚴重，2010 年教育部統計數據說明，全日制的托育機構工作人員總數達 213,300 人、時段制托育人員為 65,400 人、課後照顧人員為 72,100 人、假日托育人員為 83,000 人。其中增加最多者為全日制托育機構中未支薪的工作人員，從 2009 年的 16,100 人顯著增加至26,800 人。未支薪的工作人員則以時段制托育比例最高，有 17%。而且時段制托育人員年齡也偏高，平均年齡為 40 歲（含）以上者即占 58%，比較全日制托育機構，40 歲以上的工作者僅有 32%、課後照顧人員超過 40 歲者占 43%、假日托育為 29%。從教育部的調查中也發現，保母也是年齡偏高的族群，大約有 66%的保母年齡超過 40 歲，此數據顯示年輕的保母離開此職場，造成保母年齡老化的現象。長期以來實際執業的保母（childminders）人數不斷減少，至 2010 年保母總數為 47,400 人，自 2009 年以來已經減少 7%，若與 2007 年的數據比較，則減少 21%，與其他保育類型相對成長比較，保母是唯一減少的托育類型（Department for Education, 2011）（圖 5-1）。

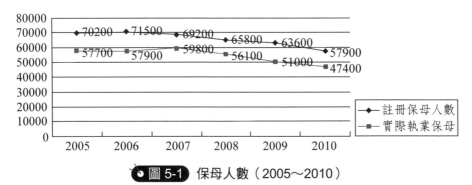

圖 5-1 保母人數（2005～2010）

資料來源：Department for Education (2011).

　　托育人員的薪資，以政府補助的托育中心（children's centres）工作人員薪資最高，平均時薪為 10.9 英鎊（約相當於 500 元臺幣），其次為假日托育人員，時薪為 9 英鎊，課後照顧人員時薪為 8.3 英鎊，全日制托育機構人員時薪為 8 英鎊，薪資最低者為時段制托育人員，時薪為 7.8 英鎊。

　　為了滿足兒童托育照顧的需求，教育部在英國各地普設托育中心，兒童中心提供全日制的托育照顧、時段制托育、課後照顧。2010 年假日的托育照顧〔稱為「假日俱樂部」（holiday clubs）〕比 2009 年約有 6%的成長，但整體而言，教育部經費補助的學校和小學提供的幼稚教育班的收費並無明顯增加。英國政府對於推動弱勢地區幼兒托育服務不遺餘力，以 2010 年數據分析，英國政府提供 58%弱勢地區幼兒園以及 41%的小學學前幼稚班的經費補助，同時英國政府補助 73%位於最弱勢地區的全日制托育照顧中心經費補助，並提供全日制的托育服務。

　　全日制托育機構有 72%的經費來源是學費，其次為政府提供的經費補助（27%）。英國約有 59%的托育服務為私有市場，僅有 30%的全制式托育中心是由民間志願性社團提供。

　　許多研究結果支持，高品質的學前教育環境和托育對於幼兒的學習和教育成果有顯著影響，尤其是對於社會不利的兒童。托育服務的供給，對於雙生涯家庭也有所助益，尤其是擔負主要幼兒照顧工作的母親，提供母親更多機會回歸職場，同時他們選擇的職業型態也更為多樣性。

　　成立於 2010 年 5 月的聯合政府（Coalition Government）提出以下重要的政策建議：

1. 2013 年以前延長弱勢家庭幼兒免費的學前教育，並提早到二歲。透過不同的方式提供弱勢家庭幼兒良善的托育環境照顧，所有二歲的弱勢家庭兒童均可以獲得免費的、兼時的（part-time）學前教育。

2. 對三歲和四歲幼兒提供免費的托育服務，並將托育時間由每週 12.5 小時延長到 15 小時，並提出補助公式和方案。

3. 學前教育基礎階段（Early Years Foundation Stage）提出新的實驗方案，以改善托育服務的品質和增加彈性。

4. 改善學前教育的工作職場和環境。

第三節　英國八歲以下兒童日間照顧相關法令的規定

英國「八歲以下兒童日間照顧與托育的國家標準」（the National Standards for Under 8s Day Care and Child minding（DfES, 2003a）共有 14 條準則，此項國家標準主要陳述對於兒童日間照顧的品質要求。英國兒童日間照顧與托育共可分為五大類：(1)居家保母（child minding）；(2)全日托育服務（full day care）；(3)部分時段托育服務（sectional day care）；(4)臨時托育（crèches）；(5)課後照顧（out of school care）。

壹、居家保母

依據 1989 年頒布的《兒童法》（the Children Act）規定，要求保母必須至地方政府申請登記，並符合 14 項準則及附帶要項的要求（DfES, 2003b）。分別包括：(1)提供照顧的托育人員的適當性；(2)機構收托人數、空間；(3)提供的照顧、學習和遊戲；(4)托育環境；(5)設備；(6)安全性；(7)健康照顧；(8)食物與飲用水；(9)機會均等與反歧視；(10)特殊需求；(11)行為管教；(12)與家長共同合作；(13)兒童保護；(14)妥善的檔案紀錄。

依據英國兒童日間照顧與托育的國家標準規定，登記人必須符合照顧幼兒資格。登記人有責任確保遵守相關規定，但登記人不限個人，公司、法人、其他團體均可擔任登記人。

其次，對於保母的定義為：個人或團體照顧一個（含）以上不超過八歲，並與自己無血緣關係的幼兒，每日工作超過兩小時，並因而獲致酬勞者。

一、人員資格的限定

依據英國「八歲以下兒童日間照顧與托育的國家標準」，提供日間照

顧與托育的成人必須符合以下規定：

1. 申請的保母必須遵照註冊時的所有規定，以及任何指定的審查過程，包含要求配合進行犯罪紀錄調查，若申請人未遵守督導的指示，將有可能撤銷其申請。

2. 申請人、助理或是超過 16 歲的人有犯罪行為，根據 1989 年《兒童法》9A 條款取消其資格。

   前項所指的犯罪行為若涉及有時效限定之過失行為，而時效已過，或過失並不符合 9A 規定所列項目之時，審查委員將會依據申請者涉入兒童照顧的情況和程度予以考量，包括上述犯罪的時間、過失的種類、犯罪行為人與幼兒互動的程度等。

3. 保母必須主動向主管單位告知要聘僱人員之相關事宜。

4. 保母執業前必須完成主管單位規定之急救訓練課程，嬰幼兒的急救需依據當地法令的規定，此訓練必須在實際收托嬰幼兒六個月內完成。若已持有有效的急救證照，則不在此限。17 歲以下的受訓助理需要隨時有人監督，並且不列入成人幼兒比例。保母與助理身心都需符合幼兒照顧能力的需求，保母與助理需具備適當的實務經驗技能及能力以照顧幼兒。

5. 保母必須遵守任何規定的條件，包含住在家中超過 16 歲的人，基於安全的考量，需提供相關的犯罪紀錄。

6. 保母若聘用助理，則須負責並監督助理的工作，保母需要保存助理的詳細紀錄，包括助理基本資料、訓練課程和獲得其他證照的情形。

   依據法令規定，保母照顧的八歲以下幼兒不得超過六個，且六名幼兒中，不足五歲的幼兒不得超過三位，這三位幼兒中，只能有一位幼兒小於一歲；若保母需要照顧兩個一歲以下的幼兒（例如兄弟姊妹或雙胞胎），須先提出證明獲准。但若保母必須照顧有連帶關係（例如兄弟姊妹或雙胞胎）的八至十四歲兒童，則這些八至十四歲兒童不得對保母照顧的八歲以下幼兒產生負面的影響。實習生的員額不包含在幼兒與成人比例內，但保母自己的孩子或無償照顧的幼兒也應該包含在成人和幼兒的比例之內。當保母僱用助理或與另一個成年保母合作，他／她至地方政府註冊登記時，

將影響成人與幼兒的比例，但同時也會影響照顧空間的面積大小。

二、托育環境的設置標準

1 照顧、學習和遊戲：保母需要滿足幼兒個別需求，並提供活動和遊戲的
機會，以發展幼兒情緒、身體、社會及智能發展。
   (1) 保母鼓勵幼兒建立自信心、獨立和協助發展其自尊心。
   (2) 保母提供資源與活動、遊戲和直接經驗，並允許幼兒從自然好奇出
      發，建構語言和數學知能的學習，發揮想像並且發展社會關係。
   (3) 保母仔細聆聽和重視幼兒的意見表達，幼兒從事活動時能與他們互
      動，並給予他們高度的支持及肯定。
   (4) 保母提供各類資源，以利幼兒快樂學習和遊戲。
   (5) 保母鼓勵幼兒使用他們的想像力及問問題。
   (6) 保母教導幼兒分辨是非與對錯。
   (7) 參與保母支持系統（approved childminders network），授證的保母必
      須協助幼兒達到教育與技能部（DfES）與課程標準局（Qualifications
      and Curriculum Authority）共同頒布的「基礎階段的課程指導」
      （curriculum guidance for the foundation stage）中有關「早期學習目
      標」（early learning goals）的內容。
2. 環境：場所需符合安全、安定，地點空間適合幼兒從事各項活動。
   (1) 友善的接納幼兒及他的父母，隨時保持泰然自若的態度。照顧環境乾
      淨，適當的整修與裝潢，並有室內電話供使用。
   (2) 室內空間：幼兒年齡及基本的空間大小規定如：二歲以下 3.5 平方公
      尺，二歲 2.5 平方公尺，三至七歲 2.3 平方公尺。保母應提供安靜空
      間讓幼兒休息，房間維持適當的溫度，有適合的盥洗設備和洗手間，
      房子有足夠的通風設備維持空氣的暢通。
   (3) 戶外空間：假使保母的房舍無法提供戶外遊戲場所，可以定期帶幼兒
      到社區公園或遊戲場活動。戶外遊戲的空間必須是安全，且遊戲設備
      維護良好的。

(4) 廚房必須提供衛生的食物儲存、製備、烹飪和餵食。

(5) 設備：家具的設備和玩具的提供要符合幼兒的需求，並營造便利的環境。合適的設計與品質，良好的維持及符合安全。保母提供充足、適當的玩具、遊戲素材與戶外遊戲，啟發幼兒的情感、智力、社會、創造性和動作技能。保母能依照幼兒的需要提供充足的設備，如幼童坐的兒童椅、兒童三輪車、安全門、汽車安全座椅、嬰兒推車等。室外遊戲器材維修狀況良好，並符合政府規定的英國安全標準（British Standard European Norm，簡稱 BSEN）或 1995 年的玩具（安全）標準的規定。當保母帶幼兒到公眾遊戲場時，保母必須確認幼兒使用適當的遊戲設備。保母應配置適當的家具或配備，以供孩子睡覺或休息。

3. 安全：保母須負責室內外的安全與預防，採取適當預防措施以防止意外事故發生。

(1) 保母以孩子的安全為前提下，採取合理的步驟確保幼兒在室內、室外可能發生的危險會減到最小。

(2) 照顧環境包括，任一個戶外遊戲區必須在保母的監督下使用，幼兒不得在沒有成人監督的情況下，獨自使用這些設備。

(3) 確保幼兒在任何時間均在保母或助理的直接監督之中，監督必須足以確認幼兒處於安全狀態。例如時常檢視睡眠中的嬰兒。

(4) 保母確保幼兒在戶外是安全的，任何室外有關水的活動必須嚴密監督，確保其安全性，或讓幼兒無法靠近，包括池塘、水池、排水設備和溪流。僅有確認安全狀態下，幼兒才能進入儲藏室、車庫和溫室。保母住宅內外不要種植有危害幼兒的植物。但是，如果這些植物已經存在，則禁止幼兒接近。

(5) 幼兒進入廚房時，保母確保幼兒不致暴露於危險狀態中。

(6) 幼兒活動區域的電源插座要裝有防護蓋，瓦斯、電器和其他器具和配件必須符合安全規定，不要造成幼兒的危險。

(7) 消防安全：廚房裡需放置有英國安全標準的防焰毯；房子和工作環境

中裝設煙霧探測器；保母事先研擬和演練緊急逃生計畫；地方消防安檢人員訪視時，保母要接納消防安檢人員的建議並保留紀錄。

(8) 保母適當安排幼兒定期到社區公園、遊樂場玩，幼兒在外面活動時，保母能確保安全。載運幼兒的車子必須符合承載規定，並定期保養維護，司機需有合法的執照和保險。父母必須簽署允許幼兒乘坐交通工具的書面同意書。所有幼兒在車中要有適當的汽車座椅或安全帶。幼兒不能獨自外出或置於車上無人照顧。

(9) 保母需要有公共責任保險，托育機構中裝置保全設施以防止非法闖入。

(10) 過夜的幼兒需有獨立的床位、乾淨的棉被與足夠的暖氣設備。幼兒需有合適的衛浴設備。

4. 健康：保母需維持幼兒良好健康狀況，並且預防傳染病的散布與提供患病幼兒適當的照顧處理。

(1) 保母照顧幼兒的場所和設備都要保持清潔。保母與助理均需保持清潔衛生，以防止傳染疾病的散布。每個幼兒均有自己專屬的床單、保暖毛毯和梳子，以便需要時使用（可以由家長或保母提供），在日常作息中可以鼓勵幼兒學習個人衛生管理。

(2) 保母必須確保在托育場所中任何動物對幼兒不致構成威脅或傷害，也不會造成疾病的傳染。若保母提供沙坑，必須避免遭受污染，且沙粒要保持乾淨。

(3) 保母必須確保食物在儲存、製備、烹煮以及保存上的衛生。

(4) 保母不能對幼兒給藥或是從事其他的醫療處遇行為，除非家長認可該藥品的正確使用方式，並且給予託藥通知單，並載明於家長簽署的契約書之中。如需用藥時，保母必須確保藥品的正確存放，並且有明確的標示，而且置於幼兒無法取得之處。非常用藥品則需由醫師開立處方箋，長期照顧特殊幼兒的保母必須確保他們對於醫療或藥品的情況非常清楚。保母必須詳細記錄幼兒的用藥紀錄，家長必須在用藥紀錄上簽章。若有限制性用藥需要特別訓練才能執行，必須在有照的醫療

　　健康人員指導下，給予保母專業的訓練。

(5) 保母必須備有急救箱，放置急救課程中規定可能使用到的所有物品；急救箱內的藥品必須定期檢查，汰舊換新，並將急救箱置放於幼兒無法取得之處。家長簽署的緊急醫療處置同意書必須在幼兒進入托育機構時交予保母。保母在意外事件發生後必須詳細記錄，並於事後交給家長簽名確認。

(6) 生病或有傳染性疾病的幼兒必須隔離，保母必須事先與家長溝通。此程序為幼兒在托育場所生病時，必須聯繫家長或家長授權處理的家人。

(7) 保母或是其他在托育場所中的人都不得在幼兒面前吸菸。

5. 食物和飲料：定期提供的食物和飲料需符合營養，要注意幼兒的特定飲食和宗教需求。

　　保母必須與家長事先溝通提供的餐點與食物，並經得家長同意。托育機構中必須隨時供應幼兒乾淨的飲水。保母要向家長詢問關於幼兒的任何特殊飲食需求，並且對於幼兒的飲食狀況予以記錄。餵食與尿布更換的時段必須根據個別幼兒的需求而非按照保母的作息，餵奶時要抱著嬰兒，幼兒的奶瓶及食具必須經過消毒殺菌處理，嬰兒食物應妥善製備。

6. 機會平等：保母與員工需促進機會平等，並且無歧視發生。

　　保母對其照顧的幼兒和成人都要一視同仁，並且尊重以及實踐反種族歧視。保母必須保證每個幼兒都能同等參與所提供的活動，也能同等使用機構中的設備。保母必須與家長共同合作，並且向其保證幼兒檔案中的資料將對其照顧有所助益。

7. 特殊需求（特教需求、身心障礙需求）：保母必須注意有特殊需求的幼兒，並且確保其得到妥善的照顧。

(1) 保母若發現幼兒有特殊需求或者疑似身心障礙時，必須先與家長討論其觀察的發現且積極的向家長保證不會造成對幼兒的排擠。除此之外，保母支持系統之內獲得幼兒教育認證的保母，視同具有特殊教育初篩與評估（Identification and Assessment of Special Educational

Needs）的認證能力。

(2) 托育機構需要為有特殊需求的幼兒提供能促進他們的福利與發展的相關活動與遊戲機會，保母需要向家長諮詢任何幼兒所需要的特殊服務與器材設備。在為特殊幼兒進行貼身照顧時，保母需確保顧及其隱私。

8. 行為：托育機構的成年照顧者需有能力處理幼兒的行為並促進他們的發展和福祉。

保母對嬰幼兒行為的指導適切，並與家長就嬰幼兒行為的管教具有一致性共識。保母應適度鼓勵嬰幼兒，以促使他們發展正向的行為。保母不得使用體罰或威脅手段對待幼兒，甚至對嬰幼兒做劇烈搖晃的動作，保母不得使用任何形式的身體上的侵犯（例如緊抱），除非是為了避免對幼兒造成傷害或避免其他幼兒或成人對其造成傷害，或者對於財產可能造成嚴重損毀，任何事件都必須在當日做成完整紀錄並告知家長。保母在處理幼兒的行為時必須配合幼兒發展的階段，尊重幼兒理解度與成熟度的個別差異。

9. 與父母或照顧者的夥伴關係：保母和幼兒父母共同為幼兒的最大福祉共同努力。

保母必須與家長達成書面協議，包括雙方對幼兒照顧的期望以及提供的活動等，也必須向家長詢問有關幼兒的偏好與習慣，或是任何有利於提供幼兒最適切照顧的相關資訊。保母在幼兒進駐之後，需帶領家長檢視幼兒受照顧的一切相關準備，並盡可能配合家長的作息。保母需向家長詢問幼兒睡眠的習慣，及任何在夜間可能出現的狀況，例如尿床、作惡夢等等，並且找尋一個長久且適切的解決辦法。保母必須充分告知家長作息時間與幼兒照顧的情況，並且每日提供幼兒相關訊息，如有家長抱怨的紀錄，必要時可以採取立即行動。家長聯繫與緊急聯絡（如與診所醫師聯繫）的相關資料都必須妥善保存。保母只能將幼兒交付給家長授權的對象。如有幼兒被評估為特殊需求的幼兒，保母在取得家長同意之下，才能向有關單位通報。

10. 幼兒保護：保護幼兒安全是保母的首要責任，保母必須留意幼兒是否有可能遭受虐待、侵害的跡象，如有發生，必須立即向社福單位通報，一旦涉及兒童保護，必須與社會福利單位及警察單位聯絡，並由當地的「地區兒童保護委員會」（Area Child Protection Committee）進行調查程序。保母必須遵照「兒童受虐處理守則—摘要」（What to Do If You're Worried a Child is Being Abused-Summary）中的規定，對於任何細節均須保密。

11. 文件紀錄：保母除保留安全處理方面的紀錄，幼兒檔案紀錄需與其父母分享，促進幼兒福利、照顧與學習個別幼兒的紀錄將在幼兒離開保母之後保留一段固定的時間，此紀錄將提供給幼兒照顧督導員隨時使用參考。

若有以下狀況，保母需在第一時間知會幼兒照顧督導員：工作或居住於保母家中超過 16 歲以上成員的任何人事異動、經營機構的任何特殊異動、當有幼兒在場時任何虐待的申訴、其他特殊事件。凡任何超過 16 歲，未通過警察確認的人士禁止在托育機構中過夜。為了尊重幼兒的隱私，除了保母以外，任何成人都不得在幼兒沐浴或是更衣時接近幼兒。

貳、全日托育服務

全日托育中心指的是提供八歲以下兒童日間托育照顧的機構，托育的時間每天持續四小時以上，且中心的所在地非為私人住宅（DfES, 2003c）。例如日間托兒所（day nurseries）、兒童中心（children's centres）與部分的家庭中心（family centres）。

一、人員資格的限定

依據英國「八歲以下兒童日間照顧與托育的國家標準」（DfES, 2003a），提供日間照顧與托育的成人必須符合以下規定：

1. 申請者必須遵照註冊時的所有規定，包括任何指定的審查過程，包含要求配合進行犯罪紀錄調查，當申請人未遵守督導的指示，將有可能撤銷

其申請。

2. 申請者、助理或是超過 16 歲的人有犯罪行為，根據 1989 年《兒童法》9A 條款取消其資格。

　　前項所指的犯罪行為若涉及有時效限定之過失行為，而時效已過，或過失並不符合 9A 規定所列項目之時，審查委員將會依據申請者涉入兒童照顧的情況和程度予以考量，包括上述犯罪的時間、過失的種類、犯罪行為人與幼兒互動的程度等。

3. 申請者必須確保任何人不會置兒童獨處。

4. 管理者的資格必須有學科能力指定考試第三級（level 3）以上。管理者與工作人員所需的條件如下：

(1) 至少有兩年服務於日間照顧機構的經驗。

(2) 工作人員、志工的心理與身體狀況適合照顧兒童。

(3) 所有的工作人員、志工具備恰當的經驗和技巧，可以勝任此工作。

(4) 管理者必須確保至少一半以上的工作人員具有學科能力指定考試第二級（level 2）以上的資格。若短期內無法達成，管理者必須設定期限與行動計畫，限期達到預定目標，地方政府的教育局將以此為是否核定的考量。

(5) 所有的工作人員在第一週必須接受職前訓練（induction training），包含兒童保護政策、健康與安全照顧、工作處理流程等課程。

(6) 17 歲以下的實習生必須隨時接受監督，並且無法併入成人與兒童的比例計算。機構必須詳細記錄實習生的姓名、住址、電話與受訓紀錄。

5. 若管理者不在時，必須有指定的副手可以接掌與處理緊急事務。

二、托育環境的設置標準

(一) 全日托育人數與成人兒童比例

　　全日托育的團體大小以不超過 26 個兒童為限制，可以形成一個以上的

團體。隸屬特定某一個團體的幼童必須有固定的托育人員。成人與兒童的比例需要符合：二歲以下幼兒 1：3，二歲的幼兒 1：4，三至七歲的兒童 1：8。

上述比例包含正式的工作人員與志工。臨時托育服務執行期間，必須至少有兩位成人執行勤務。且八至十四歲受托的兒童不得對八歲以下兒童造成負面影響。若為定期或固定的志工、實習生則可以納入成人與幼兒比例計算。

若機構提供二歲以下嬰幼兒的照顧，則應將嬰幼兒置於不超過 12 個人的團體中。照顧嬰兒的工作人員則必須具備專門的嬰兒照顧技能。即使是嬰兒的照顧，管理者也必須將嬰兒的活動詳列於計畫書中。二歲以下嬰幼兒必須有單獨的空間，但他們仍有機會與較大的幼童接觸。

(二) 組織的管理

管理者必須鼓勵幼童成為有自信、獨立的人，並且發展其自尊。全日托育機構必須善用資源，提供各式的活動、遊戲的機會，與第一手的經驗，使幼童滿足其自然的好奇心、發展其語言與數學思考能力，發揮想像力與建構社會關係。

機構托育人員必須觀察與記錄兒童的行為，並使用這些觀察紀錄作為規劃幼童遊戲與學習的基礎。活動的安排必須同時包含室內與戶外活動，並有休息下課時間。

三、全日托育環境的規劃

(一) 全日托育機構的空間

托育環境必須是對兒童與家長是友善的，環境清潔、通風良好、採光明亮，並且定期維修保養，且托育的空間與環境不做其他用途。機構內設有電話，且溫度適合兒童活動。

室內空間設置標準為：二歲以下 3.5 平方公尺，二歲 2.5 平方公尺，三

至七歲 2.3 平方公尺。

　　遊戲空間夠大，可以允許活動的範圍與伸展活動。不同活動性質所需要的空間應該妥善加以區隔，包含兒童需要的安靜休息空間。

　　若戶外遊戲場與民宅相鄰，則必須確保戶外遊戲場安全、保全、設備充足。

　　每十位二歲以上的幼兒必須設置一個廁所與一個洗手臺，且洗手臺必須同時有冷、熱水。若機構內設置廚房，兒童不應進入廚房，除非是在成人監督之下進行的活動。

(二) 全日托育機構的設備

　　機構內的家具、設備和玩具必須適合兒童年齡與學習發展需求，並創造一個可近性（accessible）與富刺激性（stimulating）的環境。這些設備必須設計良好並且適當維護，符合安全標準。兒童使用的桌椅必須符合兒童的年齡，並且在進行小團體兒童的遊戲活動與餐點時，可以彈性運用這些兒童桌椅。

(三) 安全與風險管理

　　兒童必須隨時在監督與保護之下接受托育，若兒童走失或無人前來接回，機構必須有清楚的處理流程。管理者完全清楚整棟建築物的消防與逃生設施，且依照修正後的規定，機構必須提出所有托育服務人員從建築物的解散路徑與方法的書面說明。管理者若提供任何戶外活動，必須有確保兒童安全的程序，包含保險的詳細內容、駕駛員的名單等，若駕駛員使用非機構自備的交通工具，則必須有足夠的保險可以支應一切緊急與臨時變故。管理者必須投保公共責任意外險。

(四) 健康管理

　　機構維持乾淨，所有工作人員了解相關的衛生與健康保健訊息。若機構內飼養寵物或動物，應確保不致對於受托兒童造成健康的威脅。藥品必

須存放在原來的容器內，清楚標示且確保兒童無法碰觸；除非經過醫師處方，否則工作人員不得給藥，若兒童需要服藥，則需要有家長的同意書；給藥紀錄必須清楚記載，且在事後需有家長確認簽章；若給藥需要專業醫療技術與知識，則必須有專業醫療人員才能執行。

機構必須自備急救箱，工作人員必須接受急救箱內容物的相關訓練，若有必要必須經常檢查與替換過期藥品。機構內或外出活動時，工作人員中必須至少有一位持有急救證書。當受托兒童生病或感染時，必須請家長或家長授權的成人接回兒童，以確實隔離病童。

托育機構必須提供乾淨的飲用水，機構必須提供全日托育的幼童午餐與點心，可由家長提供餐盒或簡易午餐。若機構必須提供餐點，則管理者必須事先諮詢家長兒童的特殊飲食需求，或可能導致兒童過敏的食物，相關紀錄必須詳細記載於文件中。

(五) 身心障礙幼童的需求

機構內的設備與環境必須能夠符合特殊兒童的需求，同時身心障礙兒童也要參與幼童的學習與遊戲活動，鼓勵身心障礙幼童與同儕的互動，關注身心障礙幼童的福祉與發展。托育期間，機構時常與家長聯繫，以了解身心障礙幼童的特殊需求，適度於環境中妥善規劃。

(六) 與家長的合作關係

機構必須提供家長的訊息資料包含：有關托育機構的簡介、家長角色（家長參與志工或委員會）、機構的相關政策與處理流程、幼童的活動內容。

機構內的托育人員對於幼童的相關資料必須維護其隱私權，若家長需要了解幼童相關的書面文件資料，機構應無條件提供。若幼童被診斷為需要特別協助者（符合 1989 年《兒童法》第 17 條規定），則在家長同意之下，機構得轉介其他相關單位。

參、部分時段托育服務

部分時段托育服務指的是提供八歲以下幼童，每天不超過四小時，每週不超過五天的托育。這類托育服務主要是要承接有部分幼童就讀半日的幼兒園，並透過活動提供幼童與同儕互動接觸的機會。

人員資格的限定、機構的組織管理與環境的規劃均比照全日托育服務的規定。

肆、臨時托育

英國對於臨時托育的定義為：提供八歲以下的兒童暫時性托育服務的機構（DfES, 2003d），若機構營運超過每天二小時以上，就必須向地方政府註冊。有些會依附在大型組織或機構之中，例如在百貨公司、大賣場或健身中心，當家長購物、逛街或運動時，可以代為照顧幼兒。其他多半為暫時性的服務，例如家長參加短暫的活動（如開會或展覽等）。

人員資格的限定、機構的組織管理與環境的規劃均比照全日托育服務的規定。

臨時托育機構必須提供乾淨的飲用水，但接受全日托育的兒童則可由家長提供餐盒或簡易午餐，並告知機構人員餐盒食物正確的儲放方式。若機構必須提供餐點，則管理者必須事先諮詢家長兒童的特殊飲食需求，或可能導致兒童過敏的食物。

伍、課後照顧

英國對於課後照顧的定義為：提供八歲以下兒童上課前、下課後、學校放假期間的日間照顧，照顧期間每日超過二小時、每年超過五天（DfES, 2003e）。課後照顧的目的主要為在學校不上課期間協助無法親自照顧兒童的家長。課後照顧的兒童可以包含三歲以上的幼兒，甚至有些會超過八歲。課後照顧的例子包含夏令營、假日遊戲方案、晨間安親班、課後安親班等。

一、人員資格的限定

比照全日托育服務的規定。

二、課後照顧機構的組織與管理

課後照顧機構的班級人數不得超過 26 位兒童，而課後照顧機構可以開設一個以上的班級。全日或假日照顧的兒童都必須有一位主責的照顧人員，五歲以下（尚未進入小學）的幼童通常不會參加。成人與三至七歲幼童的比例為 1：8，比例包含專職工作人員與志工，五至七歲則為 1：13，但若到公園等戶外空間，比例應該更低。其他有關專業人員與實習生的規定比照臨時照顧。課後照顧較為特別的部分是晨間安親班結束後，八歲以下幼童必須在機構人員護送之下到學校，從學校回到課後安親班也是需由機構人員護送。

三、課後照顧機構的環境規劃

課後照顧機構的環境設備規定比照上述的臨時托育機構，廁所與廚房的設施也是。而室內活動區域每個幼童至少需有 2.3 平方公尺的活動空間。

幼童行為管理的部分除了創造出鼓勵正向行為的環境等，也禁止體罰，機構必須將如何管理幼童行為形諸文字。若意外事件發生必須有詳細的文字記載，並於事後呈報給家長。課後照顧機構特別訂定了防範霸凌的行為（bullying），機構管理者與行政人員必須隨時警覺霸凌行為的出現，若有類似事件發生時，幼童可以隨時向機構人員稟報。

提供過夜服務的課後照顧機構，必須具備床鋪與寢具以及暖氣設施。機構內應隨時有兩位工作人員，超過 16 歲以上未經警察單位查驗過的成人不得在機構內過夜。

第四節　英國學前零至五歲基礎階段評鑑指標

一、零至五歲基礎階段評鑑

　　英國教育部（Department for Education）在 2014 年公布了學前零至五歲基礎階段的評鑑指標「Statutory Framework for the Early Years Foundation Stage: Setting the Standards for Learning, Development and Care for Children from Birth to Five」。此評鑑指標於 2014 年 3 月公布，9 月正式實施。評鑑工作由教育標準局統籌負責，並且定期公告評鑑結果。評鑑指標當中所列與幼兒學習和發展、幼兒安全照顧與福利需求等相關規定，乃依據 2006 年公布的《兒童照顧法》（the Childcare Act, 2006）。評鑑對象包含：接受政府補助的學校、未接受政府補助的學校、獨立學校、所有幼兒照顧機構，以及登記制下的保育員。英國教育部制定標準，以確保零至五歲幼兒健康與安全，並在兼顧幼兒福祉下，確保幼兒健全發展。

二、學前基礎階段的目標

　　學前基礎階段（Early Years Foundation Stage，簡稱 EYFS）主要提供：

1. 所有嬰幼兒照顧機構的照顧品質與一致性（quality and consistency），因此所有兒童可以獲致良好的進步。
2. 提供安全的基礎（secure foundation）：透過學習、發展，依照每個幼兒的需求與興趣，定期評估與檢視幼兒的學習成效。
3. 共同合作夥伴（partnership working）：保育人員與家長、主要照顧者共同合作，提供幼兒最適切的照顧環境。
4. 機會均等（equality of opportunity）：反對歧視、確保每一個兒童都獲得足夠的支持。

　　所有嬰幼兒照顧機構均應該遵循下列的指導原則：

1. 每位幼兒都有其特殊性，培養幼兒成為一個有自信、有能力者。
2. 培養幼兒建立正向關係，學習堅強與獨立。
3. 在增能的環境中，鼓勵幼兒從經驗中學習。
4. 幼兒以不同的方式和速度發展與學習，因此此架構涵蓋了幼兒的教育與照顧，包含特殊幼兒的需求。

　　在學前基礎階段架構下，分為零至二歲與三至五歲兩個階段，分別設定須達到的目標，並且分為幼兒學習與教育領域，以及幼兒安全照護與福祉領域。幼兒介於二至三歲之間，保育人員必須針對幼兒的發展情形提出各學習領域的報告書，保育人員必須覺察幼兒的優勢，以及其他幼兒落後的領域。當幼兒有特殊需求時，保育人員必須提出目標計畫，以提供幼兒未來學習和發展的支持性服務，並且將家長或主要照顧者、其他專業者（例如醫療人員或特教人員）納入支持性服務的網絡。

三、幼兒學習與發展目標

　　幼兒學習與發展的主要領域包含：(1)溝通與語言：傾聽與專注、理解、口語表達；(2)身體動作發展：移動與抓握、健康與自我照顧；(3)個人、社會和情緒發展：自信、自我表達；情緒行為管理、關係建立；(4)其他特殊領域包含：識讀（閱讀和寫）、數學（數字、形狀、空間、測量）、對世界的理解（人與溝通、世界、科技）、表現藝術和設計（運用媒材與想像力）。

四、幼兒安全照護與福利需求

(一) 規定

　　幼兒安全照護與福利需求的規定包含：
1. 兒童保護：保育人員必須對任何有關嬰幼兒生命安全的議題保持高敏感度，托育機構必須擬定機構內的安全保障政策，包含機構內手機使用和攝影機的布建。

2. 兒保訓練課程：保育人員必須承擔幼兒主要的照顧責任和安全照護。嬰幼兒照顧機構的主要管理者應該接受兒童保護訓練課程，使他們在面對可能的兒童虐待或嚴重忽視時，具備足夠的理解，並能及時採取適當的作為。

3. 警方無犯罪紀錄：登記制保母必須確保實際照顧嬰幼兒的保育人員或者在居家托育地點同住的其他 16 歲以上之成年人，均提供警方犯罪紀錄查證。

4. 保育人員飲酒或服藥規定：英國政府特別針對保育員有飲酒習慣或者服藥習慣，可能會造成影響嬰幼兒照顧能力者，提出下列規定：若保育人員因為醫療治療需要必須服藥，必須確定服藥之後仍可執行嬰幼兒照顧，不會受到影響，否則保育人員應該尋求醫療院所協助。所有醫藥用品均須妥善保管，幼童無法取得。

5. 托育機構人員資格規定：機構內保育人員的資格規定、訓練與督導。嬰幼兒托育機構必須妥當安排發展或福祉有關、覺察保育人員提出議題的解決策略、接受輔導或改善後的效能。嬰幼兒托育機構，中心主任必須具備至少二年的嬰幼兒照顧經驗，中心主任不在時，組長（或者副主任）必須能暫代管理者的位置。當嬰幼兒照顧機構或居家托育有任何一位幼兒在機構內，至少必須有一位保育人員要具備急救資格，當安排嬰幼兒外出時，該名具有急救資格的保育人員也必須隨同，同時機構內若還有其他嬰幼兒，則其他保育人員應至少有一位具備急救資格。托嬰中心主任必須考量收托的嬰幼兒、專業服務人員人數以及托育機構所在環境，妥善規劃所需要的急救資格人員數，以便可以即時應付緊急事件。

6. 專責照顧人員：每位嬰幼兒必須指派一位專門照顧的保育人員，協助與嬰幼兒建立安全依附，同時也有助於釐清嬰幼兒照顧的責任歸屬。

7. 離職與新聘：當專職保育人員離職時，中心主任應該告知家長或主要照顧者，以確保嬰幼兒的需求可以被滿足。尤其攸關家長權益時，應該讓家長參與決定結果。

8. 照顧比：二歲以下，每位保育人員照顧嬰幼兒不得超過三位。其中至少

一位保育人員有 level 3 資格，其他至少一半有 level 2 資格，至少一半的機構內人員取得嬰幼兒保育相關訓練。二歲以上未滿三歲的幼兒，照顧比為 1：4，每四位幼童配置一名保育人員，其中至少一個具有 level 3 資格，至少一半具有 level 2 資格。

9. 醫療處置：保育人員與家長討論嬰幼兒生病或感染時的處置作為，當嬰幼兒生病或感染時，保育人員必須採取必要的步驟，以避免群聚感染，並將生病幼童採取隔離。用藥規定除了必須由醫師提供處方給藥以外，所有含阿斯匹靈的藥品不得提供給嬰幼兒。托育的家長必須親簽託藥同意書，保育人員必須詳載餵藥紀錄，並且在同一天內通知家長。

10. 食物與飲水：托嬰（育）機構提供的食物必須兼顧健康、均衡與營養。若嬰幼兒有特殊飲食需求（如食物過敏）時，應該提供合宜特殊幼兒需求的飲食。托嬰（育）機構應該提供乾淨的飲用水，保育人員應該詳實記錄嬰幼兒飲食情形並且告知家長。托嬰（育）機構應該提供符合嬰幼兒發展需要的、適量的健康餐點、點心及飲水。保育人員應該具備足夠的食物備製專業訓練，若為團體膳食，廚工必須取得食物製備的相關訓練資格。

11. 急救：保育人員應該確保托嬰（育）機構內有急救箱，且隨時可以取得，急救箱內的急救藥品和內容符合嬰幼兒年齡需要。保育人員應該詳實記錄意外與傷害以及急救的處遇流程。保育人員在同一天內必須通知家長或主要照顧者。

12. 意外傷故：若托嬰（育）機構不幸發生嚴重意外、受傷，甚至嬰幼兒死亡案例，托嬰（育）機構必須在 14 天內完成調查報告，並且呈送教育標準局。

13. 行政管理：托嬰（育）機構內的保育人員不得以任何理由對嬰幼兒實施體罰，照顧五歲以下幼兒的所有保育人員若違反規定均被視為犯罪。若保育人員對嬰幼兒身體強制介入的主要原因為防範嬰幼兒立即性的危險，上述作為可不被視為身體懲罰。保育人員不得以體罰威脅或施以任何可能危害幼童福祉的處罰（例如，不准吃午餐）。

(二) 托育機構的設施設備規範

托嬰（育）機構內的安全性、環境和設施設備規範如下：

1. 安全性：保育人員應該確保托嬰（育）機構包含所有的樓地板面積和戶外空間適合、符合照顧托育的嬰幼兒年齡發展需求。同時保育人員必須遵從相關的醫療健康和安全性的規定。

2. 托嬰（育）機構必須具備下列基本的消防安全設備：防火偵測器、偵煙器、防焰地毯、滅火器，逃生出口清楚標示，逃生門淨空容易開啟。

3. 抽菸：當有嬰幼兒在場時，保育人員在托嬰（育）機構內、外，均不得抽菸。

4. 空間：托嬰（育）機構照顧二歲以下幼童時，每位幼童使用的空間至少3.5 平方公尺。二歲以上未滿三歲幼童，每位幼童使用的空間至少 2.5 平方公尺。三歲以上未滿五歲幼童，每位幼童使用的空間至少 2.3 平方公尺。

5. 保育人員應該提供室外遊戲空間，若室外遊戲空間無法取得時，確保每天提供嬰幼兒適切的室內活動。

6. 嬰幼兒睡眠時，保育人員必須隨時查看。二歲以下嬰幼兒必須有獨立的照顧空間。隨嬰幼兒年齡漸大，可以與較大幼童融合。

7. 保育人員必須確保有足夠的廁所與洗手臺。成人的廁所與嬰幼兒的應該分開。托嬰（育）機構內應該有適當的尿布臺，同時嬰幼兒的小床有乾淨的床單、個人使用的手巾、獨立的衣物櫃。

8. 托嬰（育）機構內應設置有保育人員與家長可以晤談的獨立空間，並且設有保育人員（工作人員）休息室。

9. 托嬰（育）機構應該確保所有人經過許可後才能進入機構內，以確保嬰幼童的安全。並且托嬰（育）機構有詳細的流程，確認所有訪客的身分。

10. 托嬰（育）機構投保公共責任險。

11. 危險控管：托嬰（育）機構必須確保所有人員依照合理的步驟進行，以確保保育人員和嬰幼童不至於暴露在危險情境中。托嬰（育）機構應該

針對機構內進行危險評估，並且告知工作人員和保育人員。危險評估包含定期檢查托嬰（育）環境，何時、哪些人進行危險評估，上述危險情境移除或降低的情形。

12. 戶外安全管理：當保育人員帶嬰幼兒至戶外時必須確保嬰幼兒的安全性。保育人員必須評估並減少因為戶外活動而產生的危險。包含透過增加照顧者以降低風險。

13. 載送嬰幼兒的交通工具、駕駛員都必須確認可以達到安全控管。

五、托育機構的行政管理

托嬰（育）機構內的行政管理議題如下：

1. 提供家長嬰幼兒的相關訊息：保育人員必須提供下列訊息：有關學前教育基礎階段如何在托嬰（育）機構執行以及家長如何取得相關資訊，托嬰（育）機構安排的學習活動，嬰幼兒可以獲得的經驗，每日作息。托嬰（育）機構如何協助特殊需求幼童。托嬰（育）機構提供的餐點和飲食。托嬰（育）機構必須提供行政工作的標準作業流程，例如當家長未能與約定時間前來接送幼童時的處置流程。

2. 機構內的專任工作人員，主要照顧幼童的教保人員姓名和角色，緊急聯絡人的電話。

3. 申訴：對於申訴案件必須有清楚的書面流程，並且對所有申訴事件都應保有書面紀錄。居家托育人員必須要有申訴處理流程的書面程序，但是對於申訴案件的處理和結果則應詳細記錄。申訴調查結果必須在 28 天之內完成，並將結果告知當事人。

4. 托嬰（育）機構應該提供家長如何聯繫教育標準局的方式，對政府部門視導查察或評鑑的結果，機構應該主動告知家長。

第五節 英國托育制度的特色

英國自 2003 年公布八歲以下兒童日間照顧與托育的國家標準後,托育服務制度逐漸建立規範與系統。綜觀英國托育服務,包含以下七點特色:

一、托育人員資格的規定採登記制

英國對於托育服務人員或管理者資格的要求,學歷的部分無明確規定,且管理者採取登記制,只要有意願者到地方政府登記,接受職前訓練之後,即可擔任托育服務工作。我國採取證照制,但實際上領有證照者也未必從事托育服務工作,市面上充斥著良莠不齊、數量眾多的托育服務人員,例如多數的嬰兒受托於沒有證照的保母、安親班聘請大學生擔任安親班老師、托兒所僱用非本科系且無保育人員資格的教保人員、立案的幼兒園卻是連一個合格幼教師都沒有……等,這些若非經過地方政府稽查,很難從業者送審的資料中得知,但地方政府卻未能時時督導。英國的事後管理與督導比事前資格的限定更能持續監督托育品質的良窳。英國由中央的教育標準局聘任學前幼兒照顧訪視輔導員(Early Years Childcare Inspector)負責監督日間托育照顧與保母的事宜。舉凡機構內的人員變動與緊急事件都必須通報訪視輔導員,訪視輔導員並隨時查核與監督機構的營運。

二、非參與托育服務的成人均需接受審核備查

英國規範了與保母同住的 16 歲以上的成人以及保母的助理,這些與保母同住的成人均需納入備查,此外,托育機構內 16 歲以上的成人未經警察單位查核,不能留置在機構內過夜。查核的部分主要是犯罪紀錄與實際參與照顧的部分,以確實保障受托嬰幼兒的權益。

三、保母托顧的嬰幼兒人數包含自己子女

　　在保母收托人數的部分，除了托育機構，家庭式托育的人數也都有明確規範。英國的做法乃將保母照顧的嬰幼兒人數包含自己的子女或受托無償照顧的幼兒，且以不超過四人為限，英國更是規定若保母照顧一歲以下的幼兒，以一人為限，這是考量保母的照顧品質。在臺灣，許多家長尋找保母的管道都是口耳相傳或透過親友介紹，因此有些「好」保母反而收托太多嬰幼兒，而造成照顧品質低落。

四、托育機構與工作人員須接受學前幼兒照顧督導員監督

　　英國托育機構與專業工作人員的支持系統與監督控管，是由地方政府委任學前幼兒照顧訪視輔導員負責。我國托兒所和幼稚園整併為幼兒園（併同安親班與才藝班）統一歸教育單位主管；至於臨時托育的部分除了少數社政單位提供給弱勢族群兒童，在臺灣仍不普及。幼兒園透過評鑑制度和輔導計畫漸次納入管理機制，家庭式保母、課後照顧與臨時托育，則需要更明確的督導考核與管理的規定。

五、保育工作提供所有幼兒平等機會

　　英國非常重視機會平等，並將之列入為國家標準的其中一項。英國對於機會平等的重視展現在保母對待幼兒一視同仁，並且尊重幼兒及其家庭特殊飲食和宗教的需求，同時對於幼兒個人與家庭資料的部分均應保障其隱私權。臺灣有不同的宗教信仰和素食者，也有來自不同的家庭型態，如單親家庭、臺商家庭等，保母也可能會接觸來自不同家庭背景的幼兒，因此對所有幼兒均能公平對待，是現代托育服務人員必須學習尊重的課題。

六、環境設備的標準明確且周詳

　　英國對於托育機構的設備標準規定，除居家保母外，大致上室內空間應該符合二歲以下 3.5 平方公尺、二歲 2.5 平方公尺、三至七歲 2.3 平方公

尺的規定。托育環境必須是對兒童與家長友善的，環境清潔、通風良好、採光明亮，室溫適合兒童活動。機構內設有電話，並且所有設備定期維修保養，且托育的空間與環境不做其他用途。每十位幼兒就必須設置一套廁所。機構內的家具、設備和玩具必須適合兒童年齡與學習發展需求。這些設備必須設計良好並且適當維護，符合安全標準。兒童使用的桌椅必須符合兒童的年齡。

七、對幼兒權益的重視

　　英國新修定的條文中，特別強調托育服務人員對幼兒可能造成的傷害，例如托育服務人員不得以體罰或威脅的手段對待幼兒。托育服務人員必須事先詢問家長有關幼兒身心健康的基本資料、是否有重大疾病或遺傳疾病、建立緊急事件聯絡網，擬定幼兒意外事件處理原則，在幼兒發生意外事件後必須詳細記錄，並請家長於紀錄表簽章，以釐清責任歸屬。此外，英國新修定的法令也要求托育服務人員必須詳細記載幼兒的用藥紀錄，且家長必須在用藥紀錄上簽章，以避免因為托育服務人員的錯誤醫療處遇危及幼兒生命。這些條文均可以看出英國政府對於嬰幼兒權益的重視，透過法令使家長將幼兒交付給托育機構時能更有保障。

課後練習

一、依據英國「八歲以下兒童日間照顧與托育的國家標準」的規定，兒童日間托育照顧服務有哪五種類型？

二、英國的托育服務有哪些特色？試比較臺灣與英國幼兒托育服務的異同。

三、從英國的課後照顧規劃，你認為臺灣的課後照顧服務有哪些可以改善的部分？

四、英國保母制度強調登記保母的監督管理，你認為未來臺灣改為登記制後，應如何管理為數眾多的保母，以確保嬰幼兒的權益？

參考文獻

中文部分

葉郁菁（譯）（2002）。英國幼兒照顧與教育服務（第九章）。M. Boushel, M. Fawcett, & J. Slewyn（編著），葉郁菁、王春展、謝毅興、曾竹寧（譯）。**兒童發展**（頁 9-2～9-36）。臺北：華騰。

英文部分

Department for Education (2011). Childcare and Early Years Providers Survey 2010. Retrieved January 25, 2012, from: https://www.education.gov.uk/publications/eOrderingDownload/OSR17-2011-Research%20Brief.pdf

Department for Education and Skills, DfES (2003a). *Sectional day care: National standards for under 8s day care and childminding*. Nottingham: DfES Publications Centre.

Department for Education and Skills, DfES (2003b). *Childminding: National standards for under 8s day care and childminding*. Nottingham: DfES Publications Centre.

Department for Education and Skills, DfES (2003c). *Full day care: National standards for under 8s day care and childminding*. Nottingham: DfES Publications Centre.

Department for Education and Skills, DfES (2003d). *Crèches: National standards for under 8s day care and childminding*. Nottingham: DfES Publications Centre.

Department for Education and Skills, DfES (2003e). *Out of school care: National standards for under 8s day care and childminding*. Nottingham: DfES Publications Centre.

Departmet for Education (2014). *Statutory framework for the early years foundation stage: Setting the standards for learning, development, and care for children from birth to five.* England: Department for Education.

Department for Education (2016). *Education and training statistics for the UK: 2016.* London: DfE.

Ofsted (2014). *Registered childcare providers and places in England August 2014.* London: Office for Standard in Education. from https://www.gov.uk/government/statistics/registered-childcare-providers-and-places-in-england-december-2008-onwards

第 **6** 章

美國托育服務

◆ 葉郁菁、陳正弘、詹喬雯

第一節 前言

　　美國國土面積約 350 萬平方哩,僅次於加拿大與中國大陸,人口約有三億多人,其人口組成以白人為主(72.4%),其次是黑人或非裔美人(12.6%)與亞洲人(4.8%)。在經歷了數次的移民潮之後,境內種族數量既多且雜,顯現出文化的差異性,堪稱是種族的大熔爐(U. S. Census Bureau, 2010a)。美國是一個聯邦制的國家,共有 50 個州,每個州皆設有州政府、議會與法庭系統,各州自主的地方分權制度,使得聯邦政府在政策的制定與執行上產生了許多的殊異性,所以在兒童托育政策上也有相同的情形。

　　在三億多的人口當中,五歲以下兒童的人數占不到十分之一(約有2,000 萬人)(U. S. Census Bureau, 2010b),但根據政府 2001 年的統計,美國有超過六成(61%)的六歲以下兒童接受托育服務(NICHD, 2003)。1993 年的研究指出,有超過六成的十三歲以下兒童其雙親或單一家長擁有工作,同年調查局(Census Bureau)的報告也指出,約有 990 萬的五歲以下兒童需要托育服務,托育的方式主要是交給親人照顧(41%),其次是兒童托育中心(30%)、家庭式托育(17%)及在家照顧(5%)(CWLA, 2005)。2003 年的統計顯示,美國六歲以下的兒童約有 2,400 萬人,而且其中有四分之一的六歲以下兒童來自單親家庭,這些單親家長必須要出外工作負擔家庭生計,但又必須照顧家中的幼兒(NICHD, 2003)。

　　隨著母親勞動參與率的升高,愈來愈多美國家庭需要育兒服務與課後托育來照顧其子女,而托育費用是家庭中主要的支出項目之一。有超過三分之一的美國家庭年收入低於 25,000 美元,但是全天候的日間托育每年就需要 4,000 至 10,000 美元的支出,對於一些低收入家庭而言沒有能力讓子女接受高收費的托育服務(NAEYC, 2005)。綜合上述種種社會現象,使得美國政府不得不正視婦女就業後所衍生的兒童托育問題。

第二節　美國托育服務發展史

　　美國將托育服務視為兒童福利服務的一環，兒童福利服務分為支持性服務、補充性服務與替代性服務等三類，而托育服務被歸類在補充性服務的服務項目中。郭靜晃（2004）整理歸納美國兒童福利發展的重要因素如下：(1)觀念、知識的改變。由於人道主義與科學知識的發展，美國逐漸重視兒童的人權，加上心理學與兒童發展理論的研究盛行，都有助於催生兒童福利的專業服務制度與相關法案。(2)社會、經濟與政治的演變。美國社會在歷經 1930 年代的經濟大蕭條、1960 年代的石油危機，與 1980 年代的貧窮家庭增加等社會變動後，再加上婦女勞動參與率的增加，美國社會逐漸重視兒童個體及其發展的價值，聯邦政府不得不開始重視兒童托育的議題，政府除了編列預算經費，也促成兒童托育服務機構的設置。

　　美國福利政策大致可區分為幾個發展階段：萌芽期（1900 年以前）、啟蒙期（1900 年至 1930 年）、創建期（1930 年至 1960 年）、大社會期（1960 年至 1970 年）、合夥期（1970 年至 1980 年）、新聯邦期（1980 年至 1990 年）與調整期（1990 年以後）等階段。而托育服務屬於兒童福利的一環，以下就這幾個階段來敘述美國托育服務的發展（Kerr, 1973; Reeves, 1992; Spedding, 1993）。

一、萌芽期

　　1828 年第一家美國日間托育中心於波士頓成立，稱為波士頓嬰幼兒學校（Boston Infant School）。這家托育中心提供十八個月至四歲大幼兒的托育服務，其目的在於使貧窮家庭的母親能夠出外謀生，讓這些經濟、文化不利的兒童能夠脫離貧窮。1854 年紐約市成立照護與兒童醫院（Nurse and Children's Hospital），專門提供職業婦女生病時，十三週大至三歲幼兒的日間托育（每天 12 至 14 小時）及醫療照顧等服務。在 1880 年到 1890 年

這段時間，為因應歐洲地區的移民潮，許多類似的機構應運而生，到了1898 年共有175 家美國聯邦日間托兒所創立，其目的是要促進高標準、高品質的托育服務，但在這個階段，美國國內的托育服務是供不應求的。

二、啟蒙期

1909 年羅斯福總統召開第一屆白宮兒童會議（White House Conference on Children），並規定每十年召開一次，以倡導兒童權益。1911 年美國共有40 個州施行《母親津貼法案》（The Mother Pension Act），這個法案的目的在於給付津貼給那些丈夫死亡、失能、患有精神疾病以及坐牢的母親，使其能夠待在家裡照顧自己的小孩；而能夠賺取優渥薪資的母親則不在給付範圍內。隔年（1912 年），美國聯邦政府成立兒童局（Children's Bureau），負責兒童福利制度政策擬定，提供經費補助，協助州政府進行兒童福利服務方案的執行。

1919 年國際勞工組織（International Labor Organization）召開女性生產保障大會（Maternity Protection Convention）提案給予生產女性 12 週以上（生產前六週及生產後六週）的有給產假，在產假期間提供工作保障，並在日後再度進入職場時予以完善的醫療照顧、健康保險津貼與臨時照顧假。這次大會的提案一直到 1951 年共獲得 18 個國家認可，但美國政府至此時仍未認可這項提案。1920 年，在紐約、密西根、麻薩諸塞、馬里蘭與加州等州政府陸續設立實驗托兒所，目的在於進行兒童托育方面的研究，以促進托育服務的發展。

三、創建期

1933 年小羅斯福總統催生的《聯邦緊急救濟法案》（Federal Emergency Relief Act）與勞動發展部門（Works Progress Administration，簡稱 WPA），在經濟大蕭條時期提供聯邦基金以補助國內的托兒所及幼兒學校，共有三分之二的公立學校獲得專款補助，這是美國政府首次在聯邦財務會議上討論兒童托育議題，但勞動發展部門對美國兒童托育的支持到 1938 年就不再

繼續運作。1935 年《社會安全法案》第 5 款通過，條文內容規定透過州政府的公共福利部門獎助兒童托育服務與研究。

1941 年《連漢法案》（The Lanham Act），又稱為「第 137 號公共法」（Public Law 137）為幫助職業婦女，編列經費預算並廣設兒童托育中心。此法案共編列了 5,192 萬美元的聯邦基金及 2,600 萬美元的州立基金，補助法案底下設置的 3,102 家兒童托育中心，總計超過 60 萬名兒童。透過《連漢法案》，原本在勞動發展部門支持下的托兒所得以繼續維持，但是根據估計，這些托兒所只能提供美國社會不到 40% 的兒童接受托育服務需求。1943 年，凱撒造船公司（Kaiser Shipbuilding Corporation）在波特蘭、奧勒岡兩地開辦兩家日間托育中心，這是美國首度由企業發起的兒童托育中心，全年 12 個月、全天 24 小時提供托育服務，收費十分昂貴；後來因為二次大戰結束，造船公司關閉，托育中心也隨之休業，這段時間內共有 4,019 名兒童接受過這種托育服務。

四、大社會期

1964 年一項大規模的社會改革——啟蒙計畫（Head Start Program）開始運作並專款補助，強調父母的教育及參與親職照顧活動，並且對於弱勢家庭兒童應及早介入，促進環境、經濟不利的兒童能獲得補償性教育，使其早日脫離貧窮。啟蒙計畫源自於《經濟機會法案》（Economic Opportunity Act，又稱為 Public Law 88452），與總統詹森（Johnson）所提倡的「對貧窮宣戰」計畫（War on Poverty Program）相似，該法不但有明確的聯邦經費預算，而且不限於州政府申請，其特點即為可由社區層次的團體自行組織申請，只要能提供符合該計畫標準的照顧服務，便可得到聯邦經費的全額支持，以幫助三至五歲低收入家庭的學前兒童接受高品質的教育與照顧。

五、合夥期

1970 年白宮兒童與青少年會議（The White House Conference on

Children and Youth）一再重申兒童托育服務需求的重要性，並認為兒童托育是政府當局在處理家庭議題時必須首要面對的問題之一。這個會議也指出美國六歲以下兒童（母親有工作者）總人數較五年前增加了 80 萬名，而合法的、有證照的家庭式托育與日間托育中心也較五年前的 25 萬家增加到 64 萬家，共成長了 40 萬家。

　　1971 年尼克森總統否決了《全面兒童發展法案》（Comprehensive Child Development Act）。此法案的主要內容是提供兒童托育基金給接受福利者、開創附加性兒童托育服務者，並提供「滑準式」（sliding-scale，意指根據家庭的收入與依賴人口數，收取他們負擔得起的費用）基金給單親家庭，以及擴大啟蒙計畫等方案。

　　1978 年由 Abt 協會（Abt association）所出版的一份有關美國兒童托育機構的四年研究報告，研究發現指出與托育服務品質息息相關的三個因素包括收托人數、托育人員與兒童的比例以及托育人員的資格。

六、新聯邦期

　　1981 年《公共法案》第 9735 號（Public Law 9735）規定了日間托育中心的最低管理標準：成人與兒童的比例、收托的人數與托育人員接受的專業教育訓練等。同年，原屬社會《安全法》第 20 號法案（Title XX）的基金納入社會服務基金（Social Service Block Grant）的範疇，補助各州與地方的社會服務項目，其中也包括托育服務。

　　1988 年通過的《家庭支持法案》（Family Support Act）主要是重申聯邦對「工作福利」取向，減少長期福利依賴人口的決心。根據歷年統計，家庭兒童津貼的受惠者，多為因需在家照顧小孩，而無法求學或工作的母親。除了強調生父的撫養責任之外，該方案另一特色，就是撥款補助「受扶助子女家庭補助」（Aid to Families with Dependent Children，簡稱 AFDC）受惠者在其求學、接受職訓，甚至找到工作後一年內所需的托育費用，而且由家長自行選擇托育設施，只要是找立案合格的機構，即可領到補助；此外，自 1991 年起，該法案還編有另外的托育品質改善預算，這

是一項大筆的協助貧窮家庭托育之費用,規定每個兒童的托育補助額度,只能達實際費用的 75%,所以需要州政府的配合款;另一種障礙是在實際情形中,領取受扶助子女家庭補助金的家庭附近多半缺乏立案合格的托育設施,而政府對親戚自行協助照顧的個案並不補助,或是未立案鄰里家庭的托育,使上述家長必須先自行克服尋覓合格托育以及隨之而來的接送時間及交通時間,往往使家長不願接受這項補助也無法受訓或求學(馮燕,1997)。

七、調整期

1993 年,柯林頓總統一上任後,立即簽署通過的《家庭及醫療准假法案》(Family and Medical Leave Act,簡稱 FMLA),是允許員工在遇到家中有生產、新生兒照顧、親生或收養的子女照顧、直系親屬或員工自己發生嚴重疾病時,可以在一年當中請假 12 個星期,在請假期間,年資和保險照算,而且銷假可以回到原工作,或相當的工作崗位上。這項法案雖然不是政府給付的立法,但在兩度挫敗後又快速通過立法,被視為是政府注重家庭福祉、兒童照顧,而且強調企業責任的一項顯著表現。可惜的是,這項被簡稱為《聯邦家庭照顧假法案》只適用於僱用 50 人以上的公司行號,對廣大的中、小型企業或服務業的從業人員而言,本法並不適用,換言之,即無法享受這項家庭照顧功能的保障(馮燕,1997;U. S. Department of Labor, 2005)。

1995 年托育局(Children Care Bureau,簡稱 CCB)成立,隸屬於美國兒童、青少年與家庭部(Administration on Child, Youth and Family),其宗旨是針對所有的美國家庭提供有品質的、價格合理的及普遍可獲得的托育服務。托育局撥款補助低收入家庭,以使那些父母外出工作謀生以及父母參與教育或職業訓練的家庭,能獲得適當的托育服務,以減輕家庭育兒負擔,增進托育品質(CCB, 2005)。

在 1990 年通過的《聯邦赤字緊縮法案》(Deficit Reduction Act)中設置了「兒童照顧與發展基金」(Child Care and Development Block Grant,簡

稱 CCDBG），2004 年美國政府編列了 48 億美元的「兒童照顧與發展基金」，以幫助低收入家庭接受公共救助並獲得適宜的托育服務，讓低收入戶家長有時間去工作或參與教育訓練；這項措施是以 1966 年的《個人責任與工作機會調和法案》（Personal Responsibility and Work Opportunity Reconciliation Act）為基礎，此法案又稱 104-193 號公共法（Public Law 104-193），它被視為是兒童福利倡導者的一項勝利。該項基金方案規定各州政府要把 75% 的經費直接用在補助貧窮家庭上，25% 則是用來改善各種兒童托育服務的品質。根據最近美國健康與人類服務部的調查顯示，兒童與照顧發展基金方案僅協助美國境內十分之一具有資格的兒童，之所以會成效不彰，可能因為是法案中規定了州政府的配合款責任，使得一些財政較為困窘的州根本不去申請，而造成執行不力的情形（NAEYC, 2005）。

　　2007 年美國在長年對伊拉克戰爭的倦怠感，以及房市泡沫化的低迷影響，歐巴馬背負著美國人民的期望成為美國總統，他以「改變」（change）為競選主軸。2007 年他曾在 New Hampshire 演講時，提到他對兒童照顧以及五歲以前的幼兒教育方案的重視。他提到：「現在每一美金的支出，未來將減少 10 美金在兒童福利、健康醫療的支出，同時也可以減少犯罪率。」歐巴馬的零至五歲方案，預計每年投注 1,000 萬美元的經費支持幼兒及其家長。他的零至五歲方案包括（Weinstein, 2009）：

1. 幼兒階段挑戰補助金（Early Learning Challenge Grants）：這些補助金將提供州政府在幼兒照顧、學前教育及其他零至五歲的教育方案的經費。州政府必須配合聯邦政府的經費補助，並提供各式的彈性方案。

2. 繼續支持啟蒙計畫（Support for Head Start）：此方案為提升參加啟蒙計畫的幼兒人數倍增為原來的四倍。同時一方面增加經費，也同時提升照顧品質。

3. 普及性的學前教育（Universal Pre-School）：歐巴馬計畫將提供經費補助，鼓勵各州提供自願性的（voluntary）與普及化的學前教育。

4. 兒童照顧發展整體補助計畫（Child Care Development Block Grant Program，簡稱 CCDBG）：對特別弱勢的低收入戶家庭提供經費補助其兒

童照顧的費用，並確保每位接受補助的兒童所分配到的經費可以提高。

5. 兒童與發展照顧免稅計畫（Child and Development Care Tax Credit）：歐巴馬的計畫將提供兒童與發展照顧免稅計畫，使得家長在照顧費用的支出均可以退稅。並且允許低收入戶家庭在兒童照顧的支出可以獲得最高到 50%的退稅優惠。

6. 總統層級的幼兒學習諮詢委員會（Presidential Early Learning Council）：此諮詢委員會的功能為增加聯邦政府、州政府及地方區域層級單位在幼兒學習的合作性與方案協調。

　　當歐巴馬提出上述教育方案與計畫時，相關學者與教育人員均寄予厚望。然而，回顧歐巴馬總統的實際施政情況，現今美國兒童福利與托育服務仍存在著許多問題。主要來自相關的補助計畫或福利政策的名額有限，至目前仍有許多經濟和文化不利的兒童還在托育服務的補助名單之外，使當初歐巴馬的總統競選政策受到嚴厲考驗（Lerne, 2010）。

第三節　美國托育服務的目標與定義

一、美國托育服務的目標

1. 各種托育機構提供有品質的托育服務。
2. 改善在不同社會、經濟和文化環境下托育需求的可近性（accessibility）。
3. 讓低收入戶及弱勢家庭都能負擔得起托育服務。

　　對於改善中的兒童托育服務而言，達成以上三項目標是非常重要的。因此，所有的家庭和幼兒都能獲得他們可負擔的方案和安置，也使托育機構在品質上能達到基本的標準，亦能增加父母在結合托育和工作間的選擇性（Hayes, Palmer, & Zaslow, 1990）。

二、美國托育服務的定義

　　討論過美國托育服務發展的歷史後，可以得知美國採取福利服務的觀點來執行托育服務的政策，因此，在進一步探討美國托育服務的現況之前，筆者綜合整理美國各界對托育服務定義，以了解美國社會對托育服務的普遍認知，茲如下所述：

1. 美國勞工部（Department of Labor）婦女局（Women's Bureau）認為托育服務指的是由良好的機構（日間托育中心或托兒所）照顧和管理幼兒，以協助父母解決因工作、生病或其他原因而無法在日間照顧其年幼子女的問題（Women's Bureau, 2005）。

2. 美國日間托育與兒童發展會議（Day Care and Children Development Conference, 1970）討論指出，托育服務係指在一種固定的基礎下，提供孩子一天之中在家以外時間之必要照顧與保護服務（何慧卿、趙詩瑄、陳一惠，1997）。

3. 美國兒童福利聯盟（Children Welfare League of America，簡稱 CWLA）則認為，托育是一種為家庭提供的服務，其目的是提供補充性的照顧服務與保護兒童（CWLA, 2005）。

　　由上述美國托育服務的定義發現，所謂的托育服務，乃是一種補充性服務，而非是替代性服務，其包括托育的內容、方式、人員、父母與政府角色等。幼兒的家長或主要教養者利用一天中某一時段，將幼兒送至托育機構以補充家庭對幼兒照顧的兒童福利服務，而這項福利服務有支持與加強親職角色的功能，使幼兒能在家庭中健全成長。

第四節　美國托育服務的現況

　　以下將描述美國國內提供家長選擇的托育方式，包括有日間托育中心、企業經營托育服務、家庭式日間托育、啟蒙計畫、幼稚園、托兒所、公立

學校附屬托兒所及課後托育等八種方式（Marhoefer & Vadnais, 1988; Reeves, 1992; Spedding, 1993）。

一、日間托育中心（Day Care Center）

大部分的日間托育中心提供三至五歲幼兒團體托育的服務，也有托育中心收托嬰兒、學步兒與學齡階段的兒童，還有一些提供五歲幼兒幼稚園的課程。在美國，日間托育中心是全年無休，每週五天，每天從早晨到傍晚進行收托。大多數的托育中心是由教堂或其他組織（如私人企業）所開創，由企業所創設的托育中心可分為營利與非營利兩類；也有一部分是被設立在父母工作的場所或由公立學校提供場地，較少是專門設計以符合日間托育目標的托育中心。但不管是以何種型態呈現，日間托育中心都必須接受法律的規範，以及州政府的管理與監督。

二、企業經營托育服務（Employer-supported or Employer-sponsored Child Care）

指由企業提供或贊助的托育服務，主要的托育業務通常由鄰近於企業、公司的日間托育中心或專門托育人員包辦；另外，有些雇主也會捐款補助兒童托育方案與員工的家庭政策，並提供托育資訊服務。但事實上，此種托育方式在美國並不盛行，只有極少數的企業雇主會提供這樣的服務。

三、家庭式日間托育（Family Day Care）

家庭式日間托育是指個別家庭所經營的托兒所，係以家庭為主要的托育場所，其收托對象由嬰兒、嬰幼兒至學齡前、學齡兒童均有；依收托人數規模分為一般家庭式托育與團體家庭式托育，主要照顧者即臺灣地區所稱的「保母」（baby sitter）。以一般家庭式托育而言，一位保母可以照顧一至六名兒童（包含他自己的小孩），而團體家庭式托育則收托六名以上的兒童，需要二位以上的保母。美國的保母證照制度，乃是只要接受訓練課程及托育環境安全合格，即可向當地政府主管單位申請執照，屬於登記

制，但在管理方面，並無相關法令和監督管理單位，且亦無一定要執照才能擔任保母的規定，因此仍有許多保母沒有執照（高義展、沈春生，2004）。

居家照顧（In-Home Care）也是家庭式托育的一種，由保母或專業托育人員在幼兒的家中提供半天或全天的照顧服務。居家照顧者常與家務工作者畫上等號，他們除了要照顧孩子之外，還要做家事。而「居家照顧」這個名稱在美國社會其實不為大眾所周知，事實上，很多的州與地方並沒有相關的法律來規範在家照顧這項「地下服務」（illegal-services）。

四、啟蒙計畫（Head Start Program）

啟蒙計畫是由聯邦政府專款補助，主要針對三至五歲的低收入戶（意指經濟狀況在貧窮線或貧窮線以下的家庭）兒童為啟蒙計畫的補助對象，而且不收取任何費用。此計畫在 1964 年提出，其主要目的在協助低收入家庭中的兒童能及早接受全面的托育服務（comprehensive care）。所謂全面的托育服務是結合養護性托育（custodial care）與發展性托育（developmental care）的托育型態，啟蒙計畫強調兒童認知與技能發展的重要性，並規劃符合聯邦標準的個人化課程，包括幼兒的健康、營養、教育、社會服務與父母參與等部分，以幫助兒童了解生活周遭環境。啟蒙計畫原則上是採全天、小班制的托育方式，而且十分重視父母的教育參與。從 1964 年實施啟蒙計畫至今，美國社會已經有 40%的三至五歲的低收入戶兒童接受啟蒙計畫的補助，得以接受良好的教育。

五、幼稚園（Kindergarten）

在美國，幼稚園通常是被設置在公立學校體系中，提供五歲以上（大部分是六歲）幼兒學習的教育方案，但有些幼稚園是透過私人經營或由托育中心提供。以各州而言，大多數的幼稚園都必須接受州教育當局的管轄。

六、托兒所（Nursery School）

以私人經營為主的托兒所，其收托對象以三至五歲的兒童為主，提供社會發展與教育訓練等方案課程，家長必須付費才能獲得托育服務。收托的時間通常是半天（有的只有三小時），每週二至五次。有些托兒所就像是「父母合作社」（parent cooperatives），需要父母參與托兒所的運作及協助教師的教學。一般而言，這些私人經營的托兒所是不需受到日間托育等相關的法律規定所限制。

七、公立學校附屬托兒所（Public School Preschool）

美國有超過一半的州提供公立學校附屬托兒所的教育設施，給予四歲以下、經濟與文化不利的幼兒有接受教育的機會。這些托兒所通常是半天制，依照公立學校的行事曆運作，並且是免費的服務。這項服務在目標上與啟蒙計畫相似，但其財源主要來自州政府或地方的專款補助，與啟蒙計畫由聯邦基金補助不同，且每間公立學校可以自主選擇是否興辦這項服務。

八、課後托育（After-School Care）

所謂課後托育，是給幼稚園以上的兒童（直到青少年階段），在上學前、下課後或學校不開放的期間，提供托育服務或教育活動的方案。課後托育在美國是由日間托育中心、家庭式托育、公立學校、青年休閒團體、宗教組織或其他社區團體等提供，通常是需要付費的。

除了上述這幾種托育方式之外，美國家庭還會將幼兒托育的工作交給配偶，當父母其中一人去工作時，由在家的另一人負責照顧孩子，或是將孩子交給他的兄弟姊妹、其他的親戚來照顧，有的父母也會將孩子帶到工作場所一邊工作一邊照顧。

根據「美國兒童：福祉的全國關鍵指標」（2011）（America's Children: Key National Indicators of Well-Being，引自 The Federal Interagency Forum on Child and Family Statistics, 2011）報告中指出，在 2010 年，48%的零至四歲

兒童是由父母親、祖父母、兄弟姊妹，或其他親屬照顧；24%的零至四歲兒童則接受機構式托育（Center-based program）的照顧，包括日間托育中心、托兒所、幼兒園、啟蒙計畫及其他早期兒童教育機構；而14%的零至四歲兒童則由家庭日間護理提供者或保母所照顧。2007年，則約55%的三至六歲兒童接受機構式托育的照顧。

從這項報告中可以得知，三至六歲兒童接受機構式托育的比率高達55%，而在零至四歲兒童的部分，由非父母或家中親屬照顧的比率也達38%，包含接受機構式托育照顧（24%）與由家庭日間護理提供者或保母照顧（14%），為了因應雙薪家庭的增加，使父母親安心工作，無後顧之憂，托育服務於是成為美國政府當局注重的兒童福利政策之一。

美國地大物博，相關的人口統計耗時耗力，家庭組成的樣態極為多樣化，聯邦政府的統計數據更新也較慢。依據美國統計調查局（Census of Bureau）2011年統計結果顯示（U. S. Census of Bureau, 2015）（表6-1）：美國五歲以下與母親同住的幼兒近兩千萬人，其中，比例最高的托育方式為祖父母照顧（23.4%），再其次為家長照顧（由母親或另一家長照顧的比例為21%），在美國社會，由家長和祖父母親自照顧五歲以下幼兒仍為主要的托育方式，由機構照顧的比例約為23.7%。機構式托育包含：日托中心（child care centers）、托兒所（nursery or preschools）、聯邦的啟蒙計畫（Federal Head Start Program）、幼稚園（kindergartens/ grade schools）。其他的托育類型還包含：到宅托育（nonrelative in child's home）、家庭式日間托育（family day care）、居家托育（other nonrelative in provider's home）、自行照顧（self-care）。若以幼兒年齡分析，一歲以下仍以家庭照顧為主，祖父母和家長為主要的托育方式，再其次為日間托育中心。一至二歲幼兒托由祖父母照顧的比例大量增加，再其次則是家長和日間托育中心。三歲以上的幼兒雖然仍以家庭照顧為主，但送托機構的比例有明顯增加，包含幼稚園、托兒所、啟蒙計畫。

表 6-1 2011 年美國五歲以下與母親同住的幼兒托育方式

單位：千人

	幼兒總數	母親照顧	另一家長	兄弟姊妹	祖父母	其他親戚	日托中心	托兒所	啟蒙計畫	幼稚園	到宅托育	家庭式日間托育	居家托育	自行照顧	不固定	多重選擇
總計	19,839	707	3,456	509	4,653	1,449	2,676	1,190	175	950	728	927	626	25	7,792	3,623
幼兒年齡																
小於一歲	3,484	152	611	75	842	218	319	12	12	0	118	190	144	0	1,521	522
一至二歲	8,367	292	1,426	210	2,149	770	1,314	204	31	0	362	394	252	0	3,128	1,616
三至四歲	7,988	263	1,419	224	1,644	460	1,043	975	132	950	247	343	230	25	3,145	1,485
家庭收入（月薪）																
低於 US$1500	3,241	120	408	109	659	396	279	85	43	188	113	90	88	3	1,558	550
US$1500-2999	3,777	91	642	97	837	337	432	142	55	176	42	126	160	12	1,640	618
US$3000-4499	3,016	107	679	96	747	212	369	158	33	129	43	106	120	6	1,210	620
$4500 以上	9,053	352	1,676	191	2,280	463	1,542	781	38	421	504	584	236	5	2,953	1,770

資料來源：U. S. Census of Bureau (2015).

第五節　美國托育服務的問題

　　從美國托育服務發展的歷史觀之，美國在托育服務政策的制定上，由於受到多元意識型態的干擾與各方利益團體的競爭，使得托育服務在福利服務領域上的表現無法令社會大眾滿足。除了各州自主導致各州托育服務的管理標準與水準不一，城鄉差距與家戶社經地位的貧富懸殊現象，也使得托育服務逐漸走向市場化的趨勢，付費能力成為家長選擇托育服務的重要因素，形成中、上階級家庭有能力選擇適合的、高品質的托育服務，而貧窮家庭卻因為居住地區內鮮少有合法的托育服務，即使獲得財源補助（如受扶助子女家庭補助方案），也無法提供家長選擇高品質托育服務的機會。因此，以下即針對美國托育服務歷史脈絡與現況，提出其主要問題（Spedding, 1993）。

一、國家管理不一定會帶來高品質的托育服務

　　在美國這個缺乏全面托育政策與一致性托育服務管理標準的國家，三家被國家委任的機構，擔負起評估美國兒童托育服務品質的責任，並企圖整合這些機構的研究發現，以建立美國聯邦托育服務品質標準，但事實證明這樣的努力沒有成功，各州仍舊各行其是，採取不同的品質管理標準。

(一) 國家幼兒教育協會（National Association for the Education of Youth Children，簡稱 NAEYC）

　　NAEYC所設立的品質管理標準包括：托育人員與兒童的互動、課程、行政、親師互動、托育人員的資格與專業發展、托育環境、兒童的健康安全與營養等項目。1991 年，通過 NAEYC 標準的托育中心有 1,800 家，但是NAEYC評估的對象只針對日間托育中心、托兒所、啟蒙計畫中心（Head Start Center）等，家庭式日間托育與在家照顧則不在評估範圍內。

(二) 美國家庭式日間托育協會（National Association for Family Day Care，簡稱 NAFDC）

NAFDC 於 1988 年成立，其研發出來的托育品質標準包括：互動、安全、健康、室內／外的遊戲環境與專業責任等。較特別的是 NAFDC 還採用托育機構自評與家長評量等方式，以了解托育服務的品質。

(三) 兒童發展協會（Child Development Association，簡稱 CDA）

CDA 也與前兩者一樣有自行研究所得的托育品質標準，派遣由幼教專家與父母組成的團隊，針對托育機構的各項功能進行評估。在 1970 年代，通過 CDA 團隊的評估而獲獎者達到三萬人次。

二、合格托育專業人員的短缺情形嚴重

根據 1989 年美國兒童托教人員研究（National Child Staffing Study）的結果指出，受過優良訓練的托育專業人員與托育服務的品質有顯著的相關，而且良好的工作環境將有助於降低托育人員的憂慮程度。此項報告也指出，美國國內的托育專業人員接受正式教育年數在平均水準以上，但卻只賺取貧窮線水準（poverty-level）的薪資與鮮少的福利津貼，由於工資低等因素的影響，使得托育人員的流動率在 1980 年代增加三倍，在 1988 年達到 41% 的人員流動率。人員流動率如此高的結果，造成這些日間托育中心所提供的托育服務品質僅僅是差強人意而已。

此次研究也發現，幼兒吸收的經驗將與他們的照顧者有直接相關，進入低品質托育中心的幼兒——尤其是那些人員流動率高的托育中心——他們在語言與社會發展等表現上都比進入高品質托育中心的幼兒差；事實上，對於托育人員或是幼兒本身，高品質的托育服務都有賴於良好的環境來提供。

三、托育方式多元，各州管理不易

　　美國國內的托育服務普遍以家庭式日間托育為主，這種非正式的服務在幅員遼闊的地區有其便利性，而集中式的托育和照顧仍以都會區居多，但是因為家庭式日間托育不易管理，政府單位也較難監督日間托育的品質。另外，機構式托育（center-based program）也有教保人員流動率高、托育環境不良等因素，導致難以僱用或留住專業托育人員，這些因素都影響著機構式托育的服務品質。

四、注重人員的資格，但忽略托育專業人員在職進修與教育訓練

　　以幼稚園為例，目前美國各州規定幼稚園教師之學歷必須為四年制大學院校畢業外，另外有 16 州規定除了大學院校畢業外，學生必須修畢所規定之幼兒師資培育課程，才能參加幼稚園教師檢定。相較之下，只有 20 州要求托育中心專業人員必須為四年制學院以上的學校畢業（Doherty, 2002; 引自高義展、沈春生，2004），其他則為修畢四年制大學院校及社區學院前兩年之學生，另有少部分教師只有高中畢業，而其他非教師之工作人員則沒有任何學歷之限制。由此可知，各種托育機構對於其專業人的資格都有一定的限制，但是卻鮮少規定其專業人員須接受在職進修或教育訓練，以提升其托育服務之專業能力。

　　針對以上幾點問題，對於增進幼兒托育服務的品質與改善托育人員的工作環境有以下建議：

1. 增加幼兒托育專業人員的薪資。
2. 促進幼兒托育人員在職進修的機會。
3. 在收托人數比例、在職進修、教育訓練與薪資等規定上，採用州政府或聯邦所訂定的標準。
4. 發展包含不同托育方式的管理指標，將可以減少不同托育方式在品質上的不一致。
5. 提升公立教育體系、正視良好教育訓練、適當工作薪資的重要性。

第六節　結論與建議

　　以上從美國托育服務的發展史、定義、目標、方式、現況及問題進行的整體性探討，並提出以下幾點結論與建議（馮燕，1997；Hayes, Palmer, & Zaslow, 1990; Reeves, 1992; Spedding, 1993）。

一、結論

(一) 缺乏普遍的、有品質的托育服務

　　對兒童、家長和家庭而言，美國現今的兒童托育服務尚無法達到基本的標準，也無法滿足社會整體的需求。究其原因，可發現唯有少數人能夠得到符合他們所需的托育服務，而大部分的人卻無法順利的得到適切的托育服務。對社會中各種不同角色，一般可被接受的托育服務應將兒童、家長和社會整體的需求考慮在內，包括有優良的品質、有立即性和前瞻性、考量到健康與福祉，最重要的是，這些托育服務必須能被家庭接受。完善的托育服務應能讓需要或者想外出工作的家庭有選擇的機會，另一方面，它能夠增進家庭中的經濟狀況，使父母們在個人和職業上都能順利發展。即使兒童的適當照顧和撫育需要整個社會付出龐大的經濟成本，但是為了我們今日的兒童和明日的父母以及勞動者，政府還是必要仔細斟酌並盡快施行。

(二) 托育服務品質與幼兒發展息息相關

　　大多數接受托育中心照顧的幼童，較容易因為適當的托育空間不足，環境設備不適合幼兒發展，而導致幼兒在健康和安全上的問題。品質匱乏的托育服務在數量上遠多於個別方案或個別安置，而這些品質低劣的托育服務會造成幼兒在身體和心靈上的不良發展，尤其是在低收入或是少數家

庭中，這些情況更是屢見不鮮。在所有的服務類型中，不管這些托育服務的類型是在家照顧、公立學校附屬托兒所、托育中心和家庭式日間托育，以及營利或非營利托育機構等，都可以發現幼兒托育的服務品質有嚴重良莠不齊的現象。

(三) 低收入等弱勢家庭的托育服務亟待改善

安排有品質的托育服務對大部分的家庭而言是非常困難、沉重且耗時的工作。對於低收入等弱勢家庭問題更加嚴重，因為收入有限導致他們可購得的托育服務時間和品質相對上受到很大的限制，同時家長的工作不穩定，或從事非固定工時的工作，使得一般的托育服務更難滿足其特殊需求。對於這些家庭而言，他們在托育照顧的選擇上受到很大的限制，這些不適切的托育照顧又使得這些問題繼續惡化。因此政府應提出特殊境遇家庭的兒童托育需求和公共政策，讓這些社會不利的家庭能夠得到接受改善的優先權。

(四) 多元化的托育服務提供家長多樣化的選擇

美國兒童托育服務的特色就是它的多元性。而目前的托育體系中呈現的是供給者、方案和贊助機構的總和，它們之間只有極少的互動，且彼此沒有共通的目標和方向。這種多元性的發展可以成為增強托育機構的一種來源，為了滿足所有的兒童和家庭的需求，多元性的特質也能夠為各體系間的調和帶來一線生機。從正面來說，多元性意味著除了家庭之外，家長在托育照顧方面仍然有相當多的選擇，但就負面而言，多元性代表的就是托育的品質、成本和可近性都有極大的差異。家長對於子女的扶養與其在托育照顧中的選擇都是很重要的，但是必須要在托育、合作的服務中取得平衡，以確保所有需要托育服務的家庭都能獲得他們所需的品質和可負擔性。

二、建議

(一) 聯邦政府在與各州的合作關係中，應提升補助津貼以支持低收入家庭對優質的兒童托育方案與配置之使用

　　對於許多家庭而言，幼兒托育服務有時會成為家長在工作或就業時的負擔，因此，若要針對此問題對症下藥，政府必須在政策中考量低收入家庭中的就業問題，以協助他們達成經濟自主。有許多特殊的基金機制可協助低收入家庭的幼兒托育，例如改變相關的托育賦稅規定以滿足低收入家庭的需求；透過一些完善的托育政策，如「社會服務基金」（Social Service Block Grant）對幼兒提供額外的支持；藉由公立學校制度提供低收入家庭兒童更多接受托育服務的機會。

　　這些特殊的基金補助款都是以協助低收入的幼兒托育為主軸，每個政策中都以能夠呈現品質、可近性和可負擔性為主要的三個目標。

(二) 在聯邦政府與各州的合作關係中，應增加「啟蒙計畫」和其他補償性方案，以提供協助早期教育不利之三至四歲兒童

　　在啟蒙計畫和其他主要的評估研究長達 20 年的經驗裡，提供了早期教育一些有說服性的證據。這些方案的施行幫助了那些處於低收入家庭的兒童，使其在未來的學業成就上能夠有更多成功的機會。由此可知，聯邦政府的確該擴展啟蒙計畫，讓所有三至四歲家庭狀況不利的兒童都能得到發展所需的服務；除此以外，啟蒙計畫也可以結合社區的兒童托育方案，提供更擴展的日間照顧服務以方便在職場上的家長們。另外，可以和公共或私立的學校及托育方案合作，以確保低收入和家庭不利的孩童們都能得到適切的服務。對於無法在健康、教育、社會服務等方案中得到完善照顧的兒童，也該為其提供補償性的教育方案。

(三) 政府在各方面應和雇主及其他私部門的團體合作，共同投資以強化兒童托育體系的公共設施

聯邦政府略述了幾項強化兒童托育公共設施的步驟：

1. 發展托育資源和資訊交流的服務。
2. 改善托育人員的訓練及薪資。
3. 鼓勵家庭式日間托育機構的發展並與其合作。
4. 發展「購買憑證」（vendor-voucher）方案（即國內的「幼兒教育券」）。

提升兒童托育品質的可近性，使低收入家庭能依賴兒童托育體系，並達成所有家庭和幼兒不同的需求。另一方面，改善托育服務的品質以配合消費者和供給者，並提供資訊及參考資料給家長，支持各層級政策、方案和資源的計畫合作，以便提供高品質和家庭可負擔的服務。

(四) 聯邦政府應著手發展全國統一的幼兒托育服務標準

許多大規模和發展中的科學性研究和專業訓練，已肯定兒童托育品質在兒童發展中的重要性。因此，評估托育服務品質時應注意的因素包括班級師生比、團體大小、照顧者的資格證照及空間結構，分別敘述如下：

1. 班級師生比：對嬰幼兒及學步兒來說，師生比不應超過 1：4；對於二歲的幼兒其師生比應介於 1：3 至 1：6；三歲的幼兒師生比應介於 1：5 至 1：10；四到五歲之間的幼兒師生比應在 1：7 至 1：10。
2. 團體大小：孩童們常常可以藉由與同儕的社會互動中受益，然而，太大的團體並不能促進同儕間的正面互動和社會發展。在幼兒初入學時，同儕的團體大小約介於六至八人最為理想；一至二歲時，最適之團體人數為 6 至 12 人；三歲時可接受範圍在為 14 至 20 人；四到五歲時約為 16 至 20 人。
3. 托育人員的訓練和經驗：在兒童托育中心、家庭式日間托育所和公立學校為主的方案中，托育人員都應接受兒童發展理論和實習的訓練。一般

而言，托育人員接受的教育訓練愈充分長久，愈能促進其本身及幼兒的發展。

4. 托育環境及設備：在空間環境上應有良好的規劃、組織、區別性和符合幼兒使用的設計。對於特別的活動，家庭式日間托育或幼兒托育中心也該包含特殊的設計和安排，如美術桌、戲劇角落、閱讀角落、積木角落等。所有的設備和玩具都應符合幼兒年齡，使不同年齡的兒童能夠適當的使用。

近來許多州的規定都有大幅的改變，其中有關幼兒健康和安全的保護與增進幼兒認知與社會發展的措施，均已納入一些州的法令規定，成為不可或缺的部分。但不幸的是因為某些經濟或政策性層面的介入，因此使得某些州尚無法順利施行這些政策。

(五) 聯邦政府對於家中有剛出生至一歲的嬰幼兒，在職的家長應能享有法律保障的親職假

心理學的研究證實，幼兒早期與雙親建立正向依附關係對其情緒穩定發展相當重要。若家長有充足的時間和精力投注於孩子身上，將有助於親子關係的培養，因此，聯邦政府應讓家中有一歲以下嬰幼兒家庭的父母親能夠享有法律保障的親職假。顯然的，國家應肩負起提供有品質的嬰幼兒托育方案之責任。國家的兒童托育政策應該提供家長保母或托嬰中心以外的其他選擇，包含讓家長們在家中自行照顧幼兒。

因此，現階段首要的就是建議美國政府推行從嬰兒出生至一年內，持續的醫療補助津貼和工作保障，提供家長給薪的休假，讓全時工作的家長能夠選擇留在家中照顧他們的新生兒。沒有薪資的育嬰假對某些家庭來說，可能會因為經濟壓力而使這個計畫無法施行，政府若能將這樣的計畫列為政策，給付薪資給休假的新生兒家長，將可使父母減輕照顧幼兒的壓力。

前第一夫人希拉蕊指出，解決母親外出工作所引發的兒童照顧問題，是整個美國社會應該負的責任（呂麗蓉譯，1996）。政府方面應將父母用於托兒育兒之費用納入稅賦減免額，並補助低收入雙薪家庭托育所需費用。

工商界應提供員工托兒服務或相關之津貼，並採彈性工時及親職假等制度以協助父母善盡育兒責任。父母除善盡職責外，也應扮演監督托兒中心品質的角色，透過各方的關注與付出，以因應未來美國社會變遷所需要的托育服務。

 **課後練習**

一、美國托育服務的發展分成哪幾個時期？請列舉每個時期的重要事件與影響。

二、美國的托育服務方式有幾種？其內容為何？

三、請敘述美國托育服務的問題，並就品質提升提出建議。

中文部分

呂麗蓉（譯）（1996）。R. C. Hillary 著。**同村協力：建造孩童的快樂家園**。臺北：遠流。

何慧卿、趙詩瑄、陳一惠（1997）。中美托育服務現況之比較。**兒童福利論叢，1**，75-105。

高義展、沈春生（2004）。美、法兩國學前教育制度之比較研究。**美和技術學院學報，23**（2），75-94。

郭靜晃（2004）。**兒童少年福利與服務**。臺北：揚智。

馮燕（1997）。美國的兒童照顧體系。載於馮燕（主編），**托育服務：生態觀點的分析**（頁 379-414）。臺北：巨流。

英文部分

CCB (2005). *Child care bureau: General information.* Retrieved from http://www.

acf.hhs.gov/programs/ccb/geninfo/ccbhist.htm. Washington, DC: Author.

CWLA (2005). *CWLA* (*Child Welfare League of America*)*: Child care and development.* Retrieved from http://www.cwla.org/programs/daycare/default. htm. Washington, DC: Author.

Hayes, C., Palmer, J. L., & Zaslow, M. J. (1990). *Who cares for America's children?* Washington, DC: National Academy Press.

Kerr, V. (1973). One step forward-two steps back: Child care's long American history. In P. Roby (Ed.), *Child Care-Who Cares?* (pp. 157-171). New York: Basic Books.

Lerne, S. (2010). *Will Obama help you get decent child care?* Retrieved from http://www.slate.com/articles/double_x/doublex/2010/02/will_obama_ help_you_get_decent_child_care.html. New York: Slate.

Marhoefer, P. E., & Vadnais, L. A. (1988). *Caring for the developing child.* New York: Delmark.

NAEYC (2005). *NAEYC* (*National Association for the Education of Young Children*) [*Child care and development block grant*]*.* Retrieved from http:// www.naeyc.org/policy/federal/ccdbg.asp. Washington, DC: Author.

NICHD (2003). Does amount of time in child care predict socioemotional adjustment during the transition to kindergarn. *Child Development, 74,* 976-1005.

Reeves, D. L. (1992). *Child care crisis: A reference handbook.* California: Santa Barbara.

Spedding, P. (1993). United States of America. In M. Cochran (Ed.), *International handbook of child care policies and programs* (pp. 535-558). London: Greenwood Press.

The Federal Interagency Forum on Child and Family Statistics (2011). *America's children: Key national indicators of well-being 2011.* Retrieved from http:// www.childstats.gov/americaschildren/index.asp. Washington, DC: Author.

U. S. Census Bureau (2010a). National population by race United States: 2010. Retrieved from http://2010.census.gov/2010 census/data/

U. S. Census Bureau (2010b). Age and sex composition: 2010. Retrieved from http://www.census.gov/prod/cen2010/briefs/c2010br-03.pdf

U. S. Census of Bureau (2015). *Child care arrangements of preschools under 5 years old living with mother (spring 2011)*. Retrieved from https://www.census.gov/data/tables/2008/demo/2011-tables.html

U. S. Department of Labor (2005). *DOL [FMLA]*. Retrieved from http://www.dol.gov/esa/whd/fmla/. Washington, DC: Author.

Weinstein, A. (2009). *Obama on early childhood education.* Retrieved form http://www.education.com/magazine/article/Obama_Early_Childhood_Education/. California: Education.com

Women's Bureau (2005). *Women's Bureau [Other benefits].* Retrieved from http://www.dol.gov/dol/topic/benefits-other/childcare.htm. Washington, DC: Author.

第 **7** 章

托育環境的
規劃與設計

➡葉郁菁、林麗員

　　童年是生命週期中一個獨一無二且有價值的階段。

我們最重要的責任是提供幼兒一個安全、衛生、保育和感性的情境。

我們承諾經由珍視個別差異、協助幼兒學習合作的生活和工作，

並增進其自尊，以支持幼兒的發展……。

——美國全國幼兒教育協會（NAEYC, 1989; 轉引自湯志民，2003）

第一節　托育環境的定義

　　所謂環境，一般是指設施之類的物質空間，如住家、學校、工作場所等，然而學者認為應包含社會性及非社會性的環境（馮燕，2001），根據三民書局《大辭典》的定義，「環境」指的是：泛指人類賴以生活的空間及其一切天然資源、人為因素。環境重要成分概括所有的空間、設施和設備。張春興（1990：349）認為：環境乃指個體生命開始之後，其生存空間中所有可能影響個體的一切因素。依「日本幼稚園教育要領」，日本幼稚園教育的基本原理係依據幼兒的發展特性，透過環境而實施，而這裡所說的環境包括：遊戲器材、玩具、教具等所有「物質的環境」，與幼兒、教師等「人的環境」，以及環繞在幼兒四周，幼兒所接觸的「自然和社會現象」，人與物交互作用所培養出的氣氛、時間、空間等一切環境（黃朝茂譯，1992）。一個適合幼兒成長的豐富環境，應該是充滿了教具和適齡適性的教保活動，除此之外還需要深切了解幼兒心理和生理發展的托育人員，能在適當的階段提供適合的教導。托育環境包含硬體及軟體設備，由適當的軟、硬體建構出兒童生長的空間，創造出兒童生長的人文氣氛；幼兒在此托育環境中接受認知的教導、心靈的滋養、形塑人格以及發展社會智能等。

第二節　環境的分類

壹、物理環境

在托育機構中，舉凡空間的安排、物品的材質、動線的設計、教具的種類、情境的規劃、遊樂設施、遊具設計等均稱之為物理環境。幼兒園物理環境在學習歷程中是一個很強的力量，並強調：幼兒是幼兒園環境統整的一部分，很難將幼兒從環境中分離。如果環境情境是激勵和滿足的，幼兒態度是輕鬆而舒適，而且環境中備有幼兒工作所需的工具，那麼學習將是一個自然的歷程。古諺「工欲善其事，必先利其器」，其實這裡所謂的「器」，可引申為物理環境中的工具，能夠提供完備而且適合的工具，幼兒自然能藉著工具實現課程的目的，也就可以使兒童成為一個有能力、富成就感、充滿信心的人。

幼兒藉由在物理環境中遊戲、探索、觀察、觸摸、操作，不僅僅只是滿足了其身體發展技巧的機會，並可以提升與培養幼兒的創造力及社會情緒，同時物理環境的規劃得當對於幼兒認知的發展也有很大的幫助。通常在托育機構環境的設施上，物理環境對幼兒的影響較不被重視，因為法規對於設備標準有著明確的規定，規劃適合幼兒身心發展及適當的物理環境有助於幼兒學習和發展，足為所有教保者共同深入探討此一情形。

貳、人文環境

人文環境是托育機構裡教保服務人員與幼兒共同創造出來的機構文化，包括氣氛、感覺、態度等。在這個共同的空間裡，凝聚並形塑團體意識、團體感情以及團體的力量；在這樣的環境中，成人與幼兒一起共創學習的模式、互動的方法、對待的方式。人文環境對幼兒的影響更是隱而不語，然而其影響性卻更加深遠。幼兒在發展的過程中，會將身邊成人的言行舉

止積極的模仿與學習，因此幼兒的主要照顧者及教保者之身教與言教、對待幼兒的方式均是重要的影響力。

高品質的托育環境，應具備豐富的人文環境。McCown、Driscoll 與 Roop（1996）認為高品質的托育機構應具備：

1. 一群穩定、溫馨且訓練有素的工作人員，有充分時間與幼兒互動，和幼兒發展積極的依附關係。
2. 健康和營養的運作。
3. 適合幼兒年紀與安全的硬體環境。
4. 適當且有助發展的活動。
5. 鼓勵父母參與。
6. 具有文化敏感度。

由此我們可以得知，一個適合幼兒的人文環境將有利於學習與成長。

第三節　托育環境的重要性

嬰幼兒自一出生即與周遭的環境發生密切的互動，環境與人們產生隱而不語的交互作用。環境會改變我們的心情與感受。在一個愉悅的情境裡，我們感覺滿意；在不愉快的情境裡，則不快樂並急著想離開。同樣的，教室的環境影響幼兒感覺方式、行為的表現和其所學。如果我們想要幼兒操作教具或學習的過程可以感覺勝任，我們必須提供一個適合幼兒發展的情境；如果我們希望幼兒可以產生合作行為，就必須設計一個促進同儕合作的環境配置；如果我們想要鼓勵幼兒學習，環境必須充分允許幼兒自由探索（湯志民，2003），而此環境，需要使幼兒在其中感到安全，並具有正向氣氛與意義（教育部，2016）；幼兒需要環境給予某些刺激、遊玩、成功的機會，和發現與環境互動的關係（馮燕，2001）。從發展的觀點來看，早期的生活環境對幼兒人格與生理的發展，甚至與他人互動的社會情緒等，有很大的影響。環境對於幼兒非常重要，教育部因應幼托整合政策編制的

《幼兒園教保活動課程大綱》中即指出，幼兒園宜配合教保活動課程內涵及幼兒的發展狀態，從幼兒所處的生活環境中選材，規劃設計符合幼兒生活經驗的活動（教育部，2016）。Pappalia（1992）也指出，即使是基因的遺傳功能，也會在不同的環境中有不同的呈現。Mandler 與 Plomin（1990）等的長期及跨文化研究，亦指出早期的成長環境對幼兒的發展具有顯著的影響力（引自馮燕，2001）。因為環境中的人、事、物與幼兒成長息息相關，豐裕化的環境、適當的刺激、溫暖充足的愛，如此將提供幼兒生理與心理的養分，對於智能的提升與情緒的穩定具有正向的影響。Bandura 的社會學習理論（Social Learning Theory）提及，人在成長的過程中，並非完全處於被動的角色，環境會影響人的發展，而人們也會對環境產生影響。人不斷與環境產生交互的影響，愈是有利的環境，愈能造就正向的人們，而一群正向的人們愈能使環境變得更適合居住。

壹、良好的托育環境對幼兒智能發展的影響

　　早期環境對幼兒成長扮演著相當重要的角色。Osborn 等人（1987）的研究探討不同的學前托育環境是否對幼兒的智能發展有影響，研究結果發現托育環境會影響幼兒發展的成效。在幼兒發展的過程中，個體的生理特徵，如體型、血型、髮膚和五官等來自遺傳的影響，而健康、智力、人格等個人特質，就不是遺傳單一因素的影響，而是遺傳與環境因素交互作用的結果（引自黃慧真譯，1994）。

　　品質良好的日間托育機構，對於幼兒的智力發展有正面的影響力，並且持續至小學一年級（引自馮燕，2001）。因此，無論是家庭照顧、居家托育或者機構式托育的托兒，營造一個高品質的環境，將有助於提升幼兒的智能發展。所謂高品質的托育環境，應當包含優良的物理環境及適當的人文環境。Goelman 與 Pence（1990）在加拿大維多利亞區以 105 個幼兒資料，比較有執照的家庭托兒、無照家庭托育與有照托育中心照料幼兒的社會發展（合作與遊戲）與語言發展，結果發現各種托育類型組內部的變異量，大於類型組間的變異量。主要的原因是各種托育環境的品質良莠不齊，

因此證實托育環境品質與幼兒發展有正相關（引自馮燕，2001）。

　　環境對幼兒是一種潛移默化的作用，環境會改變兒童發展的「質」。幼兒的行為模式、思考方向、潛在氣質的發揮都受成長初期所處環境影響至深。從「境教」的觀點來看，幼兒學習環境是一種潛在課程（hidden curriculum），一種會影響學生學習的「靜默課業和訊息」（McCown, Driscoll, & Roop, 1996），環境對於幼兒的影響事實上不亞於顯著課程。Froebel 也相信預備的環境具有教育幼兒的力量（Seefeldt & Barbour, 1994）。Poston、Stone 與 Muther（1992）指出學校教育的環境脈絡是教學與學習成功的重要因素，給予適切的設施和環境，教學與學習將生氣蓬勃（引自湯志民，2003）。

　　影響幼兒智能發展的因素固然不可從單一面向來說明，遺傳因素、環境因素、遺傳和環境交互作用、個人的努力突破不良遺傳與不良環境等，都相關著智能發展的結果；然而不可忽視的是許多家庭依然存在著「龍生龍、鳳生鳳」的刻板觀念，這樣的現象也許就說明了良好的生長環境提供幼兒較為充足的引導與刺激，而環境中的引導者給予幼兒鷹架的功能，讓孩子可以在既有的基礎上繼續發展，如此的環境對幼兒智能的發展應該是有著正向的影響。

貳、良好托育環境對幼兒情緒發展的影響

　　幼兒未來成長後與社會的關係是否平衡？生活是否開放積極？端賴童年時代健全的社會環境和學習環境提供的充足養分（胡寶林，1998）。嬰幼兒時期的幼兒亟需成人的情感滋養，充足的擁抱、適度的讚美、鼓勵而溫暖的眼神，對幼兒的學習與人格的養成有著非常大的影響。一個有利的環境是能夠鼓舞幼兒的學習動機，有動機沒環境的幼兒或許可以創造出環境來，但是有環境沒動機的幼兒長大之後卻可能會一事無成（洪蘭，2004），而提供一個可被幼兒接納的安全環境，能培養幼兒對自我及他人的情緒覺察，並使其能適當的表達自己的情緒（教育部，2016）。因此良好的托育環境應該是能夠給予幼兒穩定感、溫暖以及支持和接納，讓幼兒

可以說出內心的感受，可以在適度的範圍內探索而不被侷限。

幼兒需要溫暖、鼓勵及充滿愛的環境。孩子只有一個童年，只成長一次，給他一個溫馨的家庭，會使他對自己有信心，對人生有希望，這也是幼兒成長過程中重要的精神支柱（洪蘭，2004）。幼兒在托育機構中所需要的是如家庭般的感受，教保人員並非取代父母親的角色，但是卻需要替代父母親給予幼兒精神依靠，讓幼兒積極、勇敢、滿懷信心的面對失敗與成功。一個有利的托育環境同時能夠滿足幼兒的好奇心、珍惜幼兒探究事物的熱情，如此才能培養幼兒的創造力。

幼兒生長環境空間的適當度也將影響幼兒的情緒發展，過於擁擠的環境也將使得兒童的攻擊性增強。若太多幼兒共同使用一個空間以及空間裡的物品，空間的窘迫將使得幼兒易於與他人碰撞，容易產生衝突，而過度的等待原本就不是幼兒現階段所具有的特質，因此空間分配及物品的配置同樣是環境中重要的一環。

教保人員或是幼兒的主要照顧者在幼兒成長的期間，若能給予幼兒足夠的情緒支持，建立安全依附感，往往是幼兒在探索環境時是否有安全感的重要指標。在托育機構中，教保人員若能提供一個適合幼兒成長的環境，讓幼兒感受溫暖、發展穩定的依附關係，幼兒將可由此得到愉快、滿足；若幼兒能夠順利發展安全依附，將可提升他們的自我信任，增加對他人的信賴。若能在幼兒成長過程中持續提供有利而穩定的環境，這些良好的成長環境對個人情緒發展仍會產生持續性的影響直到成人時期，因此成人應該重視環境對幼兒人格形塑和安全依附的重要性。

參、良好托育環境對幼兒社會發展的影響

學校及托育機構是幼兒社會化的重要場所，幼兒可能從中獲得正向或負向的啟發（馮燕，2001）。家庭與托育機構是幼兒社會化的開始，幼兒在托育環境中是否可以學習與他人互動，環境中是否鼓勵互動的機會、是否讓幼兒易於與他人合作互動及討論分享，這都將影響幼兒社會化的發展。

在環境中，幼兒與教保人員產生的信賴感與安全感，將影響幼兒日後

與他人互動的品質；當幼兒願意信任環境時，他也會較樂於與他人溝通或分享，如此可以促進幼兒的口語能力及社會化發展。一個社會化發展良善的幼兒，較能夠享受朋友間的親密感，也較樂於認識別人，了解除了自己以外的人、事、物，如此一來可增加待人處事時的包容力，同時可以增加他們在環境中同化與調適的能力；一個可以視情境改變而調適自己行為表現的人，也是一個高度社會化的人。無論在家中或者托育機構裡，生活在一起的人需要營造共同體的感覺，也就是說，相關的人都能夠一起分享喜悅、祕密、幸福或者分擔憂愁、憤怒與恐懼，相互有歸屬的感覺，如此才能有利於幼兒建立信任感，與社會產生良好的互動關係。

空間規劃得當、適度的空間密度，可以促進幼兒與同儕的互動機會，因此在環境中善加規劃空間的動線與隔間，將影響幼兒與他人接觸或共事的情形。從兒童發展的觀點來看，早期成長環境的良窳和嬰幼兒時期與人互動的經驗，都對一個人的人格、能力，甚至生理發展順利與否有很大的影響（馮燕，2001）。因此，為幼兒預備一個適當的環境，對兒童日後的發展扮演著重要的角色。

環境對幼兒是如此的重要，因此成人應準備一個溫馨、安全、有利的學習環境，讓幼兒順利而自然的發展。幼兒在與環境互動中產生的交互作用，不但可促使個體改變，因為幼兒對環境的需求，可能促使環境的改變。

肆、良好的托育環境對幼兒美感發展的影響

2012 年 1 月 1 日起實施幼托整合政策，教育部研編《幼兒園教保活動課程大綱》，在此課綱中，將「美感」、情緒、社會、語言、認知、身體動作與健康共同列入六大領域中，並明言美感的學習需要有充滿感官刺激及豐富的藝術環境與材料。教保人員必須提供富有創造性的藝術空間及環境，以此方式鼓勵幼兒運用感官探索環境。人文環境中的建築雕塑、每日生活中使用的器具，都可以是美感啟發的來源。教保人員規劃美感環境時，需營造豐富的美感環境，考量充足的時間和空間，依幼兒的特性提供適齡適性的藝術活動與素材，讓幼兒有感官探索的機會，與其他空間的相容性

及相斥性。教保人員在環境規劃時需要保持敏銳的心，以幼兒的想法和感受為主，以維持幼兒對環境的好奇與探究（教育部，2016）。

第四節　嬰幼兒意外傷害與死亡

、兒童死亡原因

　　安全是幼兒成長過程中最大的需求，因此在規劃環境時應以幼兒的角度來檢視設施與設備的合宜性。依據衛福部社家署（2018）公布之 0 至 17 歲兒少死因分析，2017 年共有 1,387 位兒少死亡，其中病死或自然死人數 1,060 人（占 76%），非病死或非自然死亡人數 327 人（占 24%），其中非自然死亡人數以事故傷害致死比例（75%）最高，且因機動車事故死亡人數 120 人即占事故傷害比例的一半。事故發生的時間可能只在千分之一秒，造成的卻是永久殘障或死亡，讓社會付出許多成本（表 7-1）。所以必須提升成人對幼童安全的意識和行為能力，讓大家有「事故傷害是可以預防」的觀念，著手改善托育環境安全。意外傷害的發生不限特定場所，意外傷害也不全然發生在室外，室內安全和戶外安全一樣重要。幼兒各方面發展都不完全，對危險的認知、警覺性與反應能力都比較差，但幼兒精力充沛、凡事好奇又好動，若成長的環境設計不以幼兒發展為考量點，發生事故的機率可能相對提高。因此，教保人員在托育環境的設計上應充分了解幼兒的身心發展，適度滿足生理活動的需求，滿足幼兒好奇心，但是又不至於造成危險。例如幼兒無不愛玩水，教保人員在為其準備戲水區時，需嚴防水位過高、水道滑溜與寬度應適宜，不因擁擠造成傷害，如此既可滿足幼兒戲水的樂趣，又不致引發危險。活動時，在各種設備的下方，皆應鋪設適當厚度的保護墊，避免幼兒墜落造成嚴重傷害。平日教保人員即應灌輸幼兒安全概念，建立適當的活動規範可避免擦撞、碰及跌倒等意外發生，並應教導孩子如何免除生活中的危險因素，隨時隨地進行機會教育，以建立幼兒保護自己的能力。

表 7-1　0-17歲兒童及少年死亡人數

單位：人

	合計	非病死或非自然死	事故傷害	運輸事故	機動車事故	意外中毒	意外墜落	火及火燄所致	意外之淹死及溺水	呼吸的其他意外威脅	暴露於自然力	其他及未明示之非運輸事故與後遺症	自殺	他殺	其他	病死或自然死
94年	2,330	649	557	294	289	8	25	24	114	44	-	48	32	42	18	1,681
95年	2,100	616	528	301	290	6	27	28	72	60	2	32	25	47	16	1,484
96年	1,958	479	418	238	231	6	15	23	60	45	1	30	25	21	15	1,479
97年	1,904	458	385	205	192	2	33	12	68	47	3	15	23	25	25	1,446
98年	1,822	512	439	179	166	6	12	16	59	35	112	20	30	19	24	1,310
99年	1,533	385	316	179	172	11	15	11	56	34	-	10	27	19	23	1,148
100年	1,664	344	287	158	148	6	27	7	41	33	1	14	24	15	18	1,320
101年	1,693	376	290	146	139	1	17	13	59	44	-	10	30	29	27	1,317
102年	1,528	328	269	145	139	4	15	12	41	39	-	13	20	17	22	1,200
103年	1,469	328	275	136	123	6	14	13	36	52	-	18	14	16	23	1,141
104年	1,491	272	205	94	83	6	14	11	22	42	1	15	23	31	13	1,219
105年	1,472	307	239	115	109	4	8	9	20	39	35	9	29	19	20	1,165
106年	1,387	327	245	132	120	3	23	9	24	43	3	8	35	27	20	1,060
106年死亡人數結構比	100%	24%	18%	10%	9%	0%	2%	1%	2%	3%	0%	1%	3%	2%	1%	76%
106年非自然死亡結構	---	100%	75%	40%	37%	1%	7%	3%	7%	13%	1%	2%	11%	8%	6%	---

資料來源：衛福部社家署（2018）。

貳、事故傷害

賴怜蜜、張立東、蔡明哲、謝秀幸、林佳蓉（2006）以臺南某醫學中心有關 12 歲以下兒童事故傷害通報案件為例，在 1,538 份有效個案中，發現零至六歲幼兒事故傷害占總人數接近達七成，並且除了車禍和溺水外，兒童發生事故傷害地點大多為居家環境，共 987 人（約 64%），細分事故傷害項目指出幼兒最常發生的墜落意外，以零至二歲幼兒由家中小床或桌椅墜落為主，調查的 347 件墜落案件中，從家具墜落就有 158 件，約占45.6%。郭靜晃（2005）指出在各種事故傷害中，墜落是兒童最常見的事故傷害原因。另外一般常見的事故傷害種類還包含跌傷，大多發生於六歲以下幼兒，男孩高於女孩；其次為割傷。幼兒容易在開關門或摺疊桌椅時被夾傷；燒燙傷嚴重時，需立刻送醫急救，並且注意復原後的心理建設；灰塵、小蟲或小型物體常造成異物入侵。上述皆與家庭環境中居家安全的維護有直接相關。

參、嬰兒搖晃症候群

嬰兒搖晃症候群（shaken baby syndrome）造成的主要原因是因為托育人員或照顧者用力搖晃嬰兒身體，造成頭部撞擊，導致腦部血管破裂，或是神經纖維裂傷。多數照顧者或托育人員並不清楚搖晃可能造成腦部傷害，所以嬰兒啼哭吵鬧不止時，會習慣性地抱起並用力搖晃，試圖安撫嬰兒。且即使是輕微或受到慢性搖晃傷害的嬰兒，長大之後仍可能會有注意力缺陷或學習障礙。嬰兒腦部受傷後，初期症狀只是顯得嗜睡、無精打采、食慾不振等，照顧者可能不以為意，等到嬰兒出現昏迷、嘔吐，甚至抽筋、呼吸窘迫等症狀時，才意識到事態嚴重緊急送醫（羅永欽，2016）。

肆、嬰幼兒事故傷害的預防

　　幼兒事故傷害往往發生在父母或照顧者疏忽的時候，為了有效降低兒童事故傷害發生率，加強父母對幼兒事故傷害的重視，應培養父母認同「事故傷害是可以預防」的觀念，讓幼兒遠離事故傷害的能力，所以可參閱《兒童健康手冊》（國民健康署，2017）中事故傷害防制評估表以及預防之初步處理。

　　《兒童健康手冊》提到的事故傷害預防包含：

一、燙傷預防

1. 避免在餐桌上放置桌巾，且端熱湯或菜上桌時，先看看幼兒是否在旁邊。
2. 不讓幼兒接近熨斗或熱的電燈泡。
3. 準備洗澡水時，先放冷水，再放熱水；嬰兒進入浴盆前，先試過水溫。

二、跌落或摔倒的預防

1. 二樓以上必須禁止幼兒攀爬窗戶以策安全。
2. 不在地板上放置會滑動的小地毯；地板很滑時，應讓幼兒穿著止滑襪或止滑脫鞋行走，並且避免奔跑。
3. 在浴室或浴盆中設有防滑裝置。
4. 使用桌角防撞套包裹家具尖銳角或邊緣，或將家具暫時移開。

三、窒息、嗆、噎及中毒的預防

1. 會形成密閉空間的家用品（如：電冰箱、烘衣機、洗衣機等），應選擇不易被幼兒開啟者，或加裝幼兒不易開啟的裝置，以免幼兒誤入造成窒息。
2. 避免讓幼兒拿到小東西（如：銅板、鈕釦、小珠子、別針、螺絲釘等），選購玩具時，檢查玩具上的小零件是否可能脫落（如：絨毛玩具的眼睛等）。

3. 將所有的藥物（包含糖漿）、洗潔劑、殺蟲劑、洗髮精、沐浴乳、汽機油、化妝品及其他危險的東西放置於高處或鎖在櫥櫃、抽屜內。

4. 若幼兒不慎吞食不該吃的東西，應保留容器，立即送醫並去電毒物諮詢中心詢問緊急處理方式。

5. 瓦斯熱水器應安裝於室外通風處，並隨時保持室內空氣流通，以減少一氧化碳中毒的可能性。

四、車禍的預防

1. 開車載幼兒前，先固定好幼兒汽車安全座椅，再安置幼兒並繫好安全帶，且不讓幼兒坐在前座。避免使用機車載幼兒。

2. 開車前必須先安置幼兒上車，行車時按下兒童安全鎖，停車後讓幼兒最後下車。

3. 不可將幼兒單獨置於車內。緊閉門窗的車子在大熱天只需十分鐘的日曬，車內溫度就可能高達 54 至 60 度，對溫度比較敏感的嬰幼兒，即使只是短暫時間留置其中，也會受到嚴重熱傷害。

4. 禁止幼兒在馬路邊嬉戲。

5. 車輛啟動前，先確認車子前後方是否有兒童，避免造成傷害、死亡。

五、溺水的預防

1. 注意避免幼兒獨自留在浴盆、小池塘邊、河邊、游泳池邊或海邊。

2. 家中任何儲水容器使用完畢之後，將水倒掉、放乾或將容器加蓋，以免幼兒跌入窒息。

3. 池塘或魚池應加裝柵欄，避免幼兒不慎跌落溺斃。

六、防墜的預防

1. 窗戶旁不放置床、椅子、桌子或矮櫃等可攀爬之家具以防幼童墜落。
2. 國民健康署的《兒童健康手冊》指出，陽臺欄杆高度設計至少 110 公分以上，十層樓以上者不得小於 120 公分，且間距應小於 10 公分。陽臺欄杆高度設計至少 120 公分以上，且間距小於 10 公分。若依據教育部《幼兒園及其分班基本設施設備標準》（教育部，2012a），針對收托二至六歲幼兒的幼兒園，欄杆高度不得低於 110 公分，欄杆間距不得超過 10 公分，且不得設置橫條，其為裝飾圖案者，圖案開孔直徑不得超過 10 公分。照顧二歲以下幼童者，則依衛生福利部（2016）公布的「托育服務環境安全檢核表」，欄杆間距應小於 6 公分。

七、其他預防事項

1. 繩索長度及收線器位置應收置於幼童無法碰觸的高處。
2. 塑膠袋、尿布、鈕釦細小的教玩具物件等容易引起幼童窒息，應該妥善收納保管。
3. 幼童與寵物接觸時，應有大人在旁監督。
4. 電動捲門可能壓傷幼兒，幼兒園電動柵、捲門設置應加裝碰觸物體自動停止裝置，且開關設在幼兒無法觸及的地方。
5. 房間設置煙霧偵測器，平時即想好火災時的應變措施及逃生途徑。廚房並備有滅火器。

八、托育環境的八項安全原則

　　隨時保持幼兒托育環境安全，讓孩子擁有平安健康、充滿快樂回憶的童年。托育環境應該注意兩項原則：「避免小、尖、長、濕」、「加強軟、窄、高、乾」（馬祖琳、張斯寧，2006）。何謂小、尖、長、濕、軟、窄、高、乾呢？

1. 小：小東西要收好，硬幣、小電池、釦子、小橡皮，及直徑小於 3.17 公分，且長度小於 5.17 公分的玩具和積木、打火機、迴紋針等小物品，應收藏於幼兒不易看見和不易拿取的地方，以免幼兒吞入口中或塞入鼻孔，造成梗塞及窒息。

2. 尖：尖銳物品要收好，小刀、剪刀、指甲刀、刮鬍刀、刀叉等利器，應妥善收藏或使用安全剪刀，以免幼兒取玩造成割、刺傷，同時教導幼兒正確拿握和使用的方法。

3. 長：超過 30 公分長的細繩、棉繩、電線及延長線、玩具電線應妥善收藏，或固定於牆面、地面，以免幼兒絆倒或纏繞導致窒息。

4. 濕：客廳、浴室門外、浴缸、廚房地面、樓梯階面應鋪設防滑墊或其他防滑處理，避免滑倒。

5. 軟：家裡客廳、樓梯、地板應鋪上防滑地毯、海綿地磚、防滑墊等，避免幼兒跌倒後受傷。

6. 窄：樓梯扶手、窗戶欄杆間隔應 10 公分以內，避免幼兒不慎穿過而墜落。

7. 高：窗戶應加裝高度 60 公分以上、樓梯應加裝高度 85 公分以上的堅固欄杆，以防意外。

8. 乾：時時保持客廳、浴室、廚房、樓梯地面乾燥，避免幼兒滑倒。

除此之外，收托二至六歲幼兒的幼兒園應注意下列事項：

1. 發生天災人禍時，幼兒園所處之地理位置是否易於救災與逃生？幼兒園的逃生路線與出入口是否暢通？這些都是在建築校舍前必須考量的安全問題。平日於幼兒園中即應宣導地震與火災的逃生演練，幼兒園的成人對於逃生措施需牢記且熟練，以備不時之需可盡全力保護兒童。

2. 幼兒園中所有的硬體設備如窗簾、地板、窗戶等，是否均採用防火及安全玻璃裝置？消防器具與設備是否定期檢查與更新？幼兒園中是否成立防災小組，並訓練防火管理人員？這都是幼兒園裡所應注意的安全措施。

3. 戶外活動空間需考慮動線的合理性，以避免發生意外傷害，大型遊樂設施需定期檢查是否有零件脫落、破損等狀況，遊樂設施的規劃應以國家標準局頒布的標準為依據。

4. 大型物品盡量不要放在高處（如；電視以吊掛方式），應考量臺灣所處位置屬於地震帶，要避免大型物掉落傷害兒童。

5. 幼童專用車應定期保養，駕駛須具有職業駕照，且不可有不良嗜好或酒後駕車等行為發生，幼童專用車不超速、不超載，方可確保兒童的平安。

6. 依據《幼兒教育及照顧法》（教育部，2015）第18條規定，幼兒園應設置廚工。幼兒園中幼兒的飲食應由專業廚工擔任，並且依據《食品良好衛生規範準則》（衛福部食品藥物管理署，2014）之「食品業者良好衛生管理基準」，食品從業人員應每年定期接受健檢，以確保兒童的健康。

伍、托育服務環境安全檢核

　　衛福部社家署（2016）公布托育服務環境安全檢核表」，共包含40項指標（表7-2）。另依據《居家式托育服務提供者登記及管理辦法》第20條規定，直轄市、縣（市）主管機關應辦理在宅托育服務之檢查及輔導，居家托育服務人員未通過托育服務環境安全檢核表需由訪視輔導員加強訪視。托育人員向主管機關辦理托育服務登記時，即必須檢附自我評量之托育服務環境安全檢核表正本，居家托育人員每次新收托兒童時，居家托育服務中心必須於30日內完成新收托的訪視，其中包含訪視員至托育人員家中協助檢視環境安全。

表 7-2 托育服務環境安全檢核表

檢核項目	序號	檢核指標
門	1	通往室外門設有收托兒無法自行開啟之門鎖等裝置。
	2	所有室內門備有防反鎖裝置或鑰匙。
	3	浴室門、廚房門設有安全防護欄或隨時緊閉。
	4	鐵捲門開關及遙控器放在收托兒無法觸碰的地方。
	5	托育服務環境以鐵捲門作為主要出入口，鐵捲門裝有偵測到物體則立即停止之安全裝置。
陽臺	6	陽臺有堅固不易攀爬之圍欄（圍牆）且高度不得小於110公分，十層樓以上不得小於120公分，底部與地面間隔低於15公分。
	7	陽臺不可有供攀爬的橫式欄杆，且欄杆間隔需小於6公分或有避免鑽爬裝置。
	8	陽臺不能放置可供孩童攀爬的傢俱、玩具、花盆等雜物。
地板	9	收托兒活動範圍內地板平坦，並鋪設防滑防撞軟墊。
逃生出口	10	除了正門外，另有供緊急逃生用之後門、陽臺或窗戶。
	11	逃生門（窗）圍欄維修狀況良好（如：無生鏽、鬆動等）；鑰匙置於收托兒無法取得的明顯固定位置。
	12	逃生的通道、門、窗前無堆置任何雜物，保持淨空。
窗戶	13	窗戶設有防跌落的安全裝置（收托兒無法自行開啟或加設護欄），且在窗戶旁不放置可攀爬之物品。
	14	窗簾拉繩長度及收線器位置為收托兒無法碰觸的高度。
室內樓梯	15	樓梯欄杆完好且堅固，欄杆間距應小於6公分或有避免鑽爬的裝置。
	16	樓梯的臺階應鋪設防滑或其他安全措施，以利收托兒行走及安全。
	17	樓梯出入口設有高於85公分，間隔小於6公分及收托兒不易開啟之穩固柵欄。

表 7-2 托育服務環境安全檢核表（續）

檢核 項目	序號	檢核指標
傢具 設施	18	傢俱及家飾（如雕塑品、花瓶、壁掛物、水族箱等）平穩牢固，不易滑動或翻倒。
	19	傢俱無凸角或銳利邊緣，或已做安全處理。
	20	櫥櫃門加裝收托兒不易開啟之裝置。
	21	摺疊桌放置在收托兒無法接觸到的地方。
電器 用品	22	密閉電器（如：洗衣機、烘乾機、冰箱等）或其他會造成窒息之用品，放置於收托兒無法碰觸的地方。
	23	座立式檯燈、飲水機、熱水瓶、微波爐、烤箱、電熨斗、電熱器、捕蚊燈等會造成燒燙傷之用品置於收托兒無法觸碰的地方。
	24	電器用品放置平穩不易傾倒，其電線隱藏在收托兒無法碰觸或拉動之處。
電線、 插座	25	插座置高於 110 公分以上，或隱蔽於傢俱後方、使用安全防護（例如加裝安全護蓋）等方式讓收托兒童無法碰觸。
	26	電線固定或隱藏在孩子無法拉動或碰觸之處。
瓦斯、 熱水器	27	瓦斯漏氣偵測相關裝置（如瓦斯防漏偵測器等）。
	28	燃氣熱水器裝設在室外或通風良好處；燃氣熱水器裝設於室內或陽臺加蓋等空氣不流通處所，應使用強制排氣式熱水器。
消防 設施	29	每一樓層裝置住宅用火災警報器或火警自動警報設備。
	30	滅火器置於成人易取得，收托兒無法碰觸的地方。
物品 收納	31	維修工具、尖利刀器、刀劍飾品、玻璃飾品、圖釘文具等會造成割刺傷的危險物品收納於收托兒無法碰觸的地方。
	32	打火機、火柴、易燃物品等會造成燒傷的物品收納於收托兒無法碰觸的地方。

● 表 7-2 托育服務環境安全檢核表（續）

檢核項目	序號	檢核指標
物品收納	33	繩索、塑膠袋、錢幣、彈珠、鈕釦或其他直徑小於 3.17 公分的物品等、會造成窒息傷害的物品，收納於收托兒無法碰觸的地方。
	34	電池、有機溶劑、清潔劑、殺蟲劑、鹼水、酒精、含酒精飲料、藥品等有毒危險物品，外瓶貼有明顯的標籤及成分，並放置於收托兒無法碰觸的地方。
收托兒睡床	35	收托兒睡床外觀無掉漆、剝落、生鏽、鬆動等狀況。
	36	收托兒睡床有穩固的防跌落措施，邊緣及圍欄做圓角處理，若有柵欄間隙小於 6 公分。
	37	收托兒睡床之附屬配件或自行加裝之附件穩固。
沐浴設備	38	浴室地板及浴缸內有防滑措施。
緊急狀況處理設備	39	緊急聯絡電話表及緊急逃生路線圖置於固定明顯處。
	40	備有未過期急救用品之急救箱，並置放於成人易取得，收托兒無法碰觸的地方（急救用品：體溫計、無菌紗布、無菌棉支、OK 繃、繃帶、生理食鹽水、冰枕或冰寶等）。

資料來源：衛福部社家署（2016）。

第五節 物理環境規劃的原則

托育機構的物理環境規劃，應考慮下列六項原則：安全性、健康性、教育性、適當性、創意性、變通性與彈性。以下分別敘述。

壹、安全性

　　幼兒在托育機構中的活動安全，一直是經營者、教師與家長最注意與關心的部分，所以建立教職員工的安全意識，進而建立幼兒安全的習慣是非常重要的。郭靜晃（2005）在兒童安全管理中，談到隨著孩子處於不同的發展階段，居家安全所需要注意的事項也不同，因此將其分為四個部分：(1)出生到一歲：由於嬰兒生理各部分十分的脆弱，並且需要成人隨時的看顧，因此應該特別注重居家環境的安全，如為嬰兒準備睡覺專用的小床；嬰兒床欄杆的高度和寬度皆須適當；家中尖銳物品和藥品等應妥善保管，放置在幼兒無法接觸的地方；盥洗時注意水溫並防止嬰兒滑入浴缸或澡盆內；給予幼兒大型且安全的玩具等。這個階段的幼兒剛剛接觸這個世界，因此對一切充滿了好奇，而居家環境成了他們第一個探索且遊戲的領域，成人應該主動排除可能的環境傷害。(2)一到三歲：這個階段的幼兒開始學會行走，逐漸能使用語言進行溝通表達，而幼兒在此時擁有極強的自我概念，無法理解成人禁止背後的意涵，在居家安全方面成人應該盡量創造一個安全的環境，並且關心幼兒進行的遊戲活動，如玩躲貓貓的躲藏地點、窗戶的高度及安全護欄、不讓幼兒單獨在浴室或廚房遊玩等。(3)三到六歲：這時幼兒已到了學齡前的階段，其生活圈擴大至幼兒園等托育機構，並且能夠理解成人禁止行為的原因，因此除了給予幼兒環境上的安全外，成人也可以開始進行簡單的安全教育，讓幼兒擁有自我保護的意識。(4)六到十二歲：從六歲開始，成人逐漸給予幼兒更多的信任，而在這個階段的居家安全，側重於保護兒童的人身安全，如注意陌生人、熟記緊急聯絡電話、面對緊急狀況時的應變能力、如何正確的使用家中各種器物，以及有關水、火、電的安全教育等。以下茲針對在幼兒園意外事件的防範、園內危機狀況的種類與處理、幼兒接送、交通與旅遊安全，以及意外事件的處理等方面進行說明（教育部，2015；葉嘉青編譯，1999；蔡春美、張翠娥、陳素珍，2003）。

一、易發生意外事件的時機

　　下列狀況是比較容易發生意外事件的時刻，教保人員要特別留意：

1. 幼兒感覺不舒服或是疲勞時。
2. 幼兒處於適應新環境的時期。
3. 當幼兒面臨困難或難題時。
4. 照顧者的人數不足時。
5. 天氣不佳，或從事戶外活動時。
6. 節慶活動或上下學忙亂時。
7. 幼兒對於規則不太了解時。
8. 一天快要結束、老師感到較疲勞時。
9. 上下樓梯及活動轉換時。
10. 動態活動與劇烈活動時。

二、幼兒園設施設備安全規範

　　依據教育部（2012a）《幼兒園及其分班基本設施設備標準》之規定，設施設備的安全標準如下：

(一) 使用基地與空間規劃

　　幼兒園使用的樓層建築以一到三樓為限，四樓以上不得使用。

(二) 室內活動室

1. 不得設置於地下層。
2. 二歲以上未滿三歲幼兒的室內活動室應設置於一樓。
3. 室內活動室應設置二處出入口，直接面向避難層或走廊。
4. 直轄市高人口密度行政區的幼兒園，使用室內活動室的順序可以不依照先使用地面層一樓、二樓、三樓的順序，以及未滿三歲幼兒的室內活動室必須設於一樓的限制。

(三) 室外活動空間設置於二樓或三樓露臺時，應注意：

1. 考量幼兒活動的安全性，留設緩衝空間。
2. 設置的欄杆高度不得低於 110 公分，欄杆間距不得超過 10 公分，且不得設置橫條，其為裝飾圖案者，孔直徑不得超過 10 公分。

(四) 走廊

1. 供幼兒使用空間的走廊，若兩側有活動室或遊戲室者，寬度不得小於 240 公分，單側有活動室或遊戲室者，寬度不得小於 180 公分。
2. 走廊地板面有高低差時應設置斜坡道，不得設置臺階。

(五) 樓梯

1. 供幼兒使用的主要直通樓梯，樓梯寬度 140 公分以上，級高尺寸 14 公分以下，級深尺寸 26 公分以上。
2. 設置於室內活動室或室內遊戲空間內部使用之專用樓梯，樓梯寬度 75 公分以上，級高尺寸 14 公分以下，級深尺寸 26 公分以上。
3. 樓梯裝設雙邊雙層扶手，一般扶手高度應距梯級鼻端 75 公分以上，供幼兒使用之扶手高度，應距梯級鼻端 52 公分至 68 公分範圍內。
4. 扶手之欄杆間隙，不得大於 10 公分，且不得設置橫條，如為裝飾圖案者，其圖案開孔直徑不得超過 10 公分。扶手直徑應在 3 公分至 4 公分範圍內。扶手外側間若有過大之間隙時，應裝設材質堅固之防護措施。

(六) 室內活動室設備

1. 使用耐燃三級以上之內部裝修材料及防焰標章之窗簾、地毯及布幕。
2. 幼兒每人應有獨立區隔及通風透氣之棉被收納空間。
3. 供教保服務人員使用之物品或其他相關物品，應放置於 120 公分高度以上之空間或教保準備室內。
4. 招收二歲以上未滿三歲幼兒之室內活動室，應設置符合教保服務人員使

用高度之食物準備區，並得設置尿片更換區；其尿片更換區，應設置簡易更換尿片之設備、尿片收納櫃及可存放髒汙物之有蓋容器。

(七) 室內遊戲空間

室內遊戲空間之設備，自地面以上至 120 公分以下之牆面，應採防撞材質。

三、幼兒園與教室環境安全處理

(一) 幼兒園安全

幼兒園安全意識的建立是全園教職員工的重要責任，在幼兒可能活動的範圍都要考慮其安全：

1. 關門時要注意避免夾傷幼兒。
2. 下雨時應保持門口乾燥、減少濕滑產生。
3. 樓梯間應該加裝防護網，並鋪上止滑墊。
4. 廚房應採獨立空間，不可讓幼兒隨意進出。
5. 路口轉角處應設反光鏡，防止幼兒碰撞。
6. 園內環境規劃應注意避免產生視覺死角。
7. 滅火器應該放置適當位置，以防止幼兒碰撞。
8. 工作櫃放置應該盡量靠牆，以防止傾倒及撞傷。
9. 進出大門應隨手關門，以防幼兒跑出造成意外。
10. 遊戲設備應注意定期檢修及地面鋪設軟墊。

(二) 教室安全

教室是幼兒每天長時間所處的空間，教保人員應多注意空間安全，減少危險產生：

1. 白板筆槽處兩端尖角應以防撞貼條保護。
2. 教室門縫應以特別方式處理，以防夾傷。
3. 門打開後應固定好，以免突然關上夾傷。

4. 桌邊的四個角也需要以防護套處理。

5. 減少使用大頭針、圖釘等尖銳物品。

6. 幼兒在教室內外最好穿上防滑的鞋襪。

7. 教室地板應該隨時保持乾淨。

8. 洗手間地板應該鋪上止滑墊，並保持通風乾燥。

9. 牆上的掛鐘、掛畫，吊掛的視聽設備（如單槍投影機、電視等）應注意防止掉落。

10. 教室內環境規劃應注意幼兒活動動線。

四、幼兒接送、交通與旅遊安全

(一) 幼兒接送安全

　　家長如果可以每天接送幼兒是最理想的方式。《幼兒園與其分班設立變更及管理辦法》（教育部，2015）第 39 條規定：幼兒園為確保幼兒到園與離園安全，應訂定門禁管理及幼兒接送規定；每次行車並應確實清點上、下車幼兒人數及核對幼兒名冊。幼兒園可以為幼兒準備「接送證」，若家長有事不能親自接送，可事先電話告知接送者，或由幼兒園向家長確認，以確保幼兒安全。

(二) 幼兒交通安全

　　幼童車接送時，隨車的教保人員應該要提醒幼兒放學前提早準備；另外，幼兒園應造具幼兒乘車的名單，每次行車應該確實清點上車及下車之幼兒人數，並核對幼兒名冊。教保人員親自接送幼兒上下車，並準備筆記本記錄家長所交代的事項；車上可放輕柔的音樂，安撫幼兒的情緒。行車當中，教保人員也要維持幼兒的秩序與安全，不讓幼兒頭手伸出車外；如果遇到幼兒家中無人也應帶回園內，再聯絡家長帶回，不可任其在門外守候。依據《幼兒園幼童專用車輛與其駕駛人及隨車人員督導管理辦法》（教育部，2019）第 15 條規定，幼兒園每半年應安排至少一次幼童專用車安全

演練，並應將演練紀錄妥善留存。

(三) 幼兒旅遊安全

在戶外參觀或旅遊之前，幼兒園必須先對參觀的地點有詳細的行程規劃，並依相關法令訂定實施規則，選擇合法又安全的場所，且使用合法之交通工具，除此之外，需通知家長並取得家長同意書，隨行的教保人員要隨身攜帶急救箱與行動電話，等確定參加幼兒及成人人數之後，為所有參加者辦理意外保險。在辦理校外參觀教學活動時，應先實施相關安全教育，並且採用必要措施，預防事故發生。

交通工具的安排要考慮幼兒的人數與距離的遠近，半天或各班輪流性質的參觀活動，通常多利用園方的幼童車。上車前應再向幼兒提醒有關秩序與安全的規則，例如不擅自離開、集合訊號、乘車安全……等，並清點幼兒人數，最後記得上車前讓幼兒先上廁所。

另依據《幼兒園教保服務實施準則》（教育部，2012b）第15條規定，幼兒園為配合教保活動課程需要，可以安排校外教學。但幼兒園規劃校外教學時，應考量幼兒體能、氣候、交通狀況、環境衛生、安全及教學資源等，並應依照下列規定：

1. 訂定實施計畫。
2. 事前勘察地點，規劃休憩場所及參觀路線。
3. 出發前及每次集合時應清點人數，並隨時留意幼兒健康及安全狀況。
4. 照顧者與三歲以上至入國民小學前之幼兒人數比例不得逾1：8；與二歲以上未滿三歲之幼兒人數比例不得逾1：3；對有特殊需求之幼兒，得安排幼兒之法定代理人或志工一對一隨行照顧。
5. 需乘車者，應備有幼兒之法定代理人同意書；有租用車輛之必要時，應依相關規定辦理。

五、幼兒園意外事件處理

幼兒園發生意外事件時，若主管、教保人員均清楚意外事件處理流程，

即可避免意外事件發生時的手忙腳亂，在第一時間得到最理想的處置。

有關幼兒園意外事件處理流程，如圖 7-1。教保人員需判斷、評估是否送醫，若需送醫，則呼叫救護車，並立即進行傷病處理，同時間聯繫家長，並由幼兒園人員陪同就醫。辦公室行政人員則應判斷是否屬於法定或校安通報範圍。

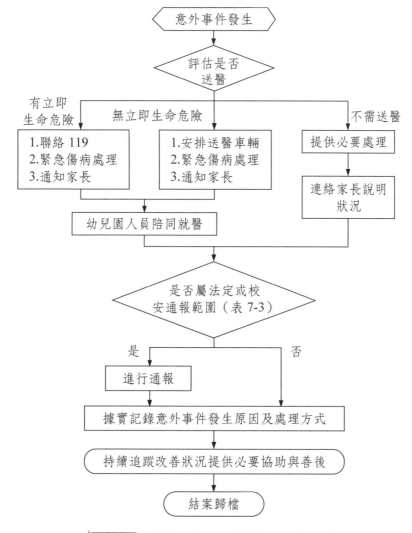

●圖 7-1　幼兒園意外事故通報處理流程圖

● 表7-3 幼兒園安全及災害事件通報校安中心處理期限

事件屬性	說明	通報期限	意外事件種類
緊急事件	1. 各級學校及幼兒園師生有死亡或死亡之虞，或二人以上重傷、中毒、失蹤、受到人身侵害等，且須主管教育行政機關及時知悉或立即協處之事件。 2. 災害或不可抗力之因素致情況緊迫，須主管教育行政機關及時知悉或各級學校自行宣布停課者。 3. 逾越各級學校及幼兒園處理能力及範圍，亟需主管教育行政機關協處之事件。 4. 媒體關注之負面事件。	應於知悉後，立即應變及處理，即時以電話、電訊、傳真或其他科技設備通報上級主管教育行政機關，並於二小時內於校安通報網通報。	1. 意外事件。 2. 安全維護事件。 3. 暴力事件與偏差行為。 4. 管教衝突事件。 5. 兒童少年保護事件（未滿18歲）。 6. 天然災害事件。
法定通報事件	1. 甲級事件：依法應通報主管機關且嚴重影響學生身心發展之確定事件。	至遲不得逾 24 小時；法有明定者，依各該法規定通報。	
	2. 乙級事件：依法應通報主管機關且嚴重影響學生身心發展之疑似事件，或非屬甲級之其他確定事件。	至遲不得逾 24 小時；法有明定者，依各該法規定通報。	食物中毒。
	3. 丙級事件：依法應通報主管機關之其他疑似事件。	丙級事件至遲不得逾 72 小時。	
一般校安事件	非屬緊急事件、法定通報事件，且宜報主管機關知悉之校安通報事件。	至遲不得逾七日。	交通意外、溺水、自傷、自殺、運動遊戲傷害、墜樓、校內設施器材受傷、其他意外傷害事件。

教保人員面臨緊急狀況時的處理作法為：

1. 陪同在幼兒旁邊，保持冷靜與鎮定，並讓幼兒了解身旁的老師在幫助他。

2. 不要移動受傷的幼兒，除非不移動幼兒會造成更大的傷害。

3. 立即開始合宜與適當的護理程序，同時請有關人員來協助。

4. 意外發生時，不要給幼兒任何的食物或藥物，除非是醫師開的處方。

5. 不要企圖自行解決嚴重的情況，立即打電話尋求醫療方面的協助。

6. 教保人員必須留在醫院繼續陪同幼兒，直到家長抵達陪伴才可離開。

7. 聯絡幼兒家長，並告知幼兒生病或發生意外的狀況以及急救護理的步驟，與商議後續處理的事宜。

8. 記錄所有有關嚴重傷害或疾病護理的資料，並放入幼兒檔案資料中，且影印一份給家長。

9. 慰問或探視受傷的幼兒，並加強幼兒園與教室的安全防範措施。

10. 幼兒園若發生意外及災害等事件，應該依照相關規定辦理通報。

六、設備維護及逃生演練

　　幼兒園應依據規定定期維護園內設備及實施逃生演練，依《幼兒園與其分班設立變更及管理辦法》第 40 條至第 42 條規定如下（教育部，2015）：

1. 幼兒園應依相關規定，訂定公共安全與複合型防災計畫及事故傷害防制規定，並對園內相關人員及幼兒實施安全教育，定期辦理防火、防震、防汛、防海嘯、防核、人身安全、避難逃生及事故傷害處理演練。幼兒園應保存前項演練及園內事故傷害相關之紀錄，以備查考。

2. 幼兒園應訂定幼兒緊急傷病施救注意事項，包括施救步驟、緊急救護支援專線、就醫地點、護送方式、緊急聯絡，及父母、監護人或親屬未到達前之處理措施等，並定期辦理緊急傷病處理演練。幼兒園應保存前項演練及園內緊急傷病相關之紀錄，以備查考。

3. 幼兒園應訂定園舍安全管理檢核項目及作業程序，定期檢查並維護各項設備、器材、遊戲設施與消防設施設備，加強門禁及巡查工作，並保存

相關紀錄，以備查考。

貳、健康性

　　健康的環境才能造就健康的兒童，有了安全與健康，幼兒才得以順利成長。在托育環境中，教保人員需注意關於食物新鮮與否、幼兒所使用的器具表漆與材質是否符合安全檢驗、幼兒是否飯前洗手飯後漱口等等大小細節，小處著手，大處著眼，細心觀察環境中是否潛藏影響健康的危機，唯有專業與細心的把關，才能為幼兒打造一個符合健康標準的快樂環境。

1. 健康的食物可確保兒童的身體健康。在採買食物時，新鮮、無汙染、無基因改造、自然的食物，才是符合幼兒成長所需。精緻食物、油炸刺激食品將降低幼兒免疫系統。強盛的國家來自身強體健的國民，為幼兒健康打好基礎，是所有兒童照顧者責無旁貸的責任。根據《幼兒園與其分班設立變更及管理辦法》第 38 條，幼兒園供應之餐點應注意衛生、安全及營養均衡。幼兒園廚工資格及餐飲設備場所之管理，應符合《食品安全衛生管理法》及相關衛生法規規定（教育部，2015）。

2. 兒童玩具與教具應選用無毒且通過安檢的用品，以確保兒童的健康。成分標示不清、出產地書寫不明之色料、畫筆與漆料玩具、教具等，均不應購買，以免幼兒誤食，發生危險。

3. 種植足夠的樹木、花草，以利幼兒的視力保健及新鮮的空氣。光線充足、室內空氣對流，並且提供兒童充足的日曬，都是教保人員所應注意的。都市中的水泥叢林，塵土飛揚，製造了許多誘發過敏疾病的危機，托育機構應改善城市計畫之不足，為幼兒創造有利的健康成長環境。

4. 幼兒園應有足夠的室內外空間，尤其是寬敞的戶外活動場，讓幼兒盡情探索與奔跑，滿足幼兒的身心需求，健康的身體來自身心的平衡與適度的滿足。

5. 衛生的飲食器具應選擇易清洗材質，耐高溫殺菌處理，所有器具都應定期的作全面消毒處置。兒童的進食用具與盥洗用具應一人一份，避免疾病的傳染。兒童的寢具需定期清洗、曝曬，以避免滋生細菌。根據《幼

兒園與其分班設立變更及管理辦法》第 37 條規定，幼兒園每學期至少應辦理全園消毒一次（教育部，2012c）。

6. 教保服務人員和幼兒應清楚了解場地及器材設備的使用規則，教保人員隨時在旁督導。進行身體動作教學時，考量適當的衣著，以減少因不當服裝而影響活動或造成意外傷害。若使用光滑的地板進行身體動作活動，則可鼓勵幼兒脫去鞋襪，除增進幼兒觸感、平衡感與抓地力，也避免滑倒（教育部國教署，2015）。

參、教育性

　　環境對於人具有潛移默化的境教功能，環境不說話，卻深深影響著幼兒，因此善加利用境教，以利更有效施行教育的目的。

1. 托育機構是幼兒的社會環境縮影，其重要的空間設計可配合「認知學習」理論，在活動室中布置模擬這些「社會環境生態區域」，令各種角落情境的布置蘊含這些生態環扣的意義（胡寶林，1998），讓幼兒從物理環境中學習與未來的生活接軌。

2. 教室是學習的一角，托育機構中各種資源教室應提供幼兒全方位的探索與成長，而戶外空間更是教室的延伸，室內、室外的設計均需加入教學的意涵在其中，讓幼兒有機會從事功能性遊戲、合作性遊戲，發展高層次思考並促進社會性發展。所謂功能性遊戲，例如戶外的攀爬架、盪鞦韆、腳踏車等；合作性遊戲則有老鷹抓小雞等類型遊戲。為了讓幼兒的發展更臻於完善，幼兒園需事先做好環境規劃。

3. 為了提供幼兒認識未來的真實世界，在教學設計上，應善用社區資源，如科博館、美術館、城市的遺跡、公園、老街等等，讓教室內的角落學習認知活動可得到實際的印證，如此更可提升幼兒的認知發展，並促進兒童「社會─情緒」能力。

4. 幼兒藉由感官來認識世界。設計豐裕化的環境、開放的空間，放置適合該年紀兒童所需的教玩具，讓幼兒在此開放的環境中盡情去體驗與學習。一個教育性的環境，在設計上鼓勵幼兒動手操作、鼓勵兒童觸摸探索。

在環境中，幼兒可以自開放架上拿取所需物品，用畢也學會歸定位，對幼兒的邏輯概念將有所助益，在智能的提升上具有很大的幫助。

5. 一個教育性的環境，同時也是支持性的環境。因此在教學環境的布置應以與主題相關的幼兒創作為主，盡量減少套裝教材的海報教具張貼，學習環境設計自動歸位的指引，避免讓幼兒過度依賴教保人員，而可以鼓勵幼兒自行探究與學習。

6. 物理環境的設計，非為了取悅成人，應站在幼兒發展的需求上提供適當的環境，如開放、易拿取物品的工作櫃，鼓勵幼兒動手探索或操作的室內外空間。資料的取得或借閱是幼兒可獨立或協同完成的，並且各種資源的取得都是具方便性的。

肆、適當性

教保者適合用來評估環境刺激適當度的原則，是環境應具有適度的環境裝載量（moderate environmental load）（莊享靜譯，2004）。所謂適度的環境裝載量，就是提供幼兒感受環境中新鮮、好奇和複雜的總體。適度的裝載量，讓兒童可以享受獨自遊樂、學習的樂趣，也可以引發高度好奇心，學習與他人合作的情緒。如果讓幼兒處於高度的環境裝載量，也就是提供過高的刺激，讓孩子終日處於亢奮的情緒中，身心容易失調；低度的環境裝載量則提供過少的刺激，將會因過於平淡而無法引發幼兒學習動機與樂趣。

1. 環境的豐裕性可促進認知與社會發展，但是豐裕性不代表過度刺激與雜亂無章的刺激，而是要適當的境教。播放優雅與悅耳的音樂，可以提供美的欣賞，過度的色彩與吵雜的音樂反而導致注意力不易集中。

2. 幼兒發展具有階段性，因此在室內、室外學習空間上的設計應符合不同的年齡所需。在動態與靜態的操作、使用到水與否的角落等學習區域的規劃都應做好事先的安排，如此不但可提升適切的教育成效，更可降低幼兒在空間使用時的互相干擾及預防危險的產生。

3. 室內、室外空間與幼兒人數比例應具適當性。托嬰中心中室內樓地板面

積，每人不得少於 2 平方公尺，室外活動面積，每人不得少於 1.5 平方
公尺，無室外活動面積或不足時，得另以其他室內樓地板面積每人至少
1.5 平方公尺代之（衛生福利部，2013）。幼兒在人口密度過高的室內、
外活動時，可能導致衝突與攻擊行為的產生，因此充足且適當的活動與
遊戲空間，可以讓幼兒的情緒穩定發展。

4. 教具、玩具的選用上，盡量選擇沒有固定功能的抽象玩具，讓孩子可任
　 意想像與創作，例如沙子、水、泥巴、陶土等。具象的玩具則以多功能
　 為佳，可有不同的創作發揮。玩具可促進同儕合作，發展社會性、合群
　 性及增進口語表達的訓練。

5. 男女性別角色已逐漸打破藩籬，未來的兒童需要學習性別平等、相互了
　 解、家務工作平分。在環境的設計上，教保人員可以將娃娃角或扮演區
　 （一般認為是女孩比較熱衷的學習區）與積木角擺置在一起，增進男童
　 來娃娃角或扮演區探索、女童到積木角遊戲的機會，藉由教室區域的設
　 計來改變遊戲模式。

伍、創意性

　　為兒童設計室外活動空間時，需了解室外活動空間是室內教育空間的
延伸，室內、外的設計都是非常重要的。室外活動遊戲場除了應滿足孩子
伸展其大、小肌肉的功能性遊戲外，也需提供幼兒發展合作性遊戲與假想
遊戲的遊樂器具與空間設計。此外，設計低結構性的遊樂器具（如沙、水、
泥土等），更能引發孩子的想像行為。當教具與玩具大都呈現單一功能時，
可藉以發揮想像的空間便減少了。Pulaski 與 Singer 都認為「幻想—假裝」
與認知和創造力有關（引自郭靜晃譯，1992）。因此教保人員應該為幼兒
的學習空間設計充滿創意性的環境。當幼兒與同儕玩扮家家酒的遊戲時，
幼兒為自己或實物賦予新意，便是在發展其想像與創造力。環境中應提供
幼兒無限想像的資源，例如幼兒可以將沙水組合設計成任何情境，可以將
花瓣果實當成菜餚宴客，以落葉石頭當成碗盤等，這才是有利幼兒發展想
像與創造力的環境。當幼兒在發展其想像與創意的同時，也可啟發具語言

能力與社會性。

在家庭式托育中，因其設備於法規中並無規定需具有學習區，然而幼兒的安全與健康快樂的學習仍是應該具備的條件，因此保母在環境中可規劃家中一安全區域，提供幼兒玩扮演假想的玩具、益智性積木及畫圖用具等。而對於尖銳桌角應做防護，危險物也應收藏妥當。家庭式托育因受限空間無法提供沙子、水、泥巴等玩物時，可運用社區中的資源滿足幼兒發展之所需的刺激。此外也可帶幼兒至附近公園運動及使用大型遊樂器具，如此適度的規劃幼兒一天的生活內容，將使幼兒健康快樂的成長。

陸、變通性與彈性

兒童的發展是具階段性的，兒童的興趣與喜好也具變化性，同時課程的設計也會對空間大小有不相同的需求。為了符合孩子的發展、配合課程之所需，空間上的設計應具有變通性和彈性，以便做因地制宜的調整，讓空間的運用上更顯靈活。例如空間的區隔以矮活動櫃作為藩籬，適度的使用拉門也可因應各種不同活動之所需，讓兒童的大肌肉活動不因空間而侷限，也不因完全的開放而影響了空間裡兒童應享有的隱私。例如在教室中間設置拉門，當團體需要大空間時，打開拉門即可滿足大空間之所需，若教保人員帶領幼兒小組討論，便可運用拉門隔開，以避免相互的干擾。因此在為幼兒規劃學習環境時，應注意環境的可變通性和彈性。

第六節　人文環境規劃的原則

壹、建立充滿愛、溫暖和鼓勵的氣氛

幼兒因為感情脆弱，理智也尚未發展成熟，需要愛的鼓勵與溫暖的支持；足夠的情感滋養將使得兒童人格健全的發展，並培養充分的自信心。愛和鼓勵的環境，讓兒童在面對挫折時顯得勇敢而接受挑戰。環境中的溫

暖氣氛，讓兒童產生安全感、幸福感而放鬆的學習與活動，人在快樂的氣氛下，學習效果往往比較好，因此成功的教保者應為孩子建立一個溫暖而充滿愛和鼓勵的環境，如此對於幼兒的各項發展均有著正向的協助。

　　教保人員的素質與態度是兒童成長環境中關鍵性的影響。優良的教保人員是優質幼兒教育課程最重要的成分之一，教保人員對教室所發生的事物有顯著的影響（湯志民，2003）。教保人員也是托育機構的靈魂人物，一群充滿愛心的工作人員，能夠給予孩子充分的情緒滋養、精神的慰藉，如此對發展依附關係中的幼兒有著穩定情緒的作用。

　　親密的互動能夠建立幼兒的安全依附感，一個具有安全依附感的幼兒，才能夠信任他人、信任環境、內心充滿幸福的感覺。教保人員因為溫暖與關愛幼兒，也會讓幼兒願意親近，如此教保人員對於幼兒的學習與發展等更能充分的了解。愛可以成就所有的幼兒，愛包含包容、支持與鼓勵，愛可以讓幼兒勇敢、積極、開朗、健康、富愛心。托育機構中聘任充滿愛心的工作人員，實為幼兒有利環境中首要的條件。

貳、以幼兒發展為中心的學習環境

　　幼兒是學習歷程的中心，若學習是以成人的觀點來設計，則將使幼兒對學習失去樂趣。幼兒導向的環境是以幼兒為中心，告訴幼兒這是他們的地方，這裡有許多有趣又有價值的事物，因為它的設計是配合幼兒的特質、年齡和能力（湯志民，2003）。學習環境的設計需符應幼兒發展之所需，根據幼兒的能力與興趣，在環境中吸引幼兒，引發幼兒探索與研究的動機。環境的設計並非取悅成人，也非配合揠苗助長的教材。學習的歷程中，主軸是幼兒，設計一個對幼兒而言是充滿吸引力與魅力的環境，學習自然會發生，因為幼兒的學習是試驗、探索、冒險、發現與討論。當然，教保人員在幼兒學習中適時的介入也是相當重要的，導引幼兒走向正確的學習道路，成為幼兒學習時的鷹架，當孩子愈趨成熟與價值判斷力時，成人便可退出。

　　在以幼兒為中心的學習環境中，幼兒學習尊重自己、尊重他人，並且

學習如何自己解決問題，且能適當的求助於環境中的成人，並非凡事依賴成人為其解決問題。在這個環境中，幼兒受到的限制是非常合理且細微的，因此能夠發揮探索的本性，與環境做美好的互動，產生美好的學習與成長結果。優良的托育機構能以多種方式幫助幼兒的學習和成長，而且也充滿趣味。隨著探索家庭以外的世界，並由各種針對他們的興趣和能力所設計的活動中做選擇，使幼兒得以發展自主性，對自我達到滿足的狀態。

參、以鼓勵與啟發為原則的教育環境

幼兒需要成人鼓勵的支持，教保人員支持性的鼓勵會使得幼兒面對挫折時愈挫愈勇。過度的挫折，將使得幼兒因欠缺成功的美好經驗而造成低抗壓性。充足的鼓勵才能引領幼兒勇於冒險，並且再接再厲。一蹴可幾的成功罕見於世，因此鼓勵幼兒面對挫折的勇氣顯得更為重要。教保人員的鼓勵讓幼兒對學習存有成功的希望、對學習持有願景，如此可培養幼兒的挫折容忍度。

學習的重點在於方法與態度的啟發。例如當幼兒面對一個問題情境時，幼兒總是習慣性的尋求成人的協助，此時成人應在其能理解的程度上反問幼兒對於此問題的想法，之後成人依著孩子思想的脈絡，一步步引導其解決的方式，並且鼓勵孩子思考問題的多面向。一個啟發的環境可讓幼兒學會思考，懂得運用方法。幼兒的學習不是資料的堆砌，重要的是學習態度的養成，一旦養成良好的學習態度，自動自發、樂於學習，此為邁向成功人生的要素。

肆、建立正確行為準則的環境

Phyfe-Perkins 與 Shoemaker 的研究指出幼兒若能在各種定義清楚的活動環境中，依自己的步調進行選擇和工作，幼兒可在活動中展現高度的社會互動、自發行為以及更專注於活動（引自倪用直、楊世華、柯澍馨、鄭芳珠、吳凱琳、林佩蓉譯，1999）。幼兒需要正確的規則來引導，並且喜歡明確的規則作為行事準則。舉例而言，當幼兒發展合作性遊戲時，會自

創或沿用遊戲的規則，當成員遵守規則時，遊戲進展將順利和平，一旦有人破壞規則，則將引起眾怒。在課室的班級經營裡，雜亂無章的班規易讓幼兒無所適從，對於學習的情緒是一種傷害。一個適當的環境應讓幼兒明辨是非，知道自由的界線，明白該如何作為，如此的環境才會使幼兒安心學習、自我管理並與他人或環境做最適當的互動。

　　環境中的物理環境，也就是硬體設施，提供父母了解托育機構的明顯目標，如教具設備充分與否、活動空間的大小與布置、清潔明亮與否等等，家長可由此選擇其認為理想的外在條件之托育機構。此外，機構中教保人員的言談舉止、對幼兒的態度，機構營造的人文環境和物理環境，對幼兒的成長都具有相當程度的影響性，無論是家長、教保人員或機構經營者，對於托育環境都應該十分的注重，因為高品質的托育環境，較能夠培養出高 EQ 和高 IQ 的兒童。一個國家強盛與否與教育品質息息相關，因此注重教育的國家，對於規劃優良環境、要求托育機構與學校選擇適當的教保人員與教師，並且維持適當的師生比，創造溫暖、和諧且富創意的環境是相當重要的。

 課後練習

一、如果你可以為幼兒規劃學習環境，你將如何做？你認為什麼是必須具備的環境？

二、對於遺傳與環境對人們所造成的影響，你有什麼看法？

三、就你所參觀過的托育機構，你認為最具代表性的環境設計有哪些優點？

四、教保人員在規劃幼兒學習環境時，應該注意哪些事項？

參考文獻

中文部分

洪蘭（2004）。**歡樂學習，理所當然**。臺北：天下。

胡寶林（1998）。從社區共生的理念探討托育機構／幼稚幼兒園之教保空間模式。**中原大學設計學報，1**（1），109-128。

馬祖琳、張斯寧（2006）。家庭托育環境安全指標與檢核表建構之研究。**兒童及少年福利期刊，10**，77-92。

倪用直、楊世華、柯澍馨、鄭芳珠、吳凱琳、林佩蓉（譯）（1999）。M. Hohmann & D. P. Weikart 著。**幼兒教育概論**。臺北：華騰。

國民健康署（2017）。**兒童健康手冊**。取自 http://health99.hpa.gov.tw/media/public/pdf/21789.pdf

張春興（1990）。**張氏心理學辭典**。臺北：東華。

教育部（2012a）。**幼兒園及其分班基本設施設備標準**。取自 http://law.moj.gov.tw/Law/LawSearchResult.aspx?p=A&t=A1A2E1F1&k1=%E5%B9%BC%E5%85%92%E5%9C%92%E5%8F%8A%E5%85%B6%E5%88%86%E7%8F%AD%E5%9F%BA%E6%9C%AC%E8%A8%AD%E6%96%BD%E8%A8%AD%E5%82%99%E6%A8%99%E6%BA%96

教育部（2012b）。**幼兒園教保服務實施準則**。取自 http://law.moj.gov.tw/Law/LawSearchResult.aspx?p=A&k1=%E6%95%99%E4%BF%9D%E6%9C%8D%E5%8B%99&t=E1F1A1A2&TPage=1

教育部（2012c）。**幼兒園與其分班設立變更及管理辦法**。取自 http://law.moj.gov.tw/LawClass/LawAll.aspx?PCode=H0070034

教育部（2015）。**幼兒園與其分班設立變更及管理辦法**。臺北：教育部。

教育部（2016）。**幼兒園教保活動課程大綱**。臺北：教育部。

教育部（2019）。**幼兒園幼童專用車輛與其駕駛人及隨車人員督導管理辦**

　　法。取自 https://law.moj.gov.tw/LawClass/LawAll.aspx? PCode=H0070042

教育部國教署（2015）。**幼兒園教保活動課程健康安全實用手冊（上）**。
　　臺北：教育部。

莊享靜（譯）（2004）。D. Bergen 等著。**教保小小孩**。臺北：心理。

郭靜晃（2005）。**兒童安全管理**。臺北：威仕曼。

郭靜晃（譯）（1992）。**兒童遊戲──遊戲發展的理論與實務**。臺北：揚
　　智。

黃朝茂（譯）（1992）。**幼稚園教育指導**。臺北：水牛。

黃慧真（譯）（1994）。**兒童發展**。臺北：桂冠。

馮燕（2001）。**托育服務生態觀點的分析**。臺北：巨流。

湯志民（2003）。**幼兒學習環境設計**。臺北：五南。

葉嘉青（編譯）（1999）。**托育機構經營與管理**。臺北：華騰。

蔡春美、張翠娥、陳素珍（2003）。**幼教機構行政管理──托育機構實務**。
　　臺北：心理。

衛生福利部（2013）。**兒童及少年福利機構設置標準**。取自 http://law.moj.
　　gov.tw/LawClass/LawAll.aspx?PCode=D0050015

衛生福利部（2016）。**衛生福利統計互動式指標查詢系統：十大死因～按
　　年齡及性別分**。取自 http://iiqsw.mohw.gov.tw/dataviscategory.aspx?
　　dtype=1

衛福部社家署（2016）。**托育服務環境安全檢核表**。取自 https://cwisweb.
　　sfaa.gov.tw/07download/01list.jsp?OWASP_CSRFTOKEN=JNNT-I4ZX-
　　KR0Q-JK1S-CIO8-MPRY-QJRN-Y1HU

衛福部社家署（2018）。**0-17 歲兒童及少年死亡人數**。取自 https://www.
　　sfaa.gov.tw/SFAA/Pages/ashx/File.ashx? FilePath=~/File/Attach/7717/File_
　　173248.pdf

衛福部食品藥物管理署（2014）。**食品良好衛生規範準則**。取自 www.fda.
　　gov.tw/TC/siteContent.aspx?sid=3077

賴怜蜜、張立東、蔡明哲、謝秀幸、林佳蓉（2006）。兒童事故傷害調查

研究──以臺南某醫學中心為例。**嘉南學報，32**，234-246。

羅永欽（2016）。**嬰兒搖晃症候群**。取自 http://tspn.org.tw/index1-all.asp?
　　NID=22

英文部分

McCown, R., Driscoll, M., & Roop, P. G. (1996). *Educational psychology: A
　　learning-centered approach to classroom practice* (2nd ed.). Boston: Allyn
　　& Bacon.

Seefeldt, C., & Barbour, N. (1994). *Early childhood education: An introduction*
　　(3rd ed.). New York: Macmillan.

第 8 章

課後照顧

◆葉郁菁

第一節　課後照顧的意義與功能

　　隨著社會環境變遷的影響，國小學童放學後，回家不再只是唯一的選擇；因為雙薪父母親下班時間較晚，小學放學後家中無人能照顧，因此，學童必須到課後托育中心、學童社區課後照顧、安親班等機構，等待父母親下班後接回。首先本節將針對課後照顧的意義與功能加以說明。

、課後照顧的意義

　　課後照顧又稱為「學齡兒童托育」，以學齡兒童為照顧對象，針對六至十二歲兒童所提供的各種照顧教育之服務，以協助父母提供學校上課以外時間的生活照顧與學校作業輔導。所謂「課後」是指小學結束正規上學時間於放學後至父母親下班回家能夠照顧兒童的時段，同時也包括週末不上課時間及寒暑假期間。2012 年幼托整合之後，六至十二歲兒童的課後照顧移撥為教育部業務，教育部並於 2012 年公布《兒童課後照顧服務班與中心設立及管理辦法》，為課後照顧的法令依準。中央的主管機關為教育部，地方則為直轄市政府及縣（市）政府。

　　依據「103 年臺閩地區兒童及少年生活狀況調查」結果顯示（衛福部社家署，2015），國小學童放學後至晚飯前的安排以「參加校外課後照顧服務中心、補習班、才藝班或安親班」的 52.3%比例最高，「參加校內課後照顧服務班或社團」的 11.1%居次，兩者合計 63.4%，推估參加課後照顧的學童人數約有 82 萬餘人。

貳、課後照顧的功能

　　除了大家耳熟能詳的「安親班」名稱之外，坊間常見的課後照顧機構名稱還包括：課後托育中心、兒童托育中心、課輔班、課後輔導、學童社區課後照顧、課後輔助托育、課後活動、安親課輔班、安親教室、安親學

苑、安親課輔學苑、家教班、教育中心、文教中心……等琳瑯滿目的名稱（曾榮祥、吳貞宜，2004）。課後照顧具有以下五項功能（黃怡瑾，2000；曾榮祥、吳貞宜，2004）：

一、補助性功能：提供兒童多樣化的學習

由於核心家庭中，大部分父母親都有工作，因此兒童放學後的照顧及保護必須依賴家庭以外的第三者提供協助，課後照顧的需求應運而生，課後照顧機構提供父母親為孩子選擇放學之後一個安全的、人際互動頻繁的學習環境，使其身心各方面，如認知、情緒、生理、社會等都能充分發展。一些安親班甚至在課後照顧的時段加入美語、藝術、創作、語文（作文）、陶土等課程，增廣兒童的學習經驗。

二、預防性功能：彌補家長在照顧孩子上的不足

安親班可以代替家長接送子女，讓許多雙薪的家長可以安心上班。因此，可補充家庭正常照顧兒童功能之不足。

三、發展性功能：統整與強化兒童的學習概念

理想的課後照顧應該是採取統整學習，提供兒童有挑戰性的學習經驗，統整與強化兒童在國小課程活動所習得的概念，而不是令人喘不過氣的重複練習。

四、網絡性功能：整合社區資源網絡

課後照顧服務，結合家庭、學校與社區等網絡共同合作，課後照顧服務結合社區資源，包含教會、社福團體、美術館等，社區服務網路結合學校與家庭，可促進兒童健全的人格成長與發展。

五、穩定性功能

提供良善的課後照顧，可以減少兒童父母因照顧工作而離職、提升工

作效能，對於社會、經濟、家庭均具有穩定作用的功能。

王淑英與賴幸媛（1997）認為國家有責任解決托育問題，國家介入將使婦女的權益受到國家保障，逐步脫離性別分工的意識型態。此外，資本主義下家庭功能的式微，托育的照顧責任應從家庭及婦女身上移轉到國家社會。

課後照顧具有促進兒童發展及學習的發展性功能、彌補家長照顧兒童及保護兒童的彌補性功能，同時可負擔部分家庭、學校及社區對兒童教育輔導責任的補充性及服務性功能。

第二節　課後照顧興起的原因

促成課後照顧興起的原因有以下五點：

一、社會結構改變至工業社會

在工業化、都市化及現代化的社會變遷下，使得社會結構及經濟結構產生改變。職業結構改變、勞動市場需要、就業機會增多及教育程度的提升、婦女角色及價值觀改變等因素，促使婦女投入就業市場，雙生涯家庭很難滿足子女課後托育的需求。除此之外，地理居住環境上，由於都市化結果，居住型態由以往開放式的平面空間變成大樓封閉空間的改變，使得兒童在住家或鄰里社區之間自由走動或遊戲的機會被剝奪，兒童放學後，在住家附近嬉戲的情景不再，同時也因為鄰里互助功能和互動不足，家長也要考量子女放學後的安全問題。

二、家庭型態以小家庭居多

家庭型態從過去傳統三代同堂轉變為目前以核心家庭同時為雙薪家庭為主的家庭型態。依據 103 年臺閩地區「兒童及少年生活狀況調查」結果（衛福部社家署，2015），兒童的家庭組織型態以核心家庭為主

（45.2%），再其次為主幹家庭（26.6%），核心家庭的比例較 2010 年增加 6%。顯見核心家庭已經成為臺灣家庭的主流。這樣的家庭型態，父母親都得外出工作，共同擔負家庭的經濟開銷，使得學童放學後，家中並無其他大人可以擔負起照顧學童的責任。

三、離婚率增加，單親家庭無法兼顧經濟與兒童照顧的責任

隨著離婚率不斷攀高的社會現象，進而顯示出單親家庭也隨之增加。這使得單親家長除了擔負起家庭經濟責任，也衍生學童課後安置的問題。依據「99 年單親家庭狀況調查」（衛福部統計處，2014），結果單親家庭六至十一歲子女放學後之主要照顧者，由單親父（母）的「父母」照顧者占 36.50%，「自己在家帶」者占 30.99%，「送安親班或才藝班」占 17.30%；與民國 90 年調查結果比較，放學後由單親父（母）「自己在家帶」的比例大幅減少 17.28%，而由單親父（母）的「父母」照顧的比例，則大幅增加 18.70 個百分點，顯示近年來單親父（母）工作的時間較長，因此無法配合子女的放學時間，故改由其「父母」代勞。單親家長認為在子女教養方面最需要的社會福利措施，為「兒童課後輔導」（每百人有 37 人）。單親男性家長最需要「兒童課後輔導」的比例為每百人有 40 人，高於女性之 35 人（衛福部統計處，2014）。

四、兒童照顧的責任由父母親轉移至社區

隨著社會變遷，兒童照顧不單只是父母親的責任而已，更是透過社區、國家的資源一起來照顧兒童，因此，課後照顧的需求與日俱增，藉由學童課後照顧服務來分擔父母親在指導子女課業的壓力。

五、九年一貫教育改革之影響

家長「望子成龍、望女成鳳」，不希望「孩子輸在起跑點」的迷思及家長求好心切的擔心之下，促使家長更重視孩子在學科上的成績表現，課後照顧中心標榜學童學業成績表現，托育人員不斷加強複習學校課業因應

家長期待，在這樣的功能性需求下，促使「課後照顧機構」蓬勃發展（李新民，2001）。

第三節　課後照顧的定義與規定

執行課後照顧的機構包括公私立國民小學辦理的課後照顧班、私人機構辦理的課後照顧中心，以及非營利組織或慈善團體辦理的社區課後照顧。以下說明課後照顧的定義與相關規定。

壹、兒童課後照顧的定義

依據教育部（2015）公布的《兒童課後照顧服務班與中心設立及管理辦法》，其中對於兒童照顧服務的定義如下：

1. 兒童課後照顧服務：指招收國民小學階段兒童，於學校上課以外時間，提供以生活照顧及學校作業輔導為主之多元服務，以促進兒童健康成長、支持婦女婚育及使父母安心就業。
2. 兒童課後照顧服務班（簡稱課後照顧班）：指由公、私立國民小學設立，辦理兒童課後照顧服務之班級。
3. 兒童課後照顧服務中心（簡稱課後照顧中心）：指由鄉（鎮、市、區）公所、私人（包括自然人或法人）或團體設立，辦理兒童課後照顧服務之機構。

貳、課後照顧的類型

一、國民小學辦理的課後照顧班

公私立國民小學可以自行辦理課後照顧班，或者委託其他機構辦理。但國小若採委託方式，應符合政府採購法及其相關法規規定。且經評鑑成績優良者，受委託人才得以續約方式延長一年。國小辦理課後照顧應充分

告知兒童之家長，盡量配合一般家長上班時間，並由家長決定自由參加，不得強迫。政府為照顧偏遠地區兒童，對於離島、偏鄉、原住民族或特殊地區，縣市政府可以優先指定公立國民小學、區公所設立課後照顧班、中心，或補助鄉鎮市公所、私人或團體設立課後照顧中心。其他有關國小辦理課後照顧班的收費與其他相關規定請參閱本節內容。

二、私人辦理的課後照顧服務中心

私人包括自然人或法人，或者是民間社團，均可申請設立課後照顧服務中心。私立小學也可開辦課後照顧服務，但仍需要依照規定申請、經縣市政府主關機關核定後才能辦理，檢附的文件、資料包含：(1)設立目的及業務計畫書；(2)財產清冊及經費來源；(3)預算表：載明全年收入及支出預算；(4)組織表、主管與工作人員人數、資格、條件、工作項目及福利；(5)收退費基準及服務規定；(6)學校財團法人董事會同意附設課後照顧班之會議紀錄。私人或民間社團成立的課後照顧服務中心，則須檢附相關文件（請參考本節「設立許可」），向主管機關提出申請。核定後，縣市政府主管機關也會核發許可登記書。

許可證書應載明之事項有變更時，負責人應自事實發生之次日起30日內，向縣市主管機關申請變更登記，並換發設立許可證書。課後照顧中心若有遷移，應向遷移所在地縣市主管機關重新申請設立；其遷移至原行政區域外者，並應向原主管機關申請歇業。停業或歇業應於30日前敘明理由及日期，申請縣市主管機關核准後才能停業或歇業，以保障受托兒童與家長的權益。若為停業，以一年內期間為限，必要時可以申請延長一年。

政府為了確實掌握私人課後照顧中心的營運狀況，規定課後照顧中心必須定期送交下列資料報縣市主管機關備查：(1)招收概況表：每年6月30日及12月31日前；(2)公共意外責任險保單影本：每年12月31日前；(3)每二年檢附主任、課後照顧服務人員與其他工作人員之健康檢查結果影本。

三、非營利組織辦理的課後照顧

以彭婉如文教基金會從福利社區化的觀點所建構的「社區課後照顧支持系統」代表，結合學校與社區，配合社區父母上下班時間，是一種「社區大家庭」式課後照顧與教育。1998 年彭婉如基金會首先於臺北市文山區開辦課後照顧師資培訓班，培訓愛心義工媽媽擔任課後照顧老師，同年成立社區國小課後照護支持系統，2007 年成立全國課後照顧聯盟（全國課後照顧資訊網，2012），並透過從學區招募有意願從事課後照顧的婦女，這樣的方式具有結合福利服務及婦女二度就業特色。因此，運用社區媽媽就近照顧社區兒童，具有幾項好處：讓社區媽媽站出來為自己社區的學童服務，猶如過去鄰里互托的型態；同時，對於過去將女性照顧工作視為無酬勞務，藉由社區與公益團體的合作，提供一個具有待遇合理的機會。同時這樣的型態因為不以追求最大利潤為目的，因此在價格上較為低廉，而且在居住的社區中辦理，也考慮了家長和幼兒的近便性。

為了因應社會變遷及家庭結構的改變，回應近年來逐漸增加的隔代、單親、外籍配偶及近貧等弱勢家庭的子女照顧需求，內政部兒童局自 2009 年開始，補助民間社團辦理「兒童少年社區照顧輔導支持系統」及「弱勢家庭兒童少年外展服務」。單親與弱勢家庭中的實際照顧者，因為家庭的經濟壓力以及家長照顧子女的能力不足，難以獨立承擔育兒及教養之壓力，因此希望透過與民間資源的結合，提供支持或補充性教育或養育兒童及少年的服務，建立在地化福利服務體系，期能預防或協助解決家庭照顧兒童及少年的問題（行政院資訊網，2012）。

「兒童少年社區照顧輔導支持系統」以「課後照顧服務」為主，服務對象包含隔代家庭、單親家庭、身心障礙者家庭、原住民家庭、外籍配偶家庭、受刑人家庭、經濟弱勢家庭等，經社工員評估家庭支持薄弱、有教養困難或照顧壓力，需提供支持性、補充性及學習性服務措施，使兒童少年獲得妥善照顧（行政院資訊網，2012）。

服務內容包含家庭訪視、電話諮詢、社區推廣、心理輔導、團體輔導、

課後臨托與照顧、認輔志工服務、兒童及少年簡易家務指導、親職教育或親子活動、寒暑期兒童少年生活輔導服務、兒童少年休閒服務等項目（行政院資訊網，2012）。

承辦兒童少年社會照顧輔導支持系統的機構，考量單親與弱勢家長工作時間的問題，願意彈性調整照顧時間。由於多數弱勢家庭均缺乏適合的讀書環境，機構也運用社區空間和志工人力，協助指導學童課業。讓學童在課後照顧的環境中，可以穩定完成課業，同時也增加許多學校課業活動以外的休閒娛樂。這些照顧輔導系統，創造了學童在日常生活作息的穩定性與歸屬感，也使得家長可以專注於工作，不必擔心子女安全、飲食與課業的問題（吳秀照、黃聖桂，2010）。

四、不同課後照顧類型之比較

從上述中，說明目前存在的課後照顧機構類型之情形後，對於這三者之間的差異性為何呢？

若從托育時間來比較，國民小學所辦理的課後照顧班，是以配合小學的作息時間為主；民間所辦理的課後照顧，雖然有規定課後照顧的服務時間不得超過晚上八點，但若有學童家長出具同意書則不在此限，其主要是以家長的需求為主；非營利機構辦理的課後照顧亦是配合社區父母上下班時間為主。

國小課後照顧班使用學校場地，私人課後照顧中心使用的樓層雖為私人建物，但仍應符合消防安全之規定，且使用樓層以一至四樓為限。

參、課後照顧相關規定

一、設備與收托人數

公立國民小學或鄉（鎮、市、區）公所，可以委託依法登記或立案之公、私立機構、法人、團體辦理公立課後照顧班或公立課後照顧中心。若小學委託校外機構或團體辦理的課後照顧，學校應該提供各項設施及設備。

　　招收兒童五人以上的個人、機構或團體，均需依照此辦法的規定。但招收五人以下學童的家庭式課後照顧則不在此限。除此之外，依法登記或立案之社會福利、公益、慈善或宗教團體提供免費課後照顧者，也不受此辦法限制。

　　課後照顧班、課後照顧中心每班兒童，以 15 人為原則，至多不得超過25 人。

　　公立課後照顧班、中心，每班以招收身心障礙兒童兩人為原則，並應酌予減少該班級人數。同時國民小學也可視身心障礙兒童照顧需要，以專班方式辦理課後照顧服務。公立課後照顧班應優先招收低收入戶、身心障礙及原住民兒童。

二、主管機關的監督

　　縣市主管機關應該設置課後照顧服務審議會，主要任務包含：

1. 研訂推展兒童課後照顧服務之目標及方針。
2. 協調規劃兒童課後照顧服務之推動。
3. 審議其他有關兒童課後照顧服務事項。

　　審議會設有委員 13 人至 17 人，由縣市政府機關首長或其指定之人擔任召集人，並且遴聘學者專家、家長團體代表、婦女團體代表、兒童團體代表、公益教保團體代表及機關代表。

三、設立許可

　　公、私立課後照顧中心需要申請營運許可。由鄉鎮市公所、私人或團體填具申請書，並檢附相關文件，向縣市主管機關申請。文件包含：

1. 中心名稱、地址及負責人等基本資料。
2. 中心設立目的及業務計畫書。
3. 建築物位置圖及平面圖。
4. 土地及建築物使用權利證明文件：包括土地與建物登記（簿）謄本、建築物使用執照影本、建築物竣工圖、消防安全設備圖說及消防安全機關

查驗合格之證明文件與使用權利證明文件影本。土地或建物所有權非屬私人或團體所有者，應分別檢具經公證自申請日起有效期限三年以上之租賃契約或使用同意書。

5. 財產清冊及經費來源。

6. 預算表：載明全年收入及支出預算。

7. 組織表、主管與工作人員人數、資格、條件、工作項目及福利。

8. 收退費基準及服務規定。

9. 履行營運擔保證明影本，營運擔保能力需參考各縣市主管機關公告。

10. 投保公共意外責任保險之保險單影本。保險金額需參照各縣市主管機關公告。

11. 若申請人為法人或團體者，並應檢附法人或團體登記或立案證明文件影本，及法人或團體經目的事業主管機關核准附設課後照顧中心文件影本。

　　縣市主管機關受理申請後，會同相關機關實地勘查，並符合規定者，才可核發設立許可證書。

四、收費標準

　　課後照顧中心收費項目與用途分別包含：

1. 註冊費：支應硬體設施維護成本。

2. 月費：支應人事成本。

3. 代辦費：支應交通費、教材費、餐點費、活動費等費用。

4. 臨時服務費：支應臨時服務時間之相關費用。

　　低收入戶、身心障礙及原住民兒童免費，經學校評估後，報縣市主管機關專案核准的情況特殊兒童可減免收費，一般兒童則依下列規定收費。

　　各縣市主管機關依照下列計算方式為上限，自行訂定：

1. 學校自辦：

於學校上班時間辦理時，每位學生收費	新臺幣 260 元×服務總節數÷0.7÷學生數
於學校下班時間及寒暑假辦理時，每位學生收費	新臺幣 400 元×服務總節數÷0.7÷學生數
一併於學校上班時間及下班時間辦理時，每位學生收費	（新臺幣 260 元×上班時間服務總節數÷0.7÷學生數）＋（新臺幣 400 元×下班時間服務總節數÷0.7÷學生數）

　　學校課後班參加人數未滿 15 人，學校可以提高收費，但不可以超過縣市主管機關收費定價基準之 20%，若服務總節（時）數，因故未能依原定服務節（時）數實施時，應按比率減收費用。

2. 委託辦理：

於學校上班時間辦理時，每位學生收費	新臺幣 410 元×服務總時數÷0.7÷學生數
於學校下班時間及寒暑假辦理時，每位學生收費	
一併於學校上班時間及下班時間辦理時，每位學生收費	

　　公立課後照顧班可向家長收取的費用包含行政費和鐘點費兩項：行政費包括水電費、材料費、勞健保費、勞退金、資遣費、加班費、獎金及意外責任保險等勞動權益保障費用，以占總收費 30% 為原則。若學校委託其他個人或單位辦理時，受委託機構的行政費占總收費 20% 為原則，學校的行政費則占 10%。鐘點費以占總收費 70% 為原則。

3. 私立課後照顧中心辦理課後照顧服務之收費基準，可比照前述學校自辦規定。

五、人員資格與訓練

　　小學的課後照顧班應設置執行秘書、課後照顧服務人員，以及行政人員。招收 25 名（或以下）兒童，設置一位課後照顧服務人員，課後照顧人員可以由校內教師兼任，或者學校聘請合格人員擔任。

　　課後照顧中心應設置主任、課後照顧服務人員，以及行政人員。每位課後照顧服務人員收托的兒童人數規定同上。

　　上述課後照顧服務人員，應具備的資格為：

1. 高級中等以下學校、幼稚園或幼兒園合格教師、幼兒園教保員、助理教保員。
2. 曾依中小學兼任代課及代理教師聘任辦法或國民中小學教學支援工作人員聘任辦法聘任之教師。但教學支援工作人員為高級中等以下學校畢業者，應經縣市政府教育、社政或勞工相關機關自行或委託辦理之 180 小時課後照顧服務人員專業訓練課程結訓。
3. 公私立大專校院以上畢業，並修畢師資培育規定之教育專業課程者。
4. 符合兒童及少年福利機構專業人員資格者，但不包括保母人員。
5. 高級中等以上學校畢業，並經縣市政府教育、社政或勞工相關機關自行或委託辦理之 180 小時課後照顧服務人員專業訓練課程結訓。

　　同時，課後照顧人員每年應參加縣市主管機關辦理的在職訓練至少 18 小時。

六、場地、空間及設施設備

　　課後照顧中心之總面積應達 100 平方公尺以上，兒童每人可使用的室內活動面積不得小於 1.5 平方公尺，室外活動不得小於 2 平方公尺。且課後照顧中心應有固定地點及完整專用場地；若為樓層建築者，以使用地面樓層一樓至四樓為限。課後照顧中心應具備：教室、活動室、遊戲空間、寢室、保健室或保健箱、辦公區或辦公室、廚房、盥洗衛生設備、其他相

關之必要設施或設備。盥洗衛生設備的條件要求如下：

1. 大便器：男生每 50 人一個，女生每 10 人一個。
2. 男生小便器：每 30 人一個。
3. 水龍頭：每 10 人一個。

　　上述空間和設施設備規格應合於兒童使用，且便器應有隔間設計。

第四節　幼兒園兼辦國小課後照顧

　　依據《幼兒園兼辦國民小學兒童課後照顧服務辦法》規定（教育部，2015），幼兒園可申請將原許可招收幼兒之部分人數，轉為兼辦國民小學階段兒童課後照顧服務之人數，但幼兒園須具備下列條件：

1. 原設立許可空間有空餘。
2. 有國民小學階段兒童課後照顧服務專用之室內活動室。
3. 幼兒專用室內活動室與國民小學階段兒童課後照顧服務專用室內活動室可明確區隔，且幼兒園須提供符合國民小學階段兒童需求之桌椅、用品及教具等設備，與國民小學階段兒童尺寸之衛生設備。前述衛生設備，應與二歲以上至入國民小學前幼兒明確區隔，且不得共用。

　　幼兒園若兼辦國民小學階段兒童課後照顧服務，收托人數不得超過幼兒園原核定招收幼兒人數之二分之一，且每班以 30 人為限，不得與幼兒園幼兒混合編班。幼兒園兼辦國民小學階段兒童課後照顧服務，每招收兒童 20 人，至少置課後照顧服務人員一人；未滿 20 人以 20 人計。前項國民小學階段兒童較特殊的規定是有關幼兒園若必須購置或租賃交通車載運國民小學階段兒童，須適用學生交通車管理辦法相關規定辦理，且交通車不得載運二歲以上至入國民小學前之幼兒。

第五節　課後照顧的現況與問題

　　馮燕（2001）根據內政部在 1997 年的研究報告指出，臺灣地區家長對於學齡兒童教育問題最感困難主要有三個擔憂，分別是：「尋找適當的課後托育」、「配合學校教育在家輔導做功課」以及「無法引導孩子重視功課」。顯示家長對於課後照顧的期待，不僅是希望能保障兒童在父母無法照顧的時間，可以獲得安全的環境及照顧外，更要能幫忙督促學童完成學校作業，協助家長解決子女家課指導的問題。因此，許多家長們深怕「孩子輸在起跑點上」，而自己又沒有足夠時間或知識指導孩子學習時，對於目前課後照顧中心所提供的服務，不僅擔負協助家長照顧孩子的保育功能，同時也滿足家長對課業輔導及才藝訓練的期待。在這種情況下，家長面對諸多安親班兒童托育中心安親、才藝、課輔等五花八門的服務宣傳，實在不清楚，且未必了解課後照顧或是學藝班、補習班是否有所區別。

　　另外，根據李新民（2003）的研究指出，課後照顧機構延伸國小課程實況是以營利為導向來規劃課程，採取補習式的填鴨教學和反覆考試練習，對於兒童的身心均衡發展可能有不利的影響。同時，一般家長也不會留意安親班與補習班立案方式的不同，以及私人業者所經營的安親班資訊不夠透明化，這些都攸關家長與兒童權益。

　　課後照顧提供學業落後學童的指導，並且解決了家長下班後到晚餐前的托育困擾。雖然近年來課後照顧的安全逐漸受到重視，相關法令也隨著逐步建立和修訂，但是課後照顧也衍生了一些值得重視的問題，包含課後托育強調課業學習但較少關注學童的心理適應，不同類型的課後托育強調的服務內涵各異，以及機構取代親職照顧與親子互動。

　　兒福聯盟於 2012 年抽樣調查全臺 31 所小學三年級與四年級近 1,200 位學童，了解國內國小學童的課後照顧情形，研究結果發現，臺灣的三、四年級學生，近八成課後有安排安親、補習、才藝或課輔，比三年前（2009

年）增加6%。安親班或補習班儼然成為孩子們下課後的第二個學校。臺灣課後照顧環境普遍存在三個問題（兒童福利聯盟，2012）：

1. 上安親班時間過長：近六成（57.7%）安親／補習的天數為五天以上、近三成要上到晚上七、八點才能回家，整整「加班」學習超過12個小時，更因此造成近兩成學童無法和家人一起吃晚餐，長期下來可能對學童健康產生影響。

2. 課業壓力大：近六成上課後照顧學童表示安親／補習班常常出額外的作業、近五成（49.7%）表示常有額外的考試，甚至有26.6%會做排名比較。

3. 課後照顧環境安全問題：超過四分之一（26.8%）的國小學童放學後到沒有立案的安親班或補習班，有48.7%學童的課後照顧機構名為「短期補習班」實質是「長時間安親」的補習班。23.6%的學童認為接送的車子座位擁擠、21.1%認為教室擁擠、14.4%認為其安親／補習班的環境髒亂。43.1%國小學童曾被體罰，甚至有19.0%學童經常被體罰，課後安親環境的霸凌和體罰問題也相當嚴重。

一、課後照顧提供學業落後學童的課業輔導

　　課後照顧的環境提供個別指導，課後照顧的老師，不僅協助許多家長指導子女課業，對於學校學習落後的學童，還可提供個別的課業輔導。由慈善或宗教團體提供免費的課後照顧，解決隔代教養的家庭，或者經濟困難、社會弱勢的家庭孩子課後安置的場所，公立課後照顧班免費提供給低收入戶、身心障礙及原住民兒童。上述課後照顧的確可以解決照顧者能力不足、無法指導學童課業的問題。

二、課後照顧解決家長下班後至晚餐前的托育困擾

　　完善的家庭政策、多元化的課後照顧，協助解決一部分家長下班之前子女托育的困擾，並且使得女性得以從家庭照顧的圈桎中解放，投入就業市場（黃志隆，2012），但若課後照顧機構服務品質不佳，則無法讓家長滿意或安心。課後照顧服務品質涵蓋照顧環境和空間是否得宜、照顧服務

人員是否具備專業資格，課後照顧的活動或課程設計是否符合兒童身心發展等幾項。

三、課後托育較少關注學童心理適應

多數課後照顧的主要目的為回家作業指導和複習，然而依據徐超聖（2011）以新北市高年級學童的研究指出，多數參加課後照顧班的學童在學習部分有較多困擾、焦慮和苦惱。一部分原因除了課後照顧解決家長照顧學齡兒童的需求，但另一方面家長對於課後照顧的期待是希望透過複習和課業加強提升學童的學習成效，此部分的目標造成學童在課後照顧的壓力。為了符應家長對課後托育教師的角色期待，多數課後托育照顧人員和學童的人際關係是較為緊張的，高淑玲（2006）的研究即指出，近五成的課後托育學童認為與課輔老師之間的信賴關係有待提升。

了解學童快樂情緒的影響因素，托育環境中妥善規劃服務內容，則可以減少學童參與課後照顧產生的焦慮和負向情緒。研究指出，課後照顧服務應該包含涵養學童的個人互動與社會技巧，因為學童可以從多元化的方式與同儕互動，並減少學童的負向行為（Durlak, Weissberg, & Pachan, 2010）。鄭芬蘭（2001）建議，教師溫暖和關懷的人格特質和教學行為、友善的同儕互動、寬敞的活動空間和豐富的環境布置、適切的課程安排，以及適度的放鬆和休閒活動，都可以有利於托育學童的心理適應。

四、不同類型的課後托育強調的服務內涵各異

慈善或宗教團體辦理的課後照顧多半基於協助弱勢家庭子女的照顧，有部分團體接受經費補助，收托的對象也多半限於特定對象，如中低收入戶、隔代教養、單親家庭、新住民家庭子女。高淑玲（2006）分析花蓮縣非營利機構辦理的課後照顧方案，結果發現這類團體辦理的課後照顧活動多半以生活照顧、常規養成、諮商與輔導活動居多，且這類機構或團體多半由社區志工擔任課輔老師。由於這類非營利機構辦理的課後照顧多半接受政府補助，因此在課後照顧辦理目標，除了課業指導外，通常也包含學

童生活適應與家庭關懷的目的。

　　針對國小課後照顧，汪慧玲與沈佳生（2009）以屏東縣國小課後照顧班的家長為問卷施測對象，研究結果指出家長對於課後照顧機構，最重視師資品質，其次為行政服務，再其次為設備充足，最後才是收費合理性。與民間私營的課後照顧班比較，國小課後照顧相對上較為平價，因為使用校園空間，所以相對上也較為安全，但是收托時間不如民間私營的課後照顧班有彈性。

　　營利性質、家長付費課後照顧中心或安親班，受家庭經濟能力影響家長可以購買的課後照顧服務。麥雯媛（2012）以新北市 567 位家長的調查也指出，家長教育程度愈高、職位愈高、家庭平均收入愈高，對課後照顧服務品質的認知也愈高。

　　課後照顧的活動內容應以提供生活照顧及學校作業輔導為主之多元服務，只不過坊間多數營業性質的課後照顧安親，多半以學校作業輔導為主，忽略了其他多元化活動的安排。有些家長組成「共遊共學」的課後照顧模式，學童組成一群學伴，不同性質的「共學團體」，由家長安排各種活動，包含參加社團和課外教育，透過「邀集學伴、共聘教師」的課後教育模式，甄選聘請「顧問式」的家教老師，不僅為學童設計活動，也傳達生命價值和訓練獨立自主的理念（黃能得，2009）。

五、機構無法取代親職照顧與親子互動

　　高淑玲（2006）研究指出，學童參與課後托育的時間愈久，參與的經驗愈差。家長依賴課後托育機構的結果，雖然得以減輕家長親職照顧的壓力，但卻因此導致親子互動減少、親子關係冷漠。學童無法從課後照顧獲得正向經驗，課後照顧的活動安排和內容，的確需要思考。即便托育可以減輕家長照顧的壓力，緩解家長在工作和家庭的兩力拉扯，但是家長與子女的親子互動和照顧，卻是托育機構所無法取代。馮燕（2009）認為，不論是正式社會支持或非正式社會支持，家庭都需要與外部系統產生交流互動，這些將有助於預防傷害，促進兒童身心健全發展。

 課後練習

一、試述課後照顧的意義及功能。

二、請比較國民小學、民間業者及非營利機構三種不同類型的機構，辦理的課後照顧有何不同？

三、對於目前安親班或課後照顧班存在的問題，你認為有哪些需要改善呢？

 參考文獻

中文部分

王淑英、賴幸媛（1997）。臺灣的托育困境與國家角色。載於劉毓秀（主編），**女性‧國家‧照顧工作**（頁128-159）。臺北：女書文化。

全國課後照顧資訊網（2012）。2012年1月25日，取自 http://www.after-school.org.tw/results.asp?sid=16

行政院資訊網（2012）。**推動弱勢家庭兒童及少年社區照顧服務計畫（中華民國97年12月4日內授童字第0970084074號函頒）**。2012年1月25日，取自http://cake.ey.gov.tw/ct.asp?xItem=47938&ctNode=2491&mp=21

吳秀照、黃聖桂（2010）。從生態文化觀點論社區弱勢家庭兒童少年照顧支持服務的實踐。**社區發展季刊，130**，56-72。

李新民（2001）。**課後托育理論與實務**。高雄：麗文。

李新民（2003）。課後托育機構整合國小課程之初探。**幼兒保育學刊，1**，19-38。

汪慧玲、沈佳生（2009）。家長對國小課後照顧班課後托育品質之調查研究——以屏東縣國小課後照顧班為例。**幼兒教育，294**，1-18。

兒童福利聯盟（2012）。**2012年臺灣兒童課後照顧狀況調查報告發表記者**

會。取自 http://www.children.org.tw/news/advocacy_detail/933

徐超聖（2011）。**新北市國小學童參與校外課後安親班之學習態度與學習困擾研究**。國立臺北教育大學課程與教學研究所碩士論文，未出版，臺北市。

高淑玲（2006）。**從兒童的觀點來看課後照顧方案——以花蓮縣非營利機構為例**。慈濟大學社會工作研究所碩士論文，未出版，花蓮縣。

教育部（2015）。**幼兒園兼辦國民小學兒童課後照顧服務辦法**。取自 http://edu.law.moe.gov.tw/LawContentDetails.aspx?id=GL000622&KeyWordHL

麥雯媛（2012）。**家長對私立課後照顧機構服務品質認知與家長滿意度之研究——以新北市中和區為例**。文化大學青少年兒童福利研究所碩士論文，未出版，臺北市。

曾榮祥、吳貞宜（2004）。**課後托育理論與實務**。臺北：華騰。

馮燕（2001）。各國學齡兒童課後照顧方案。**兒童福利期刊，1**，195-208。

馮燕（2009）。從生態觀點看幼兒托育發展。**幼兒教保研究期刊，3**，1-15。

黃志隆（2012）。臺灣家庭政策的形成：家計承擔與兒童照顧的整合。**人文及社會科學集刊，24**（3），331-366。

黃怡瑾（2000）。國小學齡兒童課後托育情形之初探，**臺南師院學報，33**，33-262。

黃能得（2009）。**放學後才是關鍵**。臺北：野人。

衛福部社家署（2015）。**103 年臺閩地區兒童及少年生活狀況調查報告**。臺北：衛生福利部。

衛福部統計處（2014）。**99 年單親家庭生活狀況調查**。取自 http://www.mohw.gov.tw/cht/DOS/Statistic.aspx?f_list_no=312&fod_list_no=3532

鄭芬蘭（2001）。課後托育學童快樂情緒模式之驗證。**屏東師院學報，15**，231-258。

英文部分

Durlak, J. A., Weissberg, R. P., & Pachan, M. (2010). A meta-analysis of after-school programs that seek to promote personal and social skills in children and adolescents. *American Journal of Community Psychology*, *45*, 294-309.

第9章

身心障礙幼兒的托育服務

→ 葉郁菁、石英桂

第一節　身心障礙兒童的概況與身心障礙類別

　　根據衛生福利部（2016）「發展遲緩兒童早期療育服務個案通報概況」統計，至 2015 年通報之發展遲緩幼兒約有 20,658 人。我國身心障礙幼兒與發展遲緩幼兒可以根據下列幾個法令為依據：

名稱	條款	內容
特殊教育法	第 3 條所稱身心障礙，係指因生理或心理之障礙，經專業評估及鑑定具學習特殊需求，須特殊教育及相關服務措施之協助者。	(1)智能障礙；(2)視覺障礙；(3)聽覺障礙；(4)語言障礙；(5)肢體障礙；(6)身體病弱；(7)情緒行為障礙；(8)學習障礙；(9)多重障礙；(10)自閉症；(11)發展遲緩；(12)其他顯著障礙。
身心障礙及資賦優異學生鑑定標準	第 13 條。	所稱發展遲緩，指未滿六歲之兒童，因生理、心理或社會環境因素，在知覺、認知、動作、溝通、社會情緒或自理能力等方面之發展較同年齡顯著遲緩，且其障礙類別無法確定者；其鑑定依兒童發展及養育環境評估等資料，綜合研判之。
身心障礙者權益保障法	第 5 條所稱身心障礙者，指下列各款身體系統構造或功能有損傷或不全，導致顯著偏離或喪失，影響其活動與參與社會生活，經醫事、社會工作、特殊教育與職業輔導評量等相關專業人員組成之專業團隊鑑定及評估，領有身心障礙證明者。	(1)神經系統構造及精神、心智功能；(2)眼、耳及相關構造與感官功能及疼痛；(3)涉及聲音與言語構造及其功能；(4)循環、造血、免疫與呼吸系統構造及其功能；(5)消化、新陳代謝與內分泌系統相關構造及其功能；(6)泌尿與生殖系統相關構造及其功能；(7)神經、肌肉、骨骼之移動相關構造及其功能；(8)皮膚與相關構造及其功能。

（下頁續）

（續上頁）

名稱	條款	內容
兒童及少年福利與權益保障法施行細則（衛生福利部，2015a）	第 9 條。	所稱發展遲緩兒童，指在認知發展、生理發展、語言及溝通發展、心理社會發展或生活自理技能等方面，有疑似異常或可預期有發展異常情形，並經衛生主管機關認可之醫院評估確認，發給證明之兒童。發展遲緩兒童再評估的時間，由專業醫師視個案發展狀況建議。

　　身心障礙幼兒托育對象包括：零至六歲的發展遲緩幼兒及身心障礙的幼兒。兩者的差別在於發展遲緩的幼兒可以藉由早期療育的方式讓遲緩的現象改善甚至消失，而身心障礙幼兒可能由於先天的或是心理的因素之缺陷與限制，雖然障礙的程度不會因為接受療育的方式而消失，但是會使障礙的程度經由教育或是早期療育的方式，不致使其繼續惡化或是造成第二次障礙的發生（張秀玉，2003）。因此，身心障礙幼兒的早期托育是應該重視的問題。

　　根據 2016 年「教育部特教通報網」的統計，105 學年度臺灣地區學前特教班共有 430 班，收托身心障礙幼兒共有 14,127 名，其中以發展遲緩幼兒 10,800 人，人數最多，其次為自閉症幼兒（870 人），再其次為智能障礙幼兒（438 人）。但還不包括尚未安置就學的零到三歲幼兒與尚未接受鑑定的發展遲緩幼兒（教育部，2016）。至 2016 年 10 月底止（教育部，2016），全臺灣學前特教老師共有 758 人，其中身心障礙類教師 743 人，資賦優異類 15 人，這也顯現出我國學前特殊教育師資的缺乏，造成供需不平衡，平均每一位學前階段幼兒園特殊教師需要照顧 19 位身心障礙幼兒和發展遲緩幼兒，能得到的專業教育及照顧實在有限。

　　孩子出生後五年是腦部發展最迅速的關鍵時期，在這個關鍵時期，若

讓幼兒接受良好的教育與環境刺激，幼兒在認知、語言、人際互動等各方面的學習能力可以順利發展。許多特殊教育專家更強調早期療育對於發展遲緩和身心障礙幼兒的重要性，不但可以減輕遲緩的程度，也能夠避免以後產生其他障礙的機會（Smith, Polloway, Patton, & Dowdy, 2001; 引自張秀玉，2003）；同時《兒童及少年福利與權益保障法》第31條更明確指出：「政府對於發展遲緩兒童，應按其需要，給予早期療育、醫療、就學方面之特殊照顧。」因此，身心障礙幼兒的托育服務需求更顯得重要。而托育服務是兒童福利中重要的一環，托育服務可以被視為「補充性服務」之一。托育服務的目的在於提供父母親因為就業工作、外出、生病或其他因素無法親自照顧自己子女時的補充性服務（彭淑華，1995）。托育服務的提供可以讓父母在照顧孩子與工作之間取得平衡點，減輕家庭育兒的壓力，尤其對於家中有身心障礙幼兒的家庭而言，托育服務就顯得更為重要。

　　托育服務對於身心障礙幼兒的家庭不僅提供了支持性、照顧性的服務，同時也讓父母親有喘息的機會。但是實際的社會情況可以發現，一般托育機構因為考慮人力、物力和環境等種種因素，所提供的服務相當有限，而婉拒身心障礙幼兒的托育服務。同時也因為各類身心障礙幼兒的障礙類別、障礙程度的不同，需要許多支持性的專業照顧，造成許多身心障礙幼兒大多只能待在家中或是特殊教養機構內接受服務。近年來政府積極推動各項身心障礙者的福利政策，目的就是希望這些身心障礙者和其家庭成員能夠走出家庭融入社區之中，成為社會的一份子，並且推動福利社區化，使身心障礙者家庭可以就近在社區中即可滿足托育照顧的需求。

第二節　身心障礙幼兒托育服務的功能與形式

　　身心障礙幼兒接受托育服務，就是希望在幼兒發展過程中能夠透過托育的方式達到早期療育的目的，及掌握兒童發展的關鍵。綜合各家學者專家的意見，對於身心障礙的幼兒和其家庭，托育服務可歸類具有下列幾點

功能（王天苗，1995；周月清，1998；高雄早期療育綜合服務網，2005；張秀玉，2003；許碧勳，2003；馮燕，1995）：

一、身心障礙幼兒托育服務的功能

(一) 對幼兒本身

1. 掌握治療的黃金時期：使發展遲緩和身心障礙幼兒在身、心、靈方面，包括生理、認知、語言、社會適應與生活自理的技巧得到改善，並發現孩子的優勢能力激發發展的潛能，達到增能的效果。
2. 增加社會互動與人際關係：在自然的環境中成長，讓幼兒融入環境之中，與同儕互動學習合宜的行為，促進個體的獨立發展以發揮最大的潛能。
3. 避免第二障礙類別的產生：可以透過托育方式與醫療結合，加強醫療復健的方式減緩障礙程度的惡化，找出對該協助身心障礙幼兒發展出主動適應、參與和掌握環境的獨立能力。

(二) 對家長而言

1. 提供家庭諮詢與支持：讓家長了解孩子的障礙情形，並調整對孩子不適當的期待，且提供家庭所需的資源與資訊，以協助家庭的所有成員回復正常生活。
2. 增加家庭經濟收入的機會：增加家庭成員的就業人口和收入，使家庭成員可以繼續工作，不需為了孩子而終止工作，影響到家庭的收入來源。
3. 喘息機會：身心障礙者的主要照顧者（如父母）都需要有上街購物、處理個人事務或是從事社交活動和休閒自由的時間，因此透過托育的服務，家長和主要照顧者可以獲得減輕照顧壓力和短暫喘息的機會。
4. 解除緊急托育的困擾：有急事或是有要事必須出門時，不必擔心孩子在家無人照顧，或者需要勉強帶他們到不適合的地方去。

二、身心障礙幼兒托育的形式

1. 一般幼兒園：大部分收托三到六歲的身心障礙幼兒，採取融合教育安置的方式，目的是希望孩子能享有相同的教育權利，回歸正常的生活。政府為獎勵私立幼兒園招收身心障礙幼兒，所以給予家長和幼兒園每學期5,000 元的補助款。

2. 教養機構：公立的教養機構大部分都是收托年滿 15 歲至未滿 35 歲之中度、重度、極重度智障者，或以智障為主之多重障礙者。私人創辦的教養院收容年齡層較廣，包含 0 到 35 歲以下的身心障礙者。而教養機構的收托主要業務大概可以包含啟智教育、職業陶冶訓練、庇護性就業訓練、支持性就業訓練、養護教育訓練、醫療服務、休閒育樂活動和諮詢服務。

3. 居家托育人員：對於零到二歲的身心障礙幼兒收托的方式，可以透過居家托育服務中心媒合找到相關的資訊，讓家長可以在社區之中就找到合格又安全的居家托育人員，以免除托兒時的路途奔波，以及祛除他們對不當托嬰的焦慮。此外，可認識社區內的其他保母，需要時可互相照應，並藉由彼此之間互相交流教養的經驗，以獲得專業方面的諮詢，擺脫昔日孤立無援的困境。

4. 課後托育：身心障礙的孩子在接受一般的教育之後，在寒暑假或是課餘時間接受的服務，可以短暫得到照顧的機會，也可以延續學校學習的內容。

5. 臨時托育：臨時托育的服務方式大致可以分為：到宅臨托、定點托育、寄養托育。提供的服務內容主要是：(1)協助膳食；(2)協助清潔；(3)看護照顧；(4)陪同就醫；(5)生活自理能力訓練；(6)陪同休閒；(7)延續學校學習的內容。

6. 其他：早療中心或是坊間基金會所辦理的各種托育服務，例如心路文教基金會所辦理的早期療育班，或是由身心障礙者家長所組成的協會之托育服務團隊等，這種由本身即擁有障礙兒童的家庭成員組成的團體所組成的托育服務團體，較能夠貼切的結合身心障礙者的需求。

第三節　身心障礙幼兒托育服務的困境

身心障礙者會因為本身的障礙因素，在接受托育服務時可能會有以下困擾：

1. 社會人士和一般托育人員，如果沒有接觸過身心障礙幼兒，容易產生不了解和誤解的情況，因此在托育的過程中，也會比較容易被拒絕或是孤立。

2. 政府積極推動幼兒園招收身心障礙幼兒，給予招收每名身心障礙幼兒的幼兒園每學期 5,000 元的補助，也鼓勵教師修習特殊教育的課程，但是幼兒園大部分願意招收的幼兒均屬於輕度的身心障礙幼兒，對於中、重度、生活自理需要他人協助的身心障礙幼兒，收托上受限於專業人力不足，仍有托育的困難。

3. 身心障礙幼兒家長的自卑感，害怕孩子到幼兒園造成園方的困擾，同時也擔心孩子被嘲笑或是被孤立。

4. 支持系統不足：對於身心障礙的孩子而言，需要更多的照顧與支持，所以專業團隊的介入就顯得十分重要。尤其是早期療育階段的孩子更需要各種專業團隊的介入，但是因為各縣市財力或人員分布不均，導致一般幼兒園的身心障礙幼兒能夠分配到專業團隊治療的時數相當有限。

5. 危機處理的能力令人擔憂：安全的環境是父母親在孩子接受托育服務時考慮的首要條件，尤其是這些特殊孩子因自身的行為問題或是障礙因素所引起的併發症，如自殘、癲癇、心臟病、間歇性休克……等。所以在接受托育服務過程中，會面臨到問題或突發狀況，如果相關的人員缺乏危機處理能力，將會造成彼此之間的遺憾和誤解。因此建議相關主管單位應定期開辦緊急救護的研習課程，同時也教導家長在孩子接受托育服務時，要詳細說明孩子的症狀及需要注意的事項。

6. 環境上的限制：身心障礙幼兒由於身體的殘缺，所以對於環境的需求也

會不同於他人。環境周邊設備是否為安全設施、布置是否符合無障礙空間設計、洗手臺的高度、教室的位置與布置、廁所的設施是否均有符合無障礙空間設計的理念……等，都是家長擔憂的地方。

7. 托育人員的素質及師資：專業的特殊幼兒教師不足，托育人員對各種身障類型的托育需求未必盡然了解，以及是否針對身心障礙幼兒托育做職前專業的訓練，都是身心障礙幼兒托育時的困境。在面對各類的障礙兒童，並非只修過三學分的「特殊教育導論」就可以照顧特殊兒童，而是要不斷充實自己的專業知識與累積不同的經驗。因此，托育機構內的人員是否接受專業的在職進修課程，以及托育機構人員收托身心障礙幼兒時，也應有外部的早療專業團隊協助，才能確保身心障礙幼兒的托育服務品質。

8. 無法滿足不同身心障礙者的需求：目前較缺乏全面性收托計畫和支持系統，教學的活動課程無法只針對身心障礙幼兒一個人，也必須考慮其他幼兒的學習狀況；因此，對於托育服務人員而言，要針對不同需求的身心障礙幼兒提供不同課程活動設計和個別化教學計畫，將是一項繁重的工作。

第四節　身心障礙者的支持系統和社會資源

　　家庭成員中如果有身心障礙者出現，往往會造成家庭成員沉重的壓力，不僅對父母親是個負擔，對於其他家庭中的成員也可能是一種長期的挑戰和負擔；但是這些身心障礙者的父母親並非先天具有承受這些壓力與面對這些困難的準備能力，他們也需要和身心障礙者一樣擁有各種的協助與支持。如果有健全的社會資源與支持系統，便可以使身心障礙者和其家庭得到良好的照顧與發展。

一、身心障礙兒童家庭常見的困境

Stagg與Catron（1986）指出，身心障礙兒童家庭常見的困境包含以下三項（引自何華國，1996）：

1. 社會接觸的受限：最常見的是身心障礙兒童的父母親不僅很少去探訪其他家庭，有的甚至連親屬間的往訪也比較少；換言之，身心障礙兒童父母的社會關係在子女出生之後，有可能跟著變化。例如因為子女身心障礙而對配偶或家人產生質疑和指責，甚至因照顧子女而減少社會網絡的交際。加上身心障礙兒童的父母感受自己的孩子與他人不同，對子女未來的發展常有不確定的感受，若再加上父母親對自己照顧特殊兒童的能力持負面觀點，很可能會造成身心障礙兒童父母的挫敗感和焦慮感（張秀玉，2005）。

2. 額外的財力負擔：身心障礙孩子的出現所引發的醫療、生活照顧等問題，雖然政府提供健保費用的補助，但是家人因照顧身障兒辭去工作的成本支出卻是無形的，這些和正常孩子的家庭相比，都是一筆額外的經濟負擔。

3. 身心障礙孩子照顧需要獲得多方面的協助：這些協助包括子女的照顧、教育、訓練與輔導、醫療的服務、家中雜物的處理等。身心障礙者家庭對於這些協助會因孩子的障礙狀況、年齡以及家庭所擁有的資源不同而有所差異。有身心障礙者孩子的中低收入戶家庭，可能會比高所得的家庭遭遇到更多的問題與更高的經濟壓力。

二、支持系統的類型

何華國（1996）、林淑玲（2001）指出，身心障礙者的支持系統類型包含以下兩類：

1. 嘉惠於身心障礙者本身的支持資源：大部分屬於政府單位或是社會機構所直接提供的服務，包括特殊教育、健康照顧、經濟的補助、就業訓練和安置、轉銜服務、醫療復健、交通補助……等。

2. 身心障礙者家庭支援服務：對於整個家庭成員和身心障礙者本身所提供的協助包括：個別化家庭服務方案、教育補助、居家協助、臨時托育服務、家庭諮商、早期療育的宣導、社區照顧、手足倫理教育、生涯規劃課程、同胞手足的諮商與訓練……等。

第五節　身心障礙幼兒的臨時托育

「喘息服務」的目的在減輕家長因長期照顧身心障礙者所形成的身心壓力和負擔，以獲得暫時喘息、舒緩的機會以及安心工作的機會。是由一群受過訓練的人員來擔任此工作，在身心障礙者家庭需要協助的時候，可以到身心障礙者家中協助家長照顧身心障礙者，或暫時接替照顧者來照顧身心障礙者的工作。

喘息服務提供的目的可以分為：(1)紓解家庭長期照顧的壓力；(2)增加照顧者與其他成員的互動，以促進家庭整合與家庭成員的生活品質；(3)增加照顧者與家庭成員參與社會活動的機會；(4)增加身心障礙者與他人互動的機會；(5)提供障礙者特教與訓練；(6)提供緊急托育；(7)支持障礙者回歸社區；(8)增加家庭使用社區資源（周月清，1998）。

依據《弱勢兒童及少年生活扶助與托育及醫療費用補助辦法》（衛生福利部，2015b），或父母或監護人因臨時或特殊事件，需將未滿二歲之發展遲緩或身心障礙幼兒送請居家托育人員或托嬰中心照顧，可以申請臨時托育費用補助。未滿二歲之發展遲緩或身心障礙幼兒送托居家托育人員或托嬰中心臨時照顧者，每小時補助新臺幣120元，每年最高補助240小時。

所以身心障礙者的臨時托育服務成為家長能夠喘息的一項福利措施，近年來已有許多縣市開辦身心障礙家庭的喘息服務，其他也有社會福利機構或團體提供臨時托育的服務，但大部分針對的幼兒均是身心障礙類或是家庭遭遇變故，再者是中低收入家庭。以下列舉縣市政府及社會團體提供的臨時托育。

一、臺北市

　　臺北市政府社會局依據《兒童及少年福利與權益保障法》第 23 條第 1 項第 3 款規定，提供臺北市未滿 12 歲兒童之家長臨時托育服務，並詳載於《臺北市政府社會局兒童臨時托育補助作業須知》（臺北市政府，2015）。服務方式包含「幼托機構臨托」與「居家托育人員」臨托兩種：前者主要由兒童於幼托機構內受托，並以不超過機構核定收托人數為原則。後者則由居家托育人員提供在宅臨托及到宅臨托。

　　臺北市的臨時托育費用補助標準為：(1)六歲以下兒童每小時補助新臺幣 100 元，但本人或家中同住兄弟姊妹中有身心障礙或發展遲緩兒童者，每小時補助 120 元。假日臨托時數至多補助 12 小時。(2)國民小學階段兒童於非假日臨托，每小時補助 100 元，但本人或家中同住兄弟姊妹中有身心障礙或發展遲緩兒童者，每小時補助 120 元。(3)國民小學階段兒童於假日臨托，除低收入戶每次補助 400 元外，其餘國小一年級及二年級每次補助 200 元；國小三年級以上每次補助 150 元。幼托機構臨托、托育人員在宅臨托與托育人員到宅臨托合計每月最高補助至 40 小時。但經評估有特殊需求者，每月得最高補助至 80 小時。

　　臨時托育的服務方式有下列優缺點（身心障礙者資訊服務網，2004）：

1. **機構托育：父母將身心障礙兒童送至合格、安全的托育機構接受臨時托育。**

   優點：父母可以依據孩子的狀況選擇適合的托育機構，同時保母或照顧者也比較容易得到其他的支援服務。

   缺點：願意接受身心障礙者臨時托育的機構不多，僅限於幾個地區，造成家長交通上的不方便。

2. **居家托育人員在宅臨托：居家托育人員在自己家中進行托育。**

   優點：家長自己可以找尋適合的托育人員或是就近照顧。

   缺點：如果沒有計畫性的事先安排活動，而是臨時性或是緊急事故發生，除非平日即有配合的托育人員，否則可能無法一下子找到

具有專業知識的托育人員能了解如何照顧身心障礙的幼兒，家長也無法安心。

3. **居家托育人員到宅臨托：居家托育人員至兒童家中進行托育，到宅臨托僅限零至六歲兒童。**

優點：服務範圍廣，不受區域限制且機動性較強。

缺點：托育人員到家中做臨時托育，會感到資源較少而且孤單，因此需要完整的緊急事故安排流程和完整的督導系統，以確保服務的品質。

二、北部縣市

依據特殊教育通報網（教育部，2016），新北市學前階段身心障礙幼兒有 2,483 人。新北市的身心障礙孩童大部分收托在機構裡，並以在機構裡接受臨時托育的服務居多，造成父母臨時有事需要外出時，孩子缺乏成人的照顧，或是長期將孩子留在機構內接受收托服務。而且機構內收托有其優缺點，優點是孩子能夠接受到較完善的專業照顧，缺點則是缺乏與外界的互動。除了現有的機構托育外，還可以開辦學校、社區保母，或是與醫院結合的托育方式，在每個區域定點設置臨時托育中心；對於偏遠地區可以採用巡迴專車的方式做臨時托育，讓更多特殊兒童享有應有的權利。而新竹縣則是由 15 個護理之家、長照中心等機構承辦身心障礙者短期照顧服務，服務的對象是設籍在新竹縣的身心障礙者，並沒有年齡上的限制，其優點是考慮到各個年齡層都需要做臨時托育的服務；但是設立的地點是否恰當、普及程度、家長交通上的往返便利性都是值得深思的地方（臺北市社會局，2004；新竹縣政府社會處，2016）。

三、中南部縣市

以臺中市而言，市政府制定完善的計畫，除了明確的臨時托育條文之外，還在公立幼兒園先示範臨時托育，照顧放學後因為家長有事臨時無法來接的孩子。除此之外，彭婉如基金會也在臺中市透過媒合的方式，提供

身心障礙兒童定點或到宅服務，並補助專業督導費用，其服務內容與方式是由保母對兒童提供照顧及教養，以及必要時陪同就醫服務。再者，加上彭婉如基金會所提供的是合格保母，托育服務人員可以更加多元化，此外，政府應該開辦相關特殊教育的研習課程提供合格的保母進修的機會（彭婉如基金會，2004）。

臺南市政府（2012）提供家有二至十二歲以下身心障礙或發展遲緩兒童之家庭多元化臨時托育服務，並補助弱勢家庭托育費用。補助標準如下：

1. 托育機構臨托：補助弱勢家庭每名兒童每小時 100 元。
2. 保母在宅臨托：補助弱勢家庭每名兒童每小時 100 元。
3. 保母到宅臨托：補助弱勢家庭每名兒童每小時 120 元。

每位幼童臨托時數每月最高補助 20 小時，每年最高補助 240 小時（托育機構臨托及保母臨托合計）。

智障者家長協會、自閉症協會、基督教勝利之家等民間機構（勝利之家，2004），或教養院裡都有機構式的臨時收托服務，但是服務的對象和範圍就比較侷限在某個特定的地方。社區的臨時托育中心，可以與醫院、衛生所或當地的特殊教育機構、托育機構結合，利用志工與退休人員如社工、老師、醫護人員等做臨時托育的服務。

四、高屏地區

高雄市政府 2017 年由喜憨兒社會福利基金會承辦高雄市臨時及短期照顧服務，「高雄臨時照護」（高雄市政府，2017），服務對象為 49 歲以下設籍並實際居住在高雄市，領有身心障礙手冊之身心障礙者；或者家庭照顧人力因故臨時或短期無法照顧身障者或有喘息需求並經評估確有需求者。臨時和短期照顧服務分為到宅式和機構式；臨時照顧服務每次服務時數在 24 小時之內；短期照顧服務每次服務時數超過 24 小時以上，連續受託日在 10 日以內。服務的內容包含：安全照顧、協助膳食、簡易身體照顧服務、臨時性之陪同就醫，與其他經評估必要之服務。

五、東部地區

　　東部地區學前特幼學生人數，105 學年度臺東縣有 159 位、花蓮縣有 333 位；臺東縣學前特幼老師有 17 位，平均師生比為 1：9；但花蓮縣僅有 21 位學前特幼教師，師生比為 1：15.9。2016 年臺東縣政府委託五個機構承辦身心障礙者的臨時與短期托育照顧，分別為財團法人臺東縣牧心智能發展中心、臺東縣私立仁和老人養護中心、財團法人臺東縣私立柏林老人養護中心、臺東聖母醫院，以及財團法人臺東基督教醫院。提供的臨時照顧服務包含（臺東縣政府社會處，2016）：

1. 協助膳食：臨時照顧僅供餵食協助；短期照顧提供餵食協助、烹飪協助或代購外食。
2. 簡易身體照顧服務：協助如廁、換尿布、翻身、拍背、肢體關節活動、上下床、個人清潔等。
3. 臨時性之陪同就醫。
4. 其他符合臨時及短期照顧服務精神之項目。如：陪同散步、讀報及文書協助等。

六、離島地區

　　澎湖縣有臨時托育的補助，但僅限於育幼機構、養護機構接受臨時托育，澎湖縣離島眾多，交通連結不易，因此以保母或專業托育人員到宅服務或是定點臨時托育，服務的層面較廣，也較具有近便性。

　　金門縣學前教育階段有 73 位身心障礙者，但全縣僅有 9 位學前特幼教師（教育部，2016）。在金門縣，幼兒讀幼兒園是完全免費的，縣政府可以考量由合格的幼兒園老師或是在國小直接開辦臨時托育。連江縣學前階段身心障礙者是 16 位，學前特幼教師 2 位。澎湖縣學前特幼生 34 位，學前特幼教師 4 位。離島地區學前特殊師生比約為 1：8。

第六節　身心障礙兒童托育服務的未來發展

、在主管單位方面

　　加強宣導幼兒園招收身心障礙者之幼兒，並給予適當的支持與輔導（馬祖琳、梁書華、陳慧頻、黃秀玲、張嘉琪，1999）。

1. 鼓勵合格托育人員及教保人員進修特殊教育專業知識：開辦特殊教育專業研習或課程給身心障礙兒童托育人員專業進修的機會，評鑑優良之機構或單位，得以公費薦送在職人員參加進修特殊教育之課程，以造福更多幼兒。

2. 整合社會資源與教育資源：加強宣導早期療育的觀念與重要性，並建立早期療育通報網，且組成跨專業團隊方式結合醫療、幼兒教育、特殊教育、家庭教育等提供身心障礙者家庭資源及諮詢。

3. 加強機構的督導與聯繫，並定期評鑑：主管單位在辦理過程中，應主動與托育機構保持聯繫、溝通，以了解托育機構的辦理狀況，並適時提供支持與協助，且運用巡迴輔導教師或社工訪視的方式，至幼兒園進行輔導與評估，再配合家長回饋意見表，定期與機構召開檢討會議，以了解各機構中特殊幼兒托育的情形，並落實督導機構辦理托育之服務。

4. 統整身心障礙者的服務計畫：托育服務與處遇方案的結合愈來愈受到重視，因為對於身心障礙幼兒的早期介入，可以幫助兒童適時的發展，也可以解決父母在養育這些孩子時所遇到的問題，而托育服務計畫是為解決身心障礙幼兒的安置問題（郭慧貞，2000），因此主管單位應該要審慎思考托育服務計畫和處遇方案結合的問題，例如臨時托育的補助金可以普及至公、私立幼兒園，身心障礙幼兒就學補助計畫可以普及至公、私立幼兒園和托育人員，甚至將補助的年齡降低至二歲以下的身心障礙兒童。

5. 結合社政、醫療、教育單位的托育計畫：由這三個體系彼此之間透過相互合作的模式（劉玉蓮、傅秀媚，2004），讓這些特殊的孩子能夠在機構中接受托育服務，讓社工、專業團隊的醫療、特教老師能夠提供相關的意見與諮詢的服務，使這些孩子享有更優質的托育計畫。

貳、幼兒園方面

一、融入式社區托育

　　針對社區家中有特殊孩子的家長，可以組成讀書會或成長團體，提供家長有喘息和諮詢教養的地方，並結合學前巡迴輔導教師，可以彼此交換教養的心得，提供家長支持性服務。

二、居家托育服務中心

　　幼兒園可以與社區照顧特殊幼兒或修過特殊教育之托育人員結合，成為社區資源交流中心，並提供家長育兒諮詢的服務管道。

三、學前特殊課程訓練

　　建議職前與在職幼兒園教保人員均應強化學前特殊教育訓練課程。課程內容應包含：特殊教育課程、教師情緒管理、特殊兒童資料的建立與存檔、托育服務相關的資訊、特殊兒童個別化教育方案的編制，以及注意事項與法令課程等，以解決機構辦理過程中所產生的不同困擾及糾紛，如遺棄、遲接幼兒、受虐兒及糾紛等問題，確保機構與家長雙方的權益。

四、無障礙空間的規劃

　　對於身心障礙者而言，有許多不方便是來自於環境上的限制，不同的障礙類別對於環境的需求也會有不同，例如針對行動不方便、進出需要輪椅或輔具的小朋友，教室是否有足夠的空間讓這些輔具進出，甚至洗手臺的高度、廁所的馬桶是否有加裝扶手……等，都是幼兒園在招收這些特殊

孩子所要考慮的重要因素。

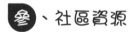、社區資源

一、建立身心障礙者托育網絡

可以結合專業醫療團隊、社區人士以及學校退休特殊教育人員等各項資源，成立身心障礙者服務網，以提供身心障礙者家長有喘息的機會，也讓社區的人士能夠認識這一群特殊的孩子，並接受這些特殊兒童。尤其若能從生態系統觀點，重視身心障礙兒童及其家庭的優勢與資源，並且有效運用案家具備的復原力量，透過社區資源的整合，協助解決身心障礙兒童的托育需求（張秀玉，2005）。

二、與相關單位結合托育服務

醫院、教養機構或是收托身心障礙兒童的兒童福利中心，甚至早療中心開辦臨時托育，可以鎖定在復健治療科方面，亦可以結合專業治療師的資源，如醫師、物理治療師、職能治療師、語言治療師、心理治療師、特殊教育老師……等，讓兒童在接受臨時托育的同時又能夠兼顧復健治療與教育。

三、身心障礙幼兒可使用的「共融式」遊戲場（inclusiue playgraubd）

兒童遊戲場的主體是兒童，因此遊戲場的目的應該滿足每個不同使用者的需求，可以促進兒童的身體動作發展和大腦發展。但過去許多遊戲場的設計並未考慮身心障礙兒童的需求，缺乏無障礙環境設施，使得身心障礙兒童被排除在遊戲場的使用之外。兒童權利公約提出：兒童有權享有休息和閒暇，從事與兒童年齡相宜的遊戲和娛樂活動，以及自由參加文化生活和藝術生活。共融遊戲場的設計，應包容不同孩子身心發展的狀況和都有機會公平使用需要，遊戲空間和遊具實現「play for all」的社會正義（臺北市政府，2018）。

 課後練習

一、身心障礙幼兒接受托育服務對幼兒本身和家長各有哪些好處？

二、身心障礙幼兒因為照顧的特殊需求，因此在托育時會有哪些困擾產生？

三、照顧身心障礙兒童是身心負擔極大的工作，對照顧者而言更需要喘息服務。你認為身心障礙兒童的臨時托育應該注意哪些問題？

四、身心障礙兒童可以使用托育服務的機會受到相當多的限制，請從幼托機構的角度，試論如何提供身心障礙幼兒安全理想的托育服務。

 參考文獻

王天苗（1995）。心智發展障礙幼兒家庭支援實施成效及其相關問題之研究。**特殊教育研究學刊**，**12**，75-103。

何華國（1996）。**特殊兒童親職教育**。臺北：五南。

身心障礙者資訊服務網（2004）。**心智障礙者的臨托服務**。2004 年 10 月 13 日，取自 http://disable.yam.com/resource/life/babysit/babysit01.htm

周月清（1998）。**障礙福利與社會工作**。臺北：五南。

林淑玲（編）（2001）。**身心障礙者學習型家庭方案實施策略彙編**。嘉義：嘉義大學。

馬祖琳、梁書華、陳慧頻、黃秀玲、張嘉琪（1999）。托兒機構辦理臨時托育服務之探討──以臺北市與高雄縣為例。**社區發展季刊**，**88**，295-304。

高雄市政府（2017）。**身心障礙福利：臨時及短期照顧服務**。取自 http://socbu.kcg.gov.tw/?prog=2&b_id=5&m_id=213&s_id=343

高雄早期療育綜合服務網（2005）。**早期療育簡介**。2005 年 8 月 3 日，取自 http://w4.kcg.gov.tw/%7Eearly/slow.htm

張秀玉（2003）。**早期療育社會工作**。臺北：揚智。

張秀玉（2005）。從增強權能觀點探討身心障礙嬰幼兒其家庭之處遇方法。**社區發展季刊，109**，486-500。

教育部（2016）。**特殊教育通報網：各教育階段身心障礙類學生特教類別統計**。

教育部統計處（2011）。**歷年度各級教育簡況──各級學校專任教師人數**。2011 年 12 月 14 日，取自 http://www.edu.tw/statistics/content.aspx?site_content_sn=27359

許碧勳（2003）。**幼兒融合教育**。臺北：五南。

郭慧貞（2000）。發展遲緩兒童父母對托育服務需求之探討。**社會福利，76**，26-30。

勝利之家（2004）。**臨時托育中心**。取自 http://www.vhome.org.tw/child1.htm

彭婉如基金會（2004）。**臨時托顧**。取自 http://www.pwr.org.tw/

彭淑華（1995）。影響父母二十四小時兒童托育決策相關因素之探討。**東吳社會工作學報，1**，275-305。

馮燕（1995）。**托育服務──生態觀點的分析**。臺北：巨流。

新竹縣政府社會處（2016）。**身心障礙者臨時及短期照顧服務**。取自 http://social.hsinchu.gov.tw/zh-tw/Duties/Detail/480/%E8%BA%AB%E5%BF%83%E9%9A%9C%E7%A4%99%E8%80%85%E8%87%A8%E6%99%82%E5%8F%8A%E7%9F%AD%E6%9C%9F%E7%85%A7%E9%A1%A7%E6%9C%8D%E5%8B%99

臺北市社會局（2004）。**臨時托育**。取自 http://www.dosw.tcg.gov.tw/

臺北市政府（2015）。**臺北市政府社會局兒童臨時托育補助作業須知**。取自 http://www.dosw.gov.taipei/ct.asp?xItem=86366281&ctNode=71170&mp=107001

臺北市政府（2018）。何謂「共融」。取自 https://play4u.gov.taipei/Content_List.aspx?n=59A65047B583A587

臺東縣政府社會處（2016）。**臺東縣政府 105 年度辦理身心障礙者臨時暨短**

臺東縣政府社會處（2016）。**臺東縣政府 105 年度辦理身心障礙者臨時暨短期照顧服務**。取自 http://taisoc.taitung.gov.tw/WebSite/Service/serviceDetail.aspx?menuid=lW%2bfKiAxClc%3d&page−1&id−k79!0!QHRlGVM%3d

臺南市政府（2012）。**弱勢家庭兒童臨時托育服務**。取自 http://social.tncg.gov.tw/kid_t.jsp? id=1309236211359

劉玉蓮、傅秀媚（2004）。社會福利機構中提供早期療育服務之師資知能、需求與問題調查研究。**特殊教育學報，6**，9-39。

衛生福利部（2015a）。**兒童及少年福利與權益保障法施行細則**。臺北：衛福部。

衛生福利部（2015b）。**弱勢兒童及少年生活扶助與托育及醫療費用補助辦法**。取自 http://law.moj.gov.tw/LawClass/LawAll.aspx?PCode=D0050180

衛生福利部（2016）。**發展遲緩兒童早期療育服務個案通報概況**。臺北：衛福部。

第 10 章

托育人員專業
發展

▸▸葉郁菁、巫鐘琳

第一節　幼兒托育

、托育服務的意義

　　聯合國在 1989 年的《兒童人權宣言》指出，兒童因為身心的不成熟，所以需要成人特別的照護，並訂定明確的法律規範以保護幼兒（United Nation, 1989）。但是根據統計，在 2001 年全世界零至六歲的幼兒超過六億人，卻只有不到三分之一的幼兒可以得到適當的照顧（Lillemyr, Fagerli, & Søbstad, 2001）。因此，為了顧及幼兒身心健康的發展與早期經驗對日後的影響，並且因應婦女參與勞動的比例增加，提供完善的托育環境是一項極大的挑戰。托育服務其實是一種替代的兒童照顧方式，是關於國家的婦女與兒童的社會政策，也是提供一個補充親職角色功能不足的成長與發展環境（郭靜晃，1999）。林廷華（2004）認為托育服務是以教育與保育為原則之下，提供照顧、保護、教育等作為，以促進兒童身心健全發展與維護兒童福祉之補充性服務。

　　《兒童及少年福利機構設置標準》中規定托育機構必須提供：兒童生活照顧、兒童發展學習、兒童衛生保健、親職教育及支持家庭功能、諮詢及轉介、其他有益兒童身心健全發展者。托育服務是照顧兒童身心、教育與家長協同合作以及提供良好的環境，而政府機關將家庭納入托育服務的一部分，表示父母與托育機構合作之重要。在芬蘭，托育人員跟父母的合作是密不可分的，不僅是合作，而且是夥伴的關係，是一種在孩子事務上彼此相互的、不斷的、持續的互動（Ministry of Social Affairs and Health, 2004）。另外，Olmsted（2002）在早期幼兒政策中認為，父母必須負起最主要的責任，也就是說托育服務的基本概念是「補充」父母的家庭照顧，而非「替代」（馮燕，1995）。林勝義（1999）也指出，幼兒園雖是為職業婦女無法照顧幼兒生活而設置的，但其本質是在增進「兒童福利」，而

非替代母親角色的「成人福利」。

　　根據 G. H. Mead 的符號互動論（symbolic interationism）的論點，父母是兒童的重要他人，對兒童的身心發展具有關鍵的影響力（詹棟樑，1994）；故此，身為父母，養育孩子是責無旁貸且不可取代的。所以本章將托育服務定義成幼兒接受義務教育之前的替代性照顧服務，其選擇愈多樣化，就愈能滿足不同家庭的需求。因此，國家的托育服務政策必須健全且完整，結合社會各種資源，並且提高托育品質以確保幼兒獲得最好的照顧。

貳、托育人員的角色與責任

　　幼兒接受教育的場所通常是指家庭、學校與機構，而幼兒托育則涵蓋這三個層面：父母是孩子的第一位老師，接著就是學校或機構裡的老師（周淑麗譯，1998）。托育人員的角色，不僅是照顧幼兒的飲食起居、安全衛生，而且還包含了教育，所以托育人員既是照顧者、保護者，也是教育者。Lombardi（2005）指出，幼兒的語言與認知隨著受過專業訓練的托育人員與適當環境而能有顯著的進步；相反的，在家或在機構裡的幼兒人數過多，並且由未接受訓練的托育人員照顧，將使孩子的需求被忽視。所以身為一位托育人員，在從事托育工作之前，必須先知道應該具備什麼樣的個人特質，確定自己的角色為何，知道別人對自己的期望為何，以及知道自己應盡的責任為何，並且能夠證明自己可以勝任，可以不斷的成長。Skelton 認為，教保人員的成長在於他們的角色能夠被證明有新的能力，並且對自己具有較多的期待，進而促使自己角色及責任的擴大。因此，一旦知道自己應盡的責任，就必須以負責任的態度去完成它，把它當作目標，並做好各種準備（郭靜晃、范書菁、蔡嘉珊譯，2001）。

　　那麼托育人員的責任是什麼呢？根據 Erikson 提出的社會心理發展八個階段，並經由 Newman 等人（郭靜晃、吳幸玲譯，1993）擴充至十一階段，其中前四個階段符合本章接受托育的年齡。以下藉由這四個發展階段與核心任務，對照托育人員所應盡的責任（表 10-1）。由於托育人員對於

表 10-1　一至十二歲兒童階段的發展任務與托育人員之職責

生活階段[1]	核心任務[2]	托育人員之職責	心理社會危機
嬰兒期 （出生至二歲）	與照顧者的相互交往 （父母的角色）	建立信任之關係	信任＆不信任
嬰幼兒期 （二至四歲）	模仿（紀律訓練、托育服務）	讓幼兒享有自主的權利	自主＆羞怯懷疑
幼兒期 （四至六歲）	認同（電視的影響）	培養孩子自動自發的學習態度	主動創造＆內疚
學齡兒童期 （六至十二歲）	教育（性教育）	教導兒童解決問題的能力	勤奮＆自卑

資料來源（1&2）：郭靜晃、吳幸玲譯（1993）。

受托的幼兒負有照顧、情感及語言上的交流、促進身心發展之責任。因此，此處的托育人員責任不再將上述三項列入。

　　幼兒有各階段應該達到發展的目標，托育人員也應該要有托育工作的目標：盡力照顧幼兒生活起居、提供完善的環境、情感上與語言上的支持、建立信任的關係、滿足幼兒自由探索的好奇心，以及教導兒童解決學校、家庭、朋友等實際問題。Wilson 等人認為，托育人員不僅對家長與幼兒都有責任，也有成為幼兒最好保育者的責任，托育人員不能只提供生活上的照顧，並且還要提供幼兒情感的、社會的、學習的、認知的等方面的需求（引自賴慧玲譯，2000）。托育人員的角色不僅影響幼兒與家長，同時也影響自己本身的利益。因此，托育人員必須知道自己責任所在並且努力達成，以期成為好的托育人員。

參、托育人員之專業資格

　　零至二歲托育服務的居家托育人員、托嬰中心托育人員，以及二至六歲幼兒園的教保服務人員，規範資格條件的法律文件各不相同，需要留意。

《建構托育管理制度實施計畫（104 年-107 年）》（衛生福利部，2015a）
中所指的「托育人員」，包含居家式托育人員與托嬰中心托育人員兩類。
居家式托育人員應符合《兒童及少年福利與權益保障法》第 26 條規定；托
嬰中心托育人員則需應符合《兒童及少年福利機構專業人員資格及訓練辦
法》第 3 條規定。幼兒園教保服務人員的資格則依據《幼兒教育及照顧法》
（教育部，2013a）規定。以下分別敘述：

一、居家托育人員

(一) 居家托育人員的資格

依據《兒童及少年福利與權益保障法》（2019 年 1 月 2 日修訂通過）
第 26 條規定（衛生福利部，2019），居家式托育服務提供者應年滿 20 歲，
並具備下列資格之一：
1. 取得保母人員技術士證。
2. 高級中等以上學校幼兒保育、家政、護理相關學程、科、系、所畢業。
3. 修畢托育人員專業訓練課程，並領有結業證書。

第 26-1 條規定，若有下列情事之一，不得擔任居家式托育服務提供者：
1. 曾犯妨害性自主罪、性騷擾罪，兒童及少年性交易防制條例之罪，兒童
   及少年性剝削防制條例之罪，經緩起訴處分或有罪判決確定。但未滿 18
   歲之人，犯刑法第 227 條之罪者，不在此限。
2. 曾犯毒品危害防制條例之罪，經緩起訴處分或有罪判決確定。
3. 有第 49 條各款所定行為之一，經有關機關查證屬實。
4. 行為違法或不當，其情節影響收托兒童權益重大，經主管機關查證屬實。
5. 有客觀事實認有傷害兒童之虞，經直轄市、縣（市）主管機關認定不能
   執行業務。
6. 受監護或輔助宣告，尚未撤銷。
7. 曾犯家庭暴力罪，經緩起訴處分或有罪判決確定之日起五年內。若居家

托育服務人員犯有上述情事，地方政府應命居托人員立即停止服務，並強制轉介其他收托的兒童。

同時，提供居家托育服務者，其共同居住之人也必須一併列入管理。依第 26-2 條規定，若共同居住人有下列情事之一，則居家式托育人員僅能提供到宅托育，無法提供居家托育：

1. 曾犯《性侵害犯罪防治法》第 2 條第 1 項之罪、《性騷擾防治法》第 25 條之罪、《兒童及少年性剝削防制條例》之罪，經緩起訴處分或有罪判決確定。
2. 有客觀事實認有傷害兒童之虞，經直轄市、縣（市）主管機關邀請相關專科醫師、兒童少年福利及其他相關學者專家組成小組認定。

(二) 居家托育人員應遵守事項

居家托育人員應遵守下列事項（衛生福利部，2015b）：

1. 優先考量兒童之最佳利益，並專心提供托育服務。
2. 與收托兒童之父母、監護人或其他實際照顧之人訂定書面契約。
3. 對收托兒童及其家人之個人資料保密。但經當事人同意或依法應予通報或提供者，不在此限。
4. 每年至少接受 18 小時之在職訓練。每二年所接受之在職訓練，應包括 8 小時以上之基本救命術。
5. 每二年至少接受一次健康檢查。
6. 收托兒童之當日，投保責任保險。

托育人員不得虐待、疏忽或違反相關保護兒童規定；收托時間兼任或經營足以影響其托育服務之職務或事業；對托育服務為誇大不實之宣傳；規避、妨礙或拒絕縣市主管機關檢查、訪視、輔導及監督；任意收取訂定之收退費項目以外之費用（衛生福利部，2015b）。

二、托嬰中心托育人員

(一) 托嬰中心托育人員的資格

　　依據《托嬰中心托育管理實施原則》（衛福部社家署，2013a）與《兒童及少年福利機構專業人員資格及訓練辦法》（衛生福利部，2014），托嬰中心托育人員應年滿 20 歲、健康檢查證明合格，並具備下列資格之一：

1. 取得保母人員技術士證。
2. 高級中等以上學校幼兒保育、家政、護理相關學院、系、所、學位學程、科畢業。
3. 托育人員修畢托育專業人員訓練課程並領有結業證書者。

　　托嬰中心托育人員應參加職前訓練和在職訓練：

1. 職前訓練至少 6 小時，訓練內容應包括簡介機構環境、服務內容、經營管理制度、相關法令及見習。
2. 在職訓練每年至少 18 小時，訓練內容理論及實務並重。

　　托嬰中心托育人員不得有下列情事之一：

1. 曾有性侵害、性騷擾行為，經有罪判決確定。
2. 曾犯毒品危害防制條例之罪，經有罪判決確定。
3. 有《兒童及少年福利與權益保障法》第 49 條各款所定行為之一，經有關機關查證屬實。
4. 行為違法或不當，其情節影響收托兒童權益重大，經主管機關查證屬實。
5. 罹患精神疾病或身心狀況違常，經直轄市、縣（市）主管機關委請相關專科醫師二人以上諮詢後，認定不能執行業務。
6. 受監護或輔助宣告，尚未撤銷。

(二) 托嬰中心托育人員應遵守事項

　　托嬰中心托育人員應接受各地方政府或其委託單位之訪視督導：接受

訪視輔導員進行環境設施及照護行為輔導等事項。至少二年一次定期身體健康檢查。每年至少接受 18 小時之在職訓練。每二年所接受之在職訓練，應包括 8 小時以上之基本救命術（衛福部社家署，2013a）。

三、幼兒園教保服務人員與幼教師

依據《幼兒教育及照顧法》（教育部，2013a）所指「教保服務人員」為：在幼兒園服務之園長、教師、教保員及助理教保員。其中高職幼兒保育科畢業者可以取得助理教保員資格，大專校院幼兒保育系、幼兒教育等相關科系畢業者且修畢教保專業知能課程 32 學分即可取得教保員資格。唯獨幼兒園教師資格，因為受教育部幼教師員額管控，必須在授予開設幼兒園教師師資職前教育課程教育專業課程的系所並修畢 16 學分之後、通過幼兒園教師資格檢定（簡稱教檢）並完成半年實習，才能成為合格幼教師。取得幼兒園教師資格並不表示必然有公立幼兒園的教職，每年六月、七月，各縣市獨立招考公立幼兒園教師，稱為幼兒園教師甄試（簡稱教甄），僅有具備合格幼教師資格的人才可以報考，不過因為近年來少子化緣故，各縣市的公立幼兒園不斷減班，現任幼教師名額過多，招考的名額愈來愈少。

(一) 教保員

大學校院幼兒教育、幼兒保育相關系、所、學位學程的學生，依規定修畢教保專業知能課程至少 32 學分，並取得專科以上學校畢業證書，就可以認定具有教保員資格。教保專業知能課程包含的科目為：幼兒發展、幼兒觀察、特殊幼兒教育、幼兒教保概論、幼兒學習評量、幼兒園教保活動課程設計、幼兒健康與安全、幼兒園、家庭與社區、幼兒園課室經營、幼兒園教材教法 I、幼兒園教材教法 II、教保專業倫理、幼兒園教保實習。

(二) 幼兒園教師

上述包含大學幼兒保育系或幼兒教育系的畢業學生，修畢 32 學分的教保專業知能課程，均可以取得教保員資格，但是要成為幼兒園教師，則必

須具備幼兒園教師資格。幼教師資與中小學、高中職教師一樣，員額受到教育部師資培育及藝術教育司管控，並非各大專校院要提供多少名額均可。近年來為了擔憂師資培育量過剩，師培司不再開放新設學程，已設有學程的大學，若無法通過師資培育評鑑，將面臨培育名額被減招（邱淑惠，2014）。過去臺灣僅有九所師範學院幼教系培育幼稚園教師，師資培育開放後，部分大學申請開設幼兒園師資培育學程，但是教育部採取管控，亦即透過師資培育評鑑、幼兒園教師資格檢定通過率等，汰除培育效果不佳的師資培育機構。因此，目前幼兒園教師僅有少數師資培育機構尚可提供培訓。以幼兒教育學系為例，大學部學生取得教保員資格，因為具有師資生資格，因此修讀 16 學分的幼兒園教師師資職前教育課程教育專業課程科目及學分後，才有資格參加半年的教育實習。2018 年之後，採取先檢定後實習的制度。依據教育部（2013b）《師資職前教育課程教育專業課程科目及學分對照表實施要點》，包括教保專業知能課程 32 學分。幼兒園教育專業課程包含：幼兒園教師師資職前教育課程教育專業課程科目，應修至少 48 學分，其中：

1. 教學基本學科課程，應修至少 2 科 4 學分。教學基本學科課程包含：幼兒文學、幼兒藝術、幼兒體能與律動、幼兒音樂、幼兒數學與科學之探索與遊戲、幼兒戲劇、幼兒社會探究與情緒表達。

2. 教育基礎課程，應修至少 2 科 4 學分。教育基礎課程包含：教育概論、教育心理學、教育哲學、教育社會學。

3. 教育方法課程，應修至少 2 科 4 學分。教育方法課程包含：教學原理、幼兒園課程發展、幼兒輔導、幼兒學習環境設計、幼兒遊戲、幼兒多元文化教育、幼兒園行政。

4. 教學實習課程，幼兒園教學實習應修至少 4 學分。

5. 教保專業知能課程，依教育部（2018a）《國內專科以上學校教保相關系科認可辦法》，學生修習教保專業課程至少 32 學分，並取得教保專業知能課程學分證明。

教保專業課程科目包含：幼兒發展、幼兒觀察、特殊幼兒教育、幼兒

教保概論、幼兒園教保活動課程設計、幼兒健康與安全、幼兒園教材教法 I、幼兒園教材教法 II、教保專業倫理，幼兒園教保實習等。

2018 年開始，幼兒園教師資格檢定，通過考試者，才能參加教育實習，教育實習成績及格，才可以成為合格的幼兒園教師。因《幼兒教育及照顧法》規定，大班（五歲幼兒）必須至少有一位幼兒園教師，因此不論公立或私立幼兒園，均需要聘用幼兒園教師。

依據教育部（2018b）《高級中等以下學校及幼兒園教師資格檢定辦法》（2018 年 3 月 26 日修正通過），高級中等以下學校及幼兒園教師資格檢定，以筆試方式進行。每年以辦理一次為原則。幼兒園教師資格檢定考試科目包含：國語文能力測驗（含國文、作文、閱讀、國音等基本能力）、教育制度與原理（「教育原理」含教育心理學、教育社會學、教育哲學等；「教育制度」含與本教育階段相關制度、法令與政策）、幼兒發展與輔導（含「生理發展與保育」、「認知、語言發展與輔導」、「社會、人格發展與輔導」等）、幼兒園課程與教學（含「幼兒教育課程理論」、「課程設計」、「教學原理與設計」、「教學環境規劃」、「教學與學習評量」等）（教育部，2018c）。經教師資格考試審議會審查通過即可向師資培育之大學申請修習教育實習。

肆、托育人員的工作內容

居家托育人員的工作內容包含（衛生福利部，2015b）：

1. 提供清潔、衛生、安全及適宜兒童發展之托育服務環境。
2. 提供兒童充分之營養、衛生保健、生活照顧與學習、遊戲活動及社會發展相關服務。
3. 提供兒童之育兒諮詢及相關資訊。
4. 記錄兒童生活及成長過程。
5. 協助辦理兒童發展之篩檢。
6. 其他有利於兒童發展之相關服務。

托嬰中心托育人員應提供嬰幼兒獲得充分發展之學習活動及遊戲，以

協助其完成各階段之發展。工作內容包含（衛福部社家署，2013b）：

1. 兒童生活照顧。
2. 兒童發展學習。
3. 兒童衛生保健。
4. 親職教育及支持家庭功能。
5. 記錄兒童生活成長與諮詢及轉介。
6. 其他有益兒童身心健全發展者。

幼兒園教保服務人員的工作內容則包含（教育部，2013a）：

1. 兒童生理、心理及社會需求的滿足。
2. 兒童營養、衛生保健及安全。
3. 適宜發展之環境及學習活動。
4. 增進身體動作、語文、認知、美感、情緒發展與人際互動等發展能力與培養基本生活能力、良好生活習慣及積極學習態度之學習活動。
5. 記錄生活與成長及發展與學習活動過程。
6. 舉辦促進親子關係之活動。
7. 其他有利於幼兒發展之相關服務。

伍、托育人員的工作守則

托嬰中心或居家托育人員均應遵守下列保母人員收托守則：

1. 對兒童具有耐心、愛心及同理心且具照顧服務之熱忱。
2. 擬定托育服務計畫表，按時填寫托育紀錄表或製作幼兒成長日誌。
3. 不得有虐待、疏忽等違反《兒童及少年福利與權益保障法》之行為。

第二節 托育人員之專業發展

、專業發展的目的

　　所謂的專業，因著職業的不同而有不同的定義，然而一般大眾較為接受的專業屬性包括：(1)獨特的、確定的與重要的社會服務；(2)能以智識能力執行任務；(3)受過長期專門訓練；(4)執行任務時有相當大的自主權；(5)在專業自主的範圍內，必須為自己的判斷與行為負責；(6)強調行業的服務性質，而非經濟收益；(7)組成專業團體，遵守專業信條；(8)不斷的在職進修（沈姍姍，1998）。

　　Lillemyr 等人（2001）提出「新專業特質」的看法：(1)知道自己能力有限，必須不斷的進修；(2)必須具備幼兒部分的相關知識，如父母的職責以及可以使用的資源；(3)與其他專業人員和父母合作。美國幼兒教育協會（NAEYC, 1993）更明確指出幼教工作者是一專業角色，並且列出托教人員應有的四個條件：(1)具有專業知能；(2)提供專業的服務品質；(3)專業的主動參與；(4)具有教保的專業倫理。

　　以上這些專業定義的共通點包括：(1)不斷的在職進修；(2)具有專業倫理；(3)具有專業知能；(4)與他人（專業人員、家長）合作。

　　這些專業定義隨著時代背景、社會變遷而有不同。就托育人員而言，托育工作是獨特、確定且重要的，可是托育人員是否接受過長期專業訓練並且不斷的進修？是否能為自己的工作負責？是否遵守專業倫理？能否具有專業判斷以隨時告知兒童父母？當外界質疑托育人員的專業時，托育人員面對這些問題會認為自己是專業、半專業或者是不專業呢？實際來說，臺灣的托育工作還停留在照顧小孩的觀念上；社會地位低落、薪資少、工作時數長、母職角色重疊和父權主義等等，都讓托育工作者無法提升其社會形象以及爭取合理的工資待遇（王淑英、孫嫚薇，2003；王淑英、張盈

堃，1999；周玫琪，2004）。姑且不論性別不平等或是社會階層的剝削，身為一位托育人員必須發展專業的目的在於：讓自己處於無可取代的地位、降低其替代性，同時達成自我實現的需求，讓托育人員真正成為一位自我發揮的專業工作者。

社會快速變遷，需要托育服務的幼兒愈來愈多，父母對於照顧者有一定的期許，希望托育人員具備知識、能力、愛心和育嬰、保育的技巧。而托育人員定期的進修、促進專業發展，對自己則有實質的幫助。因為一個持續發展專業的人員，具有知識上和心理上改變的能力，知道做到什麼地步才稱得上表現優異，知道自己的工作內容與標準（齊若蘭譯，2004），而這樣的托育人員也因此能降低自己的被替代性，使個人價值與經濟效益提高。當托育人員持續進修所帶來的專業技術與知識，獲得雇主、家長的信任與肯定時，可以促進專業人員的自尊與自我認同，降低流動率，形成勞資雙贏的局面。

滿足了自我需求之後，我們才能夠進而追求人生的最高層次——自我實現的需求。Maslow強調生命的意義在「自我實現」（李錫津，1998），托育人員在工作之餘應該更具榮譽感、責任心，提升自我的精神層面。自我實現是每一個人心中的「存在」，是每個人都可能達到的長遠目標，是程度的問題（彭運石，2001）。至於托育人員是不是一種專門職業的爭論，重點應該放在是否能夠持續的發展專業，也就是專業的定義在於歷程而非結果。所以無論是居家托育服務或是托嬰中心的托育人員，都必須接受相關的訓練，才能成為稱職的專業者。

貳、專業發展的原則

NAEYC在1994年列出九項托育人員有效的專業發展原則：(1)專業發展是持續不斷的；(2)最有效的專業發展方式是一連串、有系統的以理論與哲學為基礎的訓練；(3)最成功的專業發展方式是能契合個人的背景、經驗以及目前從事的角色；(4)有效的專業發展經驗是結合實務與經驗；(5)提供專業發展的主辦者必須具備基礎的知識與經驗；(6)有效的專業發展經驗使

用是以主動的、參與的以及以互動的方式學習；(7)有效的專業發展經驗是在訓練過程中接受知識和資源以建立自尊，來對抗自我懷疑與被質疑不適任的感覺；(8)有效的專業發展經驗是提供參與者應用、反省，以及從學習中得到回饋；(9)專業人員應該參與、設計自己的專業發展計畫。

　　NAEYC 建議幼兒專業人員每年完成 24 小時的進修，因為有許多未受職前訓練的工作者，為了取得證照與受訓機會而接受零散的進修方式，所以接受每年持續且有系統的進修，就能夠獲得完整且新的應用資訊。依據個人的需要設計進修方式，參與者比較不會有被欺騙和失望的感覺，而這樣的進修設計建議由具有專業知識、有經驗者協助規劃比較妥當。另外，專業發展的方式並不是枯燥地坐著聆聽與自己不相干的議題，而是主動的與其他人員互動、交流，進而分享、學習不同的實務經驗。當低社經地位與低收入正逐漸侵蝕幼兒專業人員的自尊時，進修所帶來的知識與技能將可以提高專業人員的自尊，也可以避免專業人員失望、挫折的負面情緒影響了與孩子的互動。一個能夠融合資訊、專業知識、實務經驗分享的進修，的確能為專業人員帶來反思與應用，沒有經過精心策畫的零散進修則無法達到這樣的效果。

第三節　托育人員之專業倫理

壹、專業倫理的定義

　　所謂的倫理就是分辨什麼樣的人是好、是壞；什麼樣的行為是對、是錯（郭玉霞，2001）。從儒家的觀點來看，道德、倫理有先後的關係，個人必須先修養道德，再推廣到與其他人建立關係，進一步建立倫理（郭玉霞，1998）。也就是道德是個人品德修行，倫理卻是訂定一套準則由群眾來遵守，所以，當我們談到倫理時，多少會涉及到「責任」、「道德」、「義務」、「價值」等等的議題。因此，專業倫理（professional ethic）是

指專業人員應該遵循的道德規範和責任，目的在於規範成員的個人德性和社會責任（吳清山、林天祐，2000）。專業倫理在各個專業領域中都訂有相關準則，這是從事專業工作的人應該要面對以及實行的，因為這是確保專業人員接受專業教育與訓練之後才能發揮正面作用（黃俊傑，1999）。

　　一位具有證照的托育人員不一定全然是好的托育人員，但是具備專業倫理卻是成為專業托育人員的必備條件之一。Lillemyr 等人（2001）提出倫理包括了兩方面：除了責任之外，還有對家長說明的義務。無論照顧幼兒的托育人員是不是具備專業知識，都必須遵守倫理守則。挪威法律規定托育機構必須跟家長合作，因為倫理守則是在專業人員與家長對話中才能產生的，托育人員在工作中依據守則解釋自己的工作內容，讓倫理守則不再表面，而是實現在工作當中。專業倫理對托育人員在行為、道德上的規範，主要原因是避免成人照顧者對身心尚在發展的幼兒造成無法彌補的傷害。當托育人員面對無反抗能力的孩子時，應該給予適當的照顧，言語上、行為上溫暖的回應；面對家長時，能給予專業判斷的建議，以及協同合作；面對自我時，能夠不斷地在職進修充實自己的專業知能。如果托育人員無法遵守專業倫理，對幼兒的傷害可能是一輩子；對家長而言，是不能盡責的受僱者；對自己而言，是不求長進的不適任者。所以遵守專業倫理不僅是追求幼兒的最大益處，也是讓自己成為提供托育服務的專業人員。

　　蘇永明（2004）指出，要達到專業倫理的要求，必須先具備專業能力，因為有德未必有才，有心卻未必能成事，有了專業知能才能對托育工作有所了解、有所準備；另一方面，具有道德動機才能落實專業倫理，因為有了專業知能之後，必須要有道德來落實。一位被稱為專業的工作人員，他的社會地位相對地提升，能夠贏得他人的尊重與信賴，也因此需要高標準的自我要求。托育人員是否能夠遵守倫理，在目前的監督體系尚未發展完全之下，其實是各憑良心，不太有外力的約束。那麼如何自發自動的實踐專業倫理呢？就像王陽明所提倡的「知行合一」，因為「知是行的主意，行是知的工夫；知是行之始，行是知之成」（摘自王陽明《傳習錄》卷上）。所以覺察到內心的良知之後，再來就是具體實施，成為知行合一的

實踐者。另外就是建立監督的系統，將專業倫理項目列入托育人員的考核，增強機構內服務的托育人員遵守倫理的動機；另一方面，居家托育人員由地方政府相關單位進行督導的工作，訪視員應注意幼兒是否有受到適當的對待、與家長互動的情形等等。專業倫理發自於內心、源於良心，托育人員是否能夠遵守確實並無法約束，但是地方政府的社會局可以從職前訓練以及在職進修中安排倫理的課程，使托育人員省思專業倫理議題，如果加上職場主管以及相關單位督導，成效會更大。我們期許托育人員重視專業倫理，並且也希望政府能夠提供相關資源與督導來確保托育服務的品質。

貳、托育人員的專業倫理守則

　　郭靜晃（1999）認為托育服務之專業應具備：(1)能符合托育專業的工作技巧與倫理標準；(2)能反應教育、訓練和經驗的成果。楊秋仁（2002）認為托育人員有四項服務目標，作為有效達到家長需求的目的，其中一項服務目標為「遵守道德與專業倫理」作為托育人員之影響性與道德性。Clyde 與 Rodd（1989）提出幼（教）保倫理守則的功能如下：(1)提供辯論如何行動的基礎，使決策容易；(2)約束行為，以服務對象的最大福祉為主，而非以便利、對自己有利的方式處理；(3)面對倫理兩難問題時，可以守則為依據，以尋求適當的解決方法；(4)協助專業人員依服務對象的重要次序來決定解決衝突的方法；(5)可以澄清專業人員角色界線及其職責範圍。

　　教保人員的專業倫理實踐包含四個層面：教保倫理、親職倫理、人際倫理與社會倫理（汪慧玲、沈佳生，2007：67-70），分別說明如下：

一、對幼兒的倫理

　　教保人員應具備的教保倫理為：對幼兒應該要有愛心及耐心、以公平的態度對待幼兒、有同理心、傾聽並尊重幼兒、對幼兒要公平、有同理心及提供適齡的教保活動。

二、對幼兒家長的倫理

教保人員應具備的親職倫理為：提供家長幼兒在園內的學習狀況、讓家庭知道幼兒園的辦學理念、態度誠懇與家長建立友誼、讓家長參與幼兒權益的重要決定、在家長面前表現專業行為、讓家長即時知道幼兒發生意外或特殊狀況、對所有家長一視同仁、尊重幼兒與家庭的隱私權。

三、對同事的道德責任

教保人員應具備的人際倫理包含與同事互助合作、能支持工作夥伴並與其共享資源、能接納工作夥伴給予的建議並調整自己、當工作夥伴的行為令人覺得擔心時能提醒他、與同事相互尊重、透過幼兒園內部的管道表達內心的不滿、以維護園內的角度對外代表幼兒園發言，以及積極參與園內（或機構）舉辦之活動。

四、對社區和社會的責任

教保人員應具備的社會倫理包含：盡職教導幼兒、培養幼兒良好生活習慣及健全人格、多關照社區鄰居、到社區參訪、吸取及利用社區資源、提升社區家長的親職知能、為社會造就人才。

參、幼教的希波克拉底誓詞

醫學系學生在畢業實習、行醫之前，必須宣誓「希波克拉底誓詞」，希波克拉底誓詞沒有任何法律效益，但是希波克拉底誓詞對醫學系學生仍擁有影響。隨著時代演進，希波克拉底誓詞的原文在今天已經不符合醫學系使用，但部分誓詞內容（如不損害病人、緘默、禁止與病人發生性行為等）在醫學倫理上仍具有相當影響力。

幼教系與幼保系學生修讀「教保人員專業倫理」課程，也必須了解教保人員有責任維護幼兒基本福祉與保障幼兒權益。幼教系與幼保系學生畢業前，誓詞的宣誓將更強化教保人員的服務信念。

　　我願意！對幼兒無私的奉獻，對家長真誠以待，與同儕齊力一心，對師長感激尊敬，謹守幼照法規，不因任何宗教、性別、種族、政治或地位不同而有所差別，本著教育的精神教育英才，讓愛無所不在。我鄭重地以我的人格宣誓以上的誓言。

第四節　結語

　　托育是服務性的工作，對幼兒的身心發展極具影響力，專業人員具備的不應只是強調證照、訓練以及進修，這些只能算是最基本的資格，重要的是托育人員面對托育對象時，自己是否能夠遵守專業倫理守則，懷有強烈的責任感與道德感，公平地對待每一位幼兒。當我們體認到自己的言行舉止、照顧對待都會對每一位幼兒產生長遠的影響，甚至改變他們的人格時，就必須對自己的一舉一動格外的謹慎。當外界質疑托育人員和教保人員的專業性時，托育人員的自我表現是否也不期然地符合這樣的懷疑？如果托育人員和教保人員自認為這是一份「看顧小孩」的工作時，那如何能提升托育品質與專業知能呢？專業、不專業的認定，不在學者專家，而是在於身為職場人員如何看待自己的工作，因為對於工作的定義與定位，須來自於處於該職場的人員才有意義。歐用生（2004）認為在個人認同與專業認同產生對話之後，我們才能主導自己的成長。據此，在成為一位托育人員和教保人員之前，必須先思考自己想要成為什麼樣的專業者？需要具備什麼樣的專業知能？需要接受什麼樣的訓練與課程？最重要的是，我是否能夠成為一位能夠認同自己、別人也能認同我的托育人員或教保人員？當我們開始覺醒去思考這些問題時，托育人員和教保人員的專業也能有提升與改進的機會。

 課後練習

一、一位稱職的托育人員必須具備什麼資格、訓練以及專業知能？

二、托育人員如何持續發展專業？

三、托育人員應盡的專業倫理有哪些？

 參考文獻

中文部分

《托嬰中心托育管理實施原則》（2013 年 1 月 1 日起適用）。

《居家托育管理實施原則》（2013 年 1 月 1 日起適用）。

《建構托育管理制度實施計畫（104 年-107 年）》（2015 年 5 月 7 日通過）。

王淑英、孫嫚薇（2003）。托育照顧政策中的國家角色。**國家政策季刊，2**（4），147-174。

王淑英、張盈堃（1999）。托育工作女性化及相關政策檢視。**婦女與兩性學刊，10**，167-194。

吳清山、林天祐（2000）。教育名詞——專業倫理。**教育資料與研究，35**。

李錫津（1998）。新世紀學校本位之課程實施。**中華民國課程與教學學會——學校本位課程與教學創新**。臺北：揚智。

沈姍姍（1998）。教育專業。載於陳奎憙（主編），**現代教育社會學**。臺北：師大書苑。

汪慧玲、沈佳生（2007）。幼兒教師專業倫理實踐之研究。**幼兒保育學刊，5**，59-74。

周玟琪（2004，11 月 6 日）。**生養孩子與婦女就業為何難以兼顧？論勞基法與兩性工作平等法「制度支持的不足」**。載於國立中正大學舉辦之

　　「勞動基準法實施二十週年學術研討會」，嘉義縣。

周淑麗（譯）（1998）。M. M. Bassett 著。**專業保姆**。臺北：洪葉。

林延華（2004）。托育服務。**兒童福利——理論與實務**。臺北：偉華。

林勝義（1999）。**兒童福利行政**（第五版）。臺北：五南。

邱淑惠（2014）。**幼教師資培育政策的改革亂象**。取自 http://opinion.cw.
　　com.tw/blog/profile/52/article/1665

教育部（2013a）。**幼兒教育及照顧法**。

教育部（2013b）。**師資職前教育課程教育專業課程科目及學分對照表實施
　　要點**。取自 http://edu.law.moe.gov.tw/LawContent.aspx?id=GL001133

教育部（2018a）。**國內專科以上學校教保相關系科認可辦法**。取自 http://
　　edu.law.moe.gov.tw/LawContent.aspx?id=GL000682

教育部（2018b）。**高級中等以下學校及幼兒園教師資格考試辦法**。取自
　　http://edu.law.moe.gov.tw/LawContent.aspx?id=FL025711

教育部（2018c）。**高級中等以下學校及幼兒園教師資格考試命題作業要
　　點**。取自 http://edu.law.moe.gov.tw/LawContent.aspx? id=GL000454

郭玉霞（1998）。教育專業倫理準則初探——美國的例子。**國民教育研究
　　集刊，6**，1-19。

郭玉霞（2001）。專業倫理——小學老師面對的倫理問題。**學為良師——
　　在教育實習中成長，9**，383-423。

郭靜晃（1999）。幼托人員合流之分級制度可行之探討。**社區發展季刊，
　　86**，280-298。

郭靜晃、吳幸玲（譯）（1993）。P. Newman, & B. Newman 著。**兒童發
　　展——心理社會理論與實務**。臺北：揚智。

郭靜晃、范書菁、蔡嘉珊（譯）（2001）。K. J. Skelton 著。**教保概論——
　　教保專業人員培育指引**。臺北：洪葉。

彭運石（2001）。**走向生命的巔峰——馬斯洛的人本心理學**。臺北：城邦
　　文化。

馮燕（1995）。**托育服務——生態觀點的分析**。臺北：巨流。

黃俊傑（1999）。專業倫理與道德教育的共同的基礎：心靈的教育。**通識教育季刊，6**（3），1-10。

楊秋仁（2002）。現代專業保母。**蒙特梭利，41**，29-33。

詹棟樑（1994）。**兒童人類學——兒童發展**。臺北：五南。

齊若蘭（譯）（2004）。P. F. Drucker 著。**彼得‧杜拉克的管理聖經**。臺北：遠流。

歐用生（2004）。推薦序。載於周淑卿（主編），**課程發展與教師專業**。臺北：高等教育。

衛生福利部（2014）。**兒童及少年福利機構專業人員資格及訓練辦法**。取自 http://law.moj.gov.tw/LawClass/LawContent.aspx?PCODE=D0050013

衛生福利部（2015a）。**建構托育管理制度實施計畫（104 年-107 年）**。取自 http://www.sfaa.gov.tw/SFAA/File/Attach/4676/File_165228.pdf

衛生福利部（2015b）。**居家式托育服務提供者登記及管理辦法**。取自 http://law.moj.gov.tw/Law/LawSearchResult.aspx? p=A&k1=%E5%B1%85%E5%AE%B6%E5%BC%8F%E6%89%98%E8%82%B2%E6%9C%8D%E5%8B%99%E6%8F%90%E4%BE%9B%E8%80%85&t=E1F1A1A2&TPage=1

衛生福利部（2019.1.2 修正通過）。**兒童及少年福利與權益保障法**。取自 http://law.moj.gov.tw/LawClass/LawAll.aspx? PCode=D0050001

衛福部社家署（2013a）。**托嬰中心托育管理實施原則**。取自 https://cwisweb.sfaa.gov.tw/07download/01list.jsp? OWASP_CSRFTOKEN=LDRJ-AWWU-IU7X-R35R-FG6G-5FCC-V0XZ-PDSA&offset=10

衛福部社家署（2013b）。**兒童及少年福利機構設置標準**。取自 http://law.moj.gov.tw/Hot/AddHotLawIf.ashx?PCode=D0050015&SelectType=A1

賴慧玲（譯）（2000）。L. C. Wilson, L. Douville-Watson, & M. A. Watson 著。**嬰幼兒課程與教學**。臺北：五南。

蘇永明（2004）。教師工作的道德動機與專業倫理信條。載於黃藿（主編），**教育專業倫理（1）**。臺北：五南。

英文部分

Clyde, M, & Rodd, J. (1989). Professional ethics: There's more to it than meets the eye. *Early Child Development and Care, 53,* 1-12.

Lillemyr, O. F., Fagerli, O., & Søbstad, F. (2001). A global perspective on early childhood care and education: A proposed model. *Queen Maud's College of Early Childhood Education (Trondheim, Norway).* UNESCO Action Research in Family and Early Childhood November. Retrieved from http://unesdoc.unesco.org/images/0012/001246/124689e.pdf#search='A % 20Global%20Perspective%20on%20Early%20Childhood%20Care%20and%20Education:%20A%20Proposed%20Model'

Lombardi, J. (2005). *Child care is education ... and more.* Washington DC: NAEYC.

Ministry of Social Affairs and Health (2004). *ECEC in Finland.* Retrieved from http://www.stakes.fi/varttua/english/brochures_2004_14.pdf

NAEYC (1993). *Conceptual framework for early childhood professional development.* Washington DC: NAEYC.

Olmsted, P. P. (2002). *An integrated approach to early childhood education and care.* UNESCO: Early Childhood and Family Policy Series, n°3 October.

United Nation (1989). *The convention on the rights of the child.* Switzerland: UN.

第 11 章

托育機構行政
管理與領導

➡葉郁菁、謝美慧

第一節　前言：重要性與意義

　　國內各類型的托育機構林立，但是行政管理對托育機構卻是最弱的一環，許多托育機構並不是不想做好行政管理，而是根本不知從何做起。雖然大學幼兒教育系或幼兒保育系皆開設有行政管理相關的課程，但是因為侷限學分數有限，托育人員能學到的行政管理知識往往只有皮毛，無法真正了解托育機構經營管理的問題所在，以及進一步熟練行政管理的訣竅。因此，本章將分項敘述托育機構管理的理論與實務，以作為托育機構領導者行政管理的參考。

　　「托育機構行政管理」乃是針對托育機構根據教育與保育原則，運用有效和科學的方法，對機構內的人事財務等業務，做最妥善且適當的處理，以增進幼兒健全發展，達成幼兒教保目標的一種歷程。而托育機構行政管理的範圍包括：行政組織編制、行政計畫與職務分掌、各項會議與規則章則、教務工作、保育工作、總務工作等。

　　托育機構經營的任務，在提供幼兒良好的學習環境，使教師能夠專心教學，發展並維持機構與社區之間的動態和諧關係，使家庭了解機構的教保活動，進一步願意支持機構，共同努力讓幼兒獲得健全的發展。

第二節　主管機關、機構型態及政策

、主管機關：教育部國民與學前教育署及衛生福利部社會及家庭署

　　幼托整合經歷 14 年的推動歷程，攸關我國學前教保制度變革的《幼兒教育及照顧法》在 2011 年通過，於 2012 年正式實施。由此之後，幼稚園

與托兒所的名稱走入歷史，由可提供二歲至入國民小學前幼兒教育與照顧的幼兒園取而代之，並且由教育部門統籌監督管理。而零至二歲之托育機構與托育人員相關服務則由衛福部社家署管理。

配合行政院組織改造以及12年國民基本教育的施行，教育部中部辦公室整併教育部下的國民教育司、中等教育司、體育司、訓育委員會、特殊教育小組及國際文化教育事業處等單位與接收技術及職業教育司關於國民教育部分的業務，於2013年1月1日升格為「教育部國民及學前教育署」。該署分為高中及高職教育組、國中小及學前教育組、原住民與少數族群及特殊教育組、學生事務及校園安全組。

教育部國民與學前教育署中，有關於學前教育組的工作內容包括：學前教保制度之規劃；《幼兒教育及照顧法》、施行細則及相關子法之研修及釋示；幼兒園之設園、增班、環境設施及設備補助事項；學前教保統計及資訊系統相關事項；五歲幼兒免學費及學前教保相關補助計畫及配套之研修、釋示及督導；幼兒園教保服務實施準則及課程大綱（含相關議題）之研修、釋示、推廣及實驗、教保服務人員條例之研修與釋示、教保服務人員之權益、進用及法令之研修與釋示；教保服務人員專業成長（含教保研習）及親職教育；幼兒園輔導計畫之推動；取消國民中小學及幼兒園教職員工免稅之配套方案（教育部全球資訊網，2013）。

2011年行政院組織改造，原管轄托育業務的中央主管機關──內政部兒童局併入衛生福利部社會及家庭署，社家署設有婦女福利及企劃組、兒少福利組、身心障礙福利組、老人福利組、家庭支持組等五組，其中與托育服務有關的組別與業務職掌如下（衛生福利部，2013a）：

一、兒少福利組

1. 兒童及少年福利服務政策之規劃、推動及相關法規之研擬。
2. 兒童及少年權益保障、社會參與政策之規劃及推動。
3. 兒童及少年經濟安全政策之規劃、推動及相關法規之研擬。
4. 兒童及少年福利機構之規劃、推動及相關法規之研擬。

5. 兒童及少年福利之教育宣導及研究發展。

6. 少子女化趨勢因應對策之規劃、推動及執行。

7. 其他有關兒童及少年福利與權益保障事項。

二、家庭支持組

1. 家庭政策與方案之規劃、推動、執行及相關法規之研擬。

2. 家庭照顧能力服務方案之規劃、推動及執行。

3. 家庭親職、家庭關係、適應與維繫服務方案之規劃、推動及執行。

4. 單親、外籍配偶、高風險與其他特殊需求家庭扶助方案之規劃、推動及執行。

5. 家庭支持服務資源之整合、協調及運用。

6. 家庭支持服務之教育宣導及研究發展。

7. 其他有關家庭支持事項。

貳、公辦民營的新經營趨勢

　　政府為了結合社會資源，將過去視為政府應為的業務與服務，以委外的方式交由民間業者負責。各縣市政府為運用其現有資源，提供土地、建物及設施設備，依據法定程序，以契約的方式委託財團法人、社團法人，辦理非營利之幼兒教保機構，稱之為「非營利幼兒園」。該機構必須提供幼教服務，並自負盈虧及公共財產保護的責任。

　　我國幼教機構一直是公立與私立兩種主要的經營型態，基於環境的需求，公辦民營幼教機構逐漸成為第三類之新興幼教機構。幼教機構公辦民營政策的目標，是為了達成幼教機構與政府合夥經營的方式，以降低政府與民間經營的成本。政府提供辦學資源，希望公辦民營的幼教機構善用民間高效率經營的方式，提供幼兒良好的教育品質。

一、公私協力托嬰中心

　　衛生福利部（2013b）為了提供育兒家庭優質平價的托嬰環境，減少育

兒家庭的經濟與照顧負擔，建構多元平價優質的托育服務，自 2012 年起以公益彩券回饋金補助地方政府開辦公私協力托嬰中心。公私協力托嬰中心提供的托育服務項目包含：

(一) 托育服務

提供未滿二歲幼兒之照顧服務；並提供弱勢家庭（含低收、中低收入戶家庭、隔代家庭、單親家庭、身心障礙者家庭、原住民家庭、外籍配偶家庭、受刑人家庭、經濟弱勢家庭等）部分保障名額優先收托。

(二) 托育服務諮詢

提供幼兒送托及照護問題諮詢，如送托費用、托育服務費補助、契約訂定、如何選擇托育機構或托育人員。

(三) 幼兒照顧諮詢

由專業人員提供兒童發展篩檢和照顧技巧服務，協助父母教養幼兒及親職教育資訊。

至 2018 年 3 月底止，全國公私協力托嬰中心共有 124 處，其中以新北市設置 60 處最多，其次為臺北市，設置 18 處，高雄市設置 17 處，桃園市和台中市分別有 7 處和 5 處，六都設置的公私協力托嬰中心合計 107 處，占約近九成（衛福部社家署，2019）。公私協力托嬰中心多半委託民間社團或大專校院幼保系科承辦。

二、非營利幼兒園

依據教育部《幼兒教育及照顧法》（教育部，2018）第 9 條定義，非營利幼兒園指的是直轄市、縣（市）政府、中央政府機關（構）、國立各級學校、鄉（鎮市）公所及直轄市山地原住民區公所，委託經依法設立或登記之非營利性質法人，或由非營利性質法人申請興辦，以協助家庭育兒及家長安心就業、促進幼兒健康成長、推廣優質平價及弱勢優先教保服務

為目的之私立幼兒園。所謂的「公益性質法人」（簡稱公益法人），指的是設有幼兒教育、幼兒保育相關科、系、所或學位學程之私立大專校院、幼兒教保相關工會組織，及章程載明幼兒與兒童、家庭或教保服務人員福祉相關事項之財團法人或公益社團法人。

《幼兒教育及照顧法》第 39 條亦指出，縣市主管機關對主管之教保服務機構，應優先招收離島、偏遠地區，或經濟、身心、文化與放群之需要協助幼兒（教育部，2019）。但屬營運成本全部由家長自行負擔之非營利幼兒園，其招收不利條件幼兒最低比率，由直轄市、縣（市）主管機關訂定。非營利幼兒園工作人員之配置，除依幼兒園行政組織及員額編制標準有關私立幼兒園之規定辦理外，幼兒人數 61 人以上者，得視需求增置學前特殊教育教師或社會工作人員及清潔人員若干人。

非營利幼兒園又可分為「委託辦理」和「直接辦理」兩種：

1. 委託辦理：採委託辦理方式辦理非營利幼兒園者，公益法人應檢具服務建議書及相關文件、資料，參加投標。委託辦理案經決標並簽訂委託契約後，應提審議會報告，其委託年限為四學年。
2. 直接辦理：採申請辦理方式辦理非營利幼兒園者，公益法人應檢具經營計畫書及相關文件、資料，報各直轄市、縣（市）主管機關；申請案經送審議會審議通過，並經直轄市、縣（市）主管機關核准後，應通知申請人簽訂契約，其辦理年限為四學年。

參、五歲幼兒免學費就學補助

「五歲幼兒免學費就學補助」為政府對就讀幼兒園之幼兒，可以視實際需要補助其費用；其補助對象、補助條件、補助額度及其他應遵行事項之辦法，由中央主管機關訂定。

一、補助對象

「五歲幼兒免學費就學補助」對象必須符合下列規定：

1. 本國籍。

2. 就讀符合合法立案之幼兒園。

3. 幼兒入幼兒園當學年度 9 月 1 日前滿五歲至入國民小學前者；或經各級主管機關特殊教育學生鑑定及就學輔導會（以下簡稱鑑輔會）鑑定，核定暫緩就讀國民小學者。

二、補助項目

免學費就學補助，包括「免學費補助」及「經濟弱勢幼兒加額補助（簡稱弱勢加額補助）」二類：

1. 免學費補助：

(1) 就讀公立幼兒園：入學即免繳「學費」，但仍需負擔活動費、材料費、點心費及午餐費等。

(2) 就讀私立幼兒園：一學年度最高補助三萬元（分上下學期撥付）。

(3) 就讀非營利或準公共化幼兒園：一學期補助 1 萬 5,000 元，與準公共化家長繳交之費用，擇優取一。

2. 弱勢加額補助：

除免學費補助以外，符合下列資格者，再加額補助雜費、代辦費（不包括交通費、課後延托費、保險費、家長會費及其他代辦費）：

(1) 低收入戶或中低收入戶。

(2) 家戶年所得 70 萬元以下。

(3) 家戶擁有第三筆（含）以上不動產且其公告現值總額超過 650 萬元，或家戶年利息所得超過 10 萬元者，無論其家戶年所得數額為何，均不得申請本項補助。

前二項補助（免學費補助與弱勢加額補助）合計，經濟最為弱勢者，最高得免費就讀公立幼兒園，就讀私立幼兒園者，每位幼兒一學年度最高得補助 6 萬元（分上下學期撥付）。

肆、幼托整合政策

「幼兒托育與教育整合」是臺灣當前幼兒照顧與教育制度改革的重要

議題之一。這個議題，要言之，是在企圖處理現行「幼稚教育」與「托育服務」體制中，六歲以下幼兒教育與托育服務功能重疊所衍生的問題。

依先前之《幼稚教育法》規定，幼稚園為實施幼稚教育之唯一機構，收四足歲至入國民小學前之兒童；托兒所為實施托育服務之一種兒童福利機構，分托嬰與托兒兩部分，托嬰收托出生滿一個月至未滿二歲之兒童，托兒收二足歲至六歲之兒童。惟依實際運作情形來看，私立幼稚園與托兒所在收托孩子的年齡及服務的內涵，具有極高的重疊性。然在雷同的收托年齡與服務性質下，幼、托卻又分屬教育與社政兩個行政部門管理；一個接受幼稚教育相關法規規範，另一則依照兒童福利相關法規辦理；並由幼教老師與保育人員兩類不同任用標準的專業人員負責執行教保工作。上述現象與相關體制的紊亂，造成各方長年的困擾。

因此，幼托整合之「幼托」二字代表「幼稚教育與托育服務」兩個制度，或「幼稚園與托兒所」兩個機構，故幼托整合意指兩個「制度」或兩個「機構」之統整合併。隨著社會的變遷，幼稚園托兒所化、托兒所幼稚園化的發展現況之下，幼托整合的主要目的在於希望「相同年齡的孩子，可以在不同的幼教機構當中，接受相同品質的教育與照顧」。

一、幼托機構主管機關

幼稚園與托兒所在幼托整合之後皆須換照為「幼兒園」，招收二歲至入國民小學前之幼兒。主管機關在中央為教育部，在地方為直轄市政府與各縣市政府教育局處，採取一致的管理與監督機制。

二、幼兒園師生比例之規定教育部

依據《幼兒教育及照顧法》（教育部，2019）第 16 條規定，幼兒園之師生比在二歲以上至未滿三歲的幼幼班，師生比為 1：8，每班至多招收 16 位幼兒且不得與其他年齡幼兒混齡；三歲以上至入國民小學前幼兒師生比為 1：15，每班至多招收 30 位幼兒。另外，《幼兒教育及照顧法》第 17 條則規定，幼兒園助理教保員之人數，不得超過園內教保服務人員總人數之

三分之一。幼兒園得視需要配置學前特殊教育教師及社會工作人員。幼兒園及其分班合計招收幼兒總數 60 人以下者,得以特約或兼任方式置護理人員;61 人至 200 人者,應以特約、兼任或專任方式置護理人員;201 人以上者,應置專任護理人員一人以上。但國民中、小學附設之幼兒園,其校內已置有專任護理人員者,得免再置護理人員。

三、明定教保服務人員資格

教保服務人員將分為幼兒園園長、幼兒園教師、教保員、助理教保員,其相關資格如下:

1. 幼兒園園長:幼兒園園長除《幼兒教育及照顧法》之規定外,應同時具備下列各款資格:(1)具幼兒園教師或教保員資格;(2)在幼兒園(含《幼兒教育及照顧法》施行前之幼稚園及托兒所)擔任教師或教保員五年以上;(3)經直轄市、縣(市)主管機關自行或委託設有幼兒教育、幼兒保育相關科系、所、學位學程之專科以上學校辦理之幼兒園園長專業訓練及格。服務年資證明應由服務之幼兒園開立,或得檢附勞工保險局核發之勞工保險被保險人投保證明文件,並均應經直轄市、縣(市)主管機關確認其服務事實。而專業訓練資格、課程、時數及費用等相關事項之辦法,由中央主管機關定之。

2. 幼兒園教師:幼兒園教師應依《師資培育法》(教育部,2014)規定取得幼兒園教師資格;幼兒園教師資格於《師資培育法》相關規定未修正前,適用幼稚園教師資格之規定。

3. 教保員:指國內專科以上學校或經教育部認可之國外專科以上學校幼兒教育、幼兒保育相關系、所、學位學程、科畢業,以及國內專科以上學校或經教育部認可之國外專科以上學校非幼兒教育、幼兒保育相關系、所、學位學程、科畢業,並修畢幼兒教育、幼兒保育輔系或學分學程。

4. 助理教保員:指幼兒園助理教保員除幼兒教育及照顧法之規定外,應具國內高級中等學校幼兒保育相關學程、科畢業之資格。

第三節　園務領導

　　園長可謂是托育機構經營的靈魂人物，對於托育機構發展的方向具有關鍵性的地位，為求托育機構的永續經營與符合教育改革之需求，積極的探求有效且符合教育改革趨勢之領導策略，顯得愈形重要。

壹、園長的功能

　　園長是時間、能力及工作的組織者。為了有效提高工作的效率，園長必須注意教職員工的工作表現與人際關係。「工作表現」指的是為了幼兒園目標的達成，與工作品質與表現有關的建設性活動；而「人際關係」指的是園長有責任為透過有建設性的人際關係維持，以確保園內工作團隊能保持高度的士氣。

　　在幼兒園的運作中，主要會出現四種不同園長的領導風格，分別是（李文正、張幼珠譯，1999）：

1. 雇主型：強調工作表現或結果，較不強調人際關係或團隊士氣。
2. 夥伴型：強調人際關係或成員士氣，較忽略工作表現或結果。
3. 動機型：強調工作表現和人際關係。
4. 放任型：不強調工作表現或人際關係。

　　對幼兒園而言，第三種民主式的「動機型」領導風格被認為是最成功的一種領導技巧。因為這種領導技巧不但可以讓幼兒園長滿意教職員在個人及專業上達到應該完成的需求，也可以使他們在能力和責任上對自己有信心，所以工作表現與人際關係的兩項目標都可以順利達成。

貳、園長的特質

　　由於園長在領導方面所承擔的職務，教保專業可以說是一門獨特的領域。目前的情況較傾向於依據園長的個人特質、性向來判斷是否適合擔任

園長，以下從前述人際關係、工作表現兩個方面來說明園長的特質（李文正、張幼珠譯，1999）：

1. 人際關係方面：(1)溫暖有彈性；(2)敏銳、有創意、具鼓勵性；(3)對教職員之能力與努力有信心；(4)採支持性的態度；(5)開放且雙向溝通的方式。

2. 工作表現方面：(1)讓教職員有機會參與園內目標的制定；(2)對自己的決策和解決問題能力有信心；(3)經常給予教職員回饋；(4)能鼓勵教職員自我考核工作表現；(5)具有冒險的精神。

　　無論是全職或兼職的專業工作者，都會被要求不斷地累積知識、技巧與經驗，以提升專業化水準和領導技巧的能力。對大多數的托育機構而言，園長的領導技巧需要更多的相關知識與技巧。

參、領導理念的應用

　　在領導理論的研究與發展方面，歷經「特質論」、「行為論」、「權變論」三大研究取向之後，新的領導理念，例如：轉型領導、魅力領導、願景領導、道德領導、文化領導等，對於傳統的領導理念造成很大的衝擊。為因應社會的快速變遷，在新的領導理論中，轉型領導尤其受到重視。

　　轉型領導（transformational leadership）指的是：領導者和成員透過彼此相互影響來提升更高的道德與動機層次，使成員獲得工作滿足感，在工作上獲得自我實現。轉型領導包括了願景、魅力、激勵、智識啟發與個別化關懷五個層面，應用在托育機構的領導，可從以下八個方面詮釋（高義展，2003；蔡淑桂等，2004）：

1. 積極主動溝通。
2. 發展托育機構的特色。
3. 積極培養與展現個人魅力。
4. 激勵托育機構成員付出更多努力。
5. 提供托育機構成員智識啟發。
6. 給予托育機構成員個別化關懷。

7. 促進組織學習。

8. 營造革新開放、溫馨祥和之托育機構文化與氣氛。

肆、領導與溝通

　　在分析托育機構領導者的職責時，有兩項主要的任務必須兼顧。第一項是必須滿足他人的需求，要做到這一點必須具備特別的溝通技巧；第二項是自己在工作環境中的需求也能夠得到滿足和充分的發展。

1. 滿足他人需求的技巧：傳遞正確而清晰的訊息、克服生理上和心理上的溝通障礙、傾聽與理解、適應的回應、情緒管理。

2. 滿足自身需求的技巧：適度的堅持原則，而非因人設事，衝突管理、適當的派任、時間管理、壓力管理。

第四節　人事管理

　　一個理想托育機構經營的基礎，首在人事管理制度的良好運作，其中機構設置的宗旨往往會影響發展方針的訂定，近、中、長程計畫也依據方針有所依循，進而成為行政運作的基礎。以下從工作管理、人事規則與人員遴選、行政會議與人事溝通，以及工作倫理四個方面來說明托育機構的人事管理（王立杰、田育芬、段慧瑩編著，2001；李新民，2001）：

壹、工作管理

　　舉凡課程與活動編排，平衡財務狀況，人性化管理制度，合理化工作分配與近、中、長計畫與具體措施，都是托育機構工作管理的範疇。由於托育機構並非一般的企業，但截取管理科學的優點特色，例如：專業分工、團體紀律、命令統一、公平原則、團隊士氣……等，可以在形式化的文書作業流程上節省更多人力、物力，有助於提升托育機構管理的品質。

　　托育機構工作流程的設置，志在掌握工作執行的流暢度與實踐力。如

何將瑣碎的工作事項化繁為簡，縮短工作時間與工作人力，並達到有效的成果，是工作流程設計的中心目標。工作流程的順序是：釐清工作的中心理念→建立工作的中心目標→發展假設和預測計畫→尋找協助資源→執行工作→完成工作並評量。

工作效率（efficiency）與效果（effectiveness）是一體兩面的，工作效率是指運用資源的程度和能力，凡是將人力、物力、財力及時間做最妥善的利用者，即是效率；而工作效果是指達成目標的程度，以及資源運用以後所產生的結果，凡是達成目標者即為效果高者。如果要激勵教保員士氣，必須重視人員的需求滿足、激勵服務熱忱、鼓勵在職進修、適時調整行政兼職工作、採高關懷高倡導的領導方式、開放暢通的溝通管道。

在文書管理方面，文書指的是政府所發布的公文，處理的程序包括：收文整理、擬核文稿、發文處理。詳細記錄收文的收發與處理情形，將有助於幼兒園能夠隨時掌握政府所發布的訊息與需要配合的事項，以增加行政處理的效率。

貳、人事規則與人員遴選

長久以來，托育機構一直存在人員流動率高的困擾，如何讓機構內教職員工的職責劃分公平、合理、適才適性，並讓他們產生工作的價值感與自我成就感，訂定人事管理規則是在人事管理中一項重要的工作。

托育機構的人事規則包括有：薪資制度、福利制度與管理制度。薪資項目包括：本俸、專業加給、主管加給、獎金及其他津貼，薪資對教保人員來說，不僅是支付日常生活所需，也是工作與責任的象徵。健全合理的福利制度，可以吸引與留住能力佳與具工作熱忱的員工，並且有助於機構業務順利的推展與特色建立。基本的教職員工福利制度包括有：保險、退休、離職、撫恤、員工福利互助會、休閒旅遊、子女入學優待、團體制服、進修補助……等。管理制度則包括有：請假規則、服務規約。

私立幼兒園、托嬰中心及公立幼兒園契約聘僱的教保服務人員，其勞動契約適用《勞動基準法》（勞動部，2016 年 12 月 21 日修正通過）。

一、勞動契約

1. 勞動契約終止時（如：私立幼兒園教師離職時），勞工如請求發給服務證明書，雇主或其代理人不得拒絕。

2. 幼兒園雇主不可以隨意解聘員工。雇主若要終止勞動契約，必須事先告知員工：

    (1) 員工工作三個月以上一年未滿者，於 10 天前告知。

    (2) 員工工作一年以上三年未滿者，於 20 天前告知。

    (3) 員工工作三年以上者，於 30 天前告知。

    勞工於接到前項預告後，為另謀工作得於工作時間請假外出。其請假時數，每星期不得超過二日之工作時間，請假期間之工資照給。

二、教保人員的工作時間與休假

1. 正常工作時間，每日不得超過 8 小時，每週不得超過 40 小時。上述時間可以經勞資會議同意後，將其二週內二日之正常工作時數，分配於其他工作日。其分配於其他工作日之時數，每日不得超過 2 小時。但每週工作總時數不得超過 48 小時。雇主（聘任適用勞基法的教保員的園長）應置備勞工出勤紀錄，並保存五年，且出勤紀錄，應逐日記載勞工出勤情形至分鐘為止。園長得視教保員照顧家庭成員需要，允許勞工於不變更每日正常工作時數下，在一小時範圍內，彈性調整工作開始及終止之時間。

2. 教保員繼續工作 4 小時，至少應有 30 分鐘之休息。但實行輪班制或其工作有連續性或緊急性者，園長得在工作時間內，另行調配其休息時間。曾有幼兒園聘用教保員，因未詳細記錄勞工出勤紀錄至「分鐘」，另有一例為教保員中午忘記打卡「休息」而遭勞動檢查裁罰。

3. 有關「一例一休」的規定：勞工每工作七日中應有二日之休息，其中一日為例假，一日為休息日。

    彈性的作法為：每二週內之例假及休息日至少應有四日、每八週內

之例假及休息日至少應有 16 日、或每四週內之例假及休息日至少應有八日。

　　員工的例假、休息日、休假及特別休假，工資應由雇主照給。雇主經徵得勞工同意於休假日工作者，但是工資應加倍發給。因延長工作時間需加倍的工資計算標準如下：

(1) 延長工作時間在 2 小時以內者，按平日每小時工資額加給三分之一以上。

(2) 再延長工作時間在 2 小時以內者，按平日每小時工資額加給三分之二以上。

(3) 雇主使勞工於休息日工作，工作時間在 2 小時以內者，其平日每小時工資額另再加給一又三分之一以上；工作 2 小時後再繼續工作者，按平日每小時工資額另再加給一又三分之二以上。

三、退休金

　　雇主應依勞工每月薪資總額 2%至 15%範圍內，按月提撥勞工退休準備金，專戶存儲，並不作為讓與、扣押、抵銷或擔保之標的。

　　另外，依據《公立幼兒園契約進用人員之進用考核及待遇辦法》（教育部，2014 年 4 月 8 日修正）第 13 條規定，幼兒園應依相關保險法令，為契約進用人員投保。

　　幼兒園應依下列規定，為契約進用人員辦理退休或資遣相關事宜：

1. 適用勞動基準法退休金制度之工作年資，依勞動基準法及相關規定辦理。

2. 適用勞工退休金條例之工作年資，依勞工退休金條例及相關規定辦理。

3. 契約進用人員年終工作獎金，比照當年度軍公教人員年終工作獎金及慰問金發給規定辦理。

　　優秀的教保人員是托育機構的重要資產，如何在求才時候做周全的分析與選擇，關係到是否能為幼兒找到重要的啟蒙者、為機構尋找到適任的工作夥伴、為促進機構長久發展尋找促進者。因此，人員遴選工作必須透過多方管道，透過面談、筆試、試教，乃至性向測驗等方式，了解應徵者

的人格特質、專業知識、工作意願、工作態度、適應力與工作品質，進而評估是否足以擔當大任，並發揮幼保的專業能力。

、行政會議與人事溝通

托育機構舉行會議的目的在於發現問題、提供創意、溝通意見與情感交流。幼兒園會議的類型有例行性會議，例如：行政會議、教保會議；及非例行性會議，例如：研究會議、活動籌備會議、幹部會議、董事會議、家長會議……等，在幼兒園中最常召開的是行政會議與教保活動課程發展會議。依據《幼兒園教保服務實施準則》（教育部，2017）第 13 條規定，幼兒園每學期應至少召開一次全園性教保活動課程發展會議。行政會議主要是針對全園性的議題或需要教保人員配合辦理的事項或活動進行討論；而教保活動課程發展會議主要是針對課程教學與保育方面的議題進行討論。園長在召開會議時應注意會議前的準備、開會的時機、開會的時間、會議的記錄、主席掌握會議的進行、會議的技巧與禮貌、會議後的執行與追蹤。

人事溝通與協調是機構行政運作的靈魂，如果托育機構可以做好人事溝通與協調，讓成員間維持和諧的人際關係，同時也可以增進教保人員與家長之間觀念的溝通與實踐。人事的良好溝通，將有助於問題的解決，並達到共識與完成工作的目標。促進人事溝通的方法很多，例如：建立會簽制度、設置意見箱、進行個別訪談……等。關心對方和尊重對方是良好溝通的基礎，並需設法了解其話語的動機，適時體諒、支持，對於情緒性言行或批評，盡量以包容態度，提供其足夠宣洩空間與適時鼓勵，以幫助放鬆心情與問題解決。

肆、工作倫理

托育機構教保人員的工作態度，首在認同自己的工作角色，以主動、努力、積極的精神，吸取新知、細心觀察，將倫理與實務經驗相互結合。此外，在教保工作上也需常常自我省思，尋求改進的方法。工作守則，必須以幼兒為中心，尊重、關懷、喜愛幼兒，並以幼兒福祉為第一考量。教

保人員應透過多元化的課程活動安排，提供幼兒豐富的學習情境與文化刺激，適時協助幼兒生理與心理的健康發展。此外，教保人員的行為舉止要可以提供幼兒、家長與同仁的模範，積極推動親職教育、維持人際和諧融洽的關係，努力實踐對於教保工作的理想。

《幼兒園教保活動實施準則》（教育部，2017）第 3 條即明確指出，教保服務人員實施教保服務，應遵守下列規定：

1. 尊重、接納及公平對待所有幼兒，不得為差別待遇。
2. 以溫暖、正向之態度，與幼兒建立信賴之關係。
3. 以符合幼兒理解能力之方式，與幼兒溝通。
4. 確保幼兒安全，不受任何霸凌行為，關注幼兒個別生理及心理需求，適時提供協助。
5. 不得基於處罰之目的，親自、命令幼兒自己或第三者對幼兒身體施加強制力，或命令幼兒採取特定身體動作，致幼兒身心受到痛苦或侵害。

　　教保服務人員應將上述規定視為基本工作倫理。

第五節　財務管理

　　托育機構財務管理一方面需要提供充裕的設備、教具，以維持良好的教保品質、保障幼兒的身心健康，同時也需兼顧機構經營的合理收益，以符合經營成本。各項經費的分配、預算的編制、財產與物品的管理都是財務管理的重要項目。

　　財務管理主要是提供幼兒園財務經營的狀況，以提供主管人員決策的參考資料。目前幾乎都將財務管理資訊系統化，不但可以處理大量的資料，也可以降低成本，並作為資料的製作與儲存。好的會計系統包括：資產、負債、成本、費用、收入、支出，需用保留證明記錄在幼兒園有金錢往來的過程（戰寶華，2005）。

　　依據《幼兒教育及照顧法》第 38 條規定（教育部，2018），公私立幼

兒園之收費項目、用途及公立幼兒園收費基準，由直轄市、縣（市）主管機關定之。私立幼兒園得考量其營運成本，依直轄市、縣（市）主管機關所定之收費項目及用途訂定收費數額，於每學年度開始前對外公布，並報直轄市、縣（市）主管機關備查後，向就讀幼兒之家長或監護人收取費用。公私立幼兒園之收退費基準、減免收費規定，應至少於每學期開始前一個月公告。幼兒因故無法繼續就讀而離園者，幼兒園應依其就讀期間退還幼兒所繳費用；其退費項目及基準，由直轄市、縣（市）主管機關定之。幼兒父母或監護人可以向縣市政府主管機關要求提供教保服務機構的收退費之相關規定及收費的數額。且在全國教保資訊網（https://www.ecc.moe.edu.tw）已經建置幼兒園收費公告，家長均可在網站上查詢全國幼兒園的收費情況。

　　幼兒園可以收取的費用包含：

(一) 學費

　　指與教保服務直接相關，用以支付幼兒園教保服務及人事所需之費用。

(二) 雜費

　　指與教保服務間接相關，用以支付幼兒園行政、業務及基本設備所需之費用；私立幼兒園得用以支付土地或建築物租賃費，或其他庶務人員之人事費用。

(三) 代辦費

　　指幼兒園代為辦理幼兒相關事務之下列費用：

1. 材料費：輔助教學所需必要之繪本、教學素材及文具用品等費用。
2. 午餐費：午餐食材、廚（餐）具及燃料費等。
3. 點心費：每日上、下午點心之食材、廚（餐）具及燃料費等。
4. 活動費：為辦理教學活動所需費用及相關雜支等。
5. 交通費：幼童專用車之燃料費、保養修繕、保險、規費及折舊費用等。

6. 課後延托費：學期教保服務起訖日期間辦理平日課後延托服務，相關人員鐘點費及行政支出等。

7. 保險費：幼兒團體保險規費。

8. 家長會費：幼兒園家長會行政及業務等費用。

9. 校外教學費：配合教學主題辦理之校外教學活動。

　　上述收費標準較有爭議的是腸病毒停課時的退費標準，以及幼兒中途入園或離園的收費標準。因各縣市訂定的標準不一，建議可以參考當地縣市教育局處的規定。以臺北市為例：

　　若幼兒因故請假並於事前辦妥請假手續，且請假日數連續達上課日五日以上者，應依請假日數與當月教保服務日數之比例，退還請假期間之午餐費、點心費、活動費及交通費，其餘項目不予退費。

　　因法定傳染病、流行病或流行性疫情等原因強制停課，停課期間連續達上課日五日以上者，應依停課日數與當月教保服務日數之比例，退還停課期間之午餐費、點心費、活動費及交通費，其餘項目不予退費。

　　托育機構幼兒收托的合理收費，必須考量幼兒的人數、班級的組合、投資報酬率、人事成本；為了增加經營的合理收益，建議以多方詢價、集中採購的方式降低成本，並規劃適當的會計制度，維持支出與收入的各項財務穩定。

　　在預算的管理上，學期初必須先編列預算，學期中則需要做收支分類帳、現金管理，學期末則需要做財務的結算，所有的財務憑證都需要永久保留，至少也要保留有五年以上備查。為了方便經費的支用，平常也可以給老師兩、三千元的零用金，以支付瑣碎的教學費用，但仍需保留憑證以做核銷，以減少不明資金流動的情形（戰寶華，2005）。

　　在物品的管理方面，應以集中一地為原則，保管地應乾燥、安全與適當。保管的物品需清楚分類、編號、標籤存放，並設置財產目錄卡，最好將資料鍵入電腦管理，以清楚物品的增損情形與使用去向。

第六節　家長溝通與社區融合

　　托育機構想要達到教育的目標，需要每一位幼兒的家庭給予良好的家庭教育。幼兒園與幼兒家庭的關係是彼此共同成長的，所以不可以完全成為家長利益的代表者，或是成為家庭教育的矯正（孫立葳，2000）。

壹、親職教育

　　親職教育乃是指以教育的方式，使父母善盡其職責，成為良好的父母親。托育機構可以把握幼兒家長關心子女教育的熱忱，積極而多樣化的推展親職教育，以增進幼兒教育的效益。

　　托育機構實施親職教育的理想模式，建議可採用：家庭訪問、文字通訊、專題講座、教學觀摩會、家長參與教育活動、親子活動、父母教室及透過親子聯絡簿溝通意見等方式進行。也可以在幼兒園布置親職布告欄，或是在新生入學時，發給家長「幼兒家長須知」，讓家長能夠了解如何配合幼兒園的作息與教學活動。

　　另外，也可以邀請家長參與教學活動、觀察幼兒的行為、指導幼兒的學習、協助教師教學，或參與學校舉辦的親職活動，其目的在於促進家長與學校、教師之間的合作關係，同時也可以改善親子之間的關係。藉由家長參與學校活動，可以改變父母的教養態度、教養方式與價值觀，對自己子女的表現比較有恰當期望。

貳、家庭與社區資源的運用

　　家庭與社區可以提供幼兒園重要的社會資源，可應用在教學內容的資源包括：

1. 人力資源：包括社會人士、學生家長、各界領袖、各機關首長及技術人員。

2. 物力資源：包括本地的與公私立的設備、活動中心、名勝古蹟。

3. 自然資源：包括農產、物產、本地與鄰近地區的地形、森林。

4. 組織資源：包括政治機關、教育機關、衛生機關、慈善機關、文化團體。

　　托育機構不論其規模的大小，在人力、物力上都有其一定的限度，如前述的家長參與就是一種社會資源的運用。首先，在善用家庭資源方式方面，幼兒園可以對需要協助幼兒的家庭提供援助，例如單親家庭、夫妻都在外工作的小孩、繼親家庭、低收入家庭……等，以增進其正常家庭生活的功能。相對的，也可以接受家長人力、物力上的幫助，以豐富其教學活動。幼兒園可以向家長提出需求，但不能強求，要尊重家長的反應，邀請家長參與幼兒園事務或擔任義工時，也要心存感謝。

　　在善用社區資源方式方面，幼兒園主管應在社區生活中扮演服務的角色，以回饋社區改善生活品質，並配合政府政策作宣導社區活動。相對的，幼兒園也可以有效運用社會資源，以充實教學內容。

第七節　托育機構評鑑

　　直轄市、縣（市）主管機關應對幼兒園辦理檢查、輔導及評鑑。幼兒園對前項檢查、評鑑不得規避、妨礙或拒絕。

壹、幼兒園基礎評鑑

　　近年來，政府透過各種決策來促進幼兒教育發展的正常化，托育機構的評鑑就是一項重要的措施。依據 2019 年修訂的《幼兒教育及照顧法》第 41 條規定，幼兒園評鑑類別、評鑑項目、評鑑對象、評鑑人員資格與培訓、實施方式、結果公布、申復及追蹤評鑑等相關事項之辦法由中央主管機關教育部訂定，縣市主管機關可自行或委託設有幼兒教育、幼兒保育相關科系、所之專科以上學校辦理。幼兒園評鑑之類別包含有：基礎評鑑、專業認證評鑑與追蹤評鑑。107 學年至 111 學年的幼兒園基礎評鑑指標的

類別和項目分述如下：

1. 設立與營運：包括設立名稱及地址、生師比例、資訊公開。

2. 總務與財務管理：包括收費規定、環境設備維護。

3. 教保活動課程：包括課程規劃、幼兒發展篩檢、活動室環境、午休。

4. 人事管理：包括津貼權益、員工保險、退休制度、出勤管理。

5. 餐飲與衛生管理：包括餐飲管理、衛生保健、緊急事件處理。

6. 安全管理：包括交通安全、場地安全。

　　各縣市政府實施幼兒園基礎評鑑的目的，在於執行政府監督幼教品質的責任，期望能夠藉由檢核幼兒園持續符合法令相關規定。而幼兒園的進階專業認證評鑑才是希望檢核幼兒園是否有符合教保專業之系統化經營。

　　對於幼兒園接受幼兒園基礎評鑑，應該要有接受健康檢查一樣的態度，才能達到圓滿的結果。當幼兒園接到公文通告年度評鑑工作開始時，就要開始開會討論如何撰寫自評表，並在規定的時間內寄回教育主管機關。園長更應努力與教職員工共同研商，如何將平日努力的心血在評鑑的當日能夠顯現出來。園長在準備評鑑工作的過程當中，也要虛心的聆聽教職員工的困難與建議，並做好評鑑當日的工作分配，以便能夠回答評鑑委員的詢問與做適當說明。

　　針對幼兒園如何接受評鑑，以下針對面對評鑑應有的做法進行說明（蔡春美、張翠娥、陳素珍，2012）：

1. 仔細了解基礎評鑑或專業認證評鑑的內容與指標意涵。

2. 當幼兒園收到公文公告該縣市評鑑工作開始時，主管就應該與教職員工共同研讀了解基礎評鑑或專業認證內容與指標意涵。

3. 確實進行評鑑準備工作之責任分工、分層負責與落實檢討改進。

4. 建立園內各項制度與業務系統運作的自我評鑑制度。

5. 應養成在行政經營與教學過程留下具體佐證資料與紀錄的習慣。

貳、居家托育服務中心評鑑

　　透過居家托育服務中心評鑑以了解居家托育服務中心的行政管理、專

業服務及服務成果等推展狀況，不論是衛福部或地方主管機關，均可以善盡輔導、監督職責，對於經評鑑優良之單位給予鼓勵，評鑑欠佳者則輔導改善，以促進其業務推動及發展。衛福部社家署於 2016 年 11 月公布居家托育服務中心評鑑指標如下：

一、行政管理

1. 訂定托育人員托育危機事件處理流程（含兒保個案、重大意外事件或傳染疾病等）。
2. 補助經費執行率（含資本門及經常門經費）。
3. 能按時正確彙整、造冊、上傳各項托育補助作業，並備有紀錄。
4. 完整且即時更新資訊系統資料，並與書面資料相符。
5. 建立並落實維護托育人員、家長與幼兒等個人資料之安全與保密措施，並應善盡告知有關其個人資料使用、權益保障以及可行使之權利，同時依個人資料保護法妥善保存家長及幼兒個人資料。
6. 鼓勵所屬托育人員簽署「托育人員登記管理資訊系統使用托育人員個人資料同意書」，每月定期彙整新進與異動名冊及正本同意書提供直轄市、縣（市）主管機關。
7. 專職人員人事穩定。
8. 建置督導機制且定期召開工作會議，記錄詳實並落實執行改善事項。
9. 專職人員或新進人員每年參加 18 小時以上與專業相關之研討會及其他進修活動，並備有紀錄。
10. 建立並落實家長及托育人員托育服務申訴管道與處理機制，並備有紀錄。

二、專業服務

1. 依據「居家式托育服務提供者登記及管理辦法」第 18 條規定之訪視時效及次數確實提供服務，並詳實填寫訪視紀錄及持續追蹤、輔導並確認托育服務環境安全無虞。

2. 依據訪視結果，針對危機／特殊個案適時反映，並配合協助輔導及處遇，且備有紀錄，以供中央及地方主管機關查核。

3. 訪視及督導人員具備兒童福利與保護之專業知能，並能察覺與評估危機個案，提供適切處理。

4. 托育人員之家庭訪視紀錄、例行訪視及環境安全檢核等相關紀錄，內部批閱程序完備並能掌握時效。

5. 詳實完整填寫家長資料表及幼兒資料表。

6. 家長簽訂托育契約書。

7. 落實居家式托育人員登記證書之申請及變更之管理規範。

8. 建立多元化宣導模式及管道，並能結合社區資源（含公、私部門）推動居家托育服務中心業務。

9. 訂定與落實執行媒合轉介處理流程，且留有紀錄與統計分析，並針對失敗原因進行彙整及擬定改善策略。

10. 備有兒童生活及成長過程之紀錄，且內容詳實完整。

11. 備有督導托育人員填寫「嬰幼兒發展檢核表」及協助通報、處遇之紀錄。

三、服務特色與服務創新（加分項目）

針對居家托育服務中心的服務模式，有創新做法並具成效。

四、扣分項目

1. 未針對各項評鑑、輔導結果及建議，研擬改善策略並具體執行。

2. 未辦理托育人員在職訓練，且紀錄未詳實完整（如：與會學員時數、優缺點、檢討改進策略）。

3. 未督導托育人員定期健康檢查。

4. 未辦理在職托育人員意外責任保險（依居家式托育服務提供者登記及管理辦法規定，托育人員需於收托兒童當日投保責任保險，爰倘未全數辦理即予以扣分）。

5. 委員視現場資料斟酌評分。

課後練習

一、「幼托整合」是臺灣當前幼兒照顧與教育制度改革的重要議題之一。
　　請簡要說明幼托整合政策規劃的目的與內容。

二、請問幼兒園園長在托育機構經營中扮演何種功能？並說明該如何發揮
　　特質來領導托育機構的經營？

三、請問托育機構的經營應該訂定哪些人事規則？並說明勞退新制對於幼
　　教師權益的影響。

四、請問幼兒園基礎評鑑包括哪些項目？並說明幼兒園該如何準備，以展
　　現平日的辦學成效？

五、請問托育機構的行政管理與領導面臨哪些問題？並針對這些問題提出
　　改進建議。

參考文獻

王立杰、田育芬、段慧瑩（編著）（2001）。**托育機構行政管理與實務**。
　　臺北：永大。

李文正、張幼珠（譯）（1999）。**成功的托教行政管理**。臺北：光佑。

李新民（2001）。**課後托育——理論與實務**。高雄：麗文。

孫立葳（2000）。**幼兒園經營——品質指標之理論與實務**。臺北：五南。

高義展（編著）（2003）。**學前教育機構行政管理與實務**。臺北：啟英。

教育部（2014 年 4 月 8 日修正）。**公立幼兒園契約進用人員之進用考核及
　　待遇辦法**。取自 http://edu.law.moe.gov.tw/LawContentDetails.aspx? id=
　　GL000639&KeyWordHL=&StyleType=1

教育部（2017）。**幼兒園教保活動實施準則**。取自 http://law.moj.gov.tw/

LawClass/LawAll.aspx?PCode=H0070047

教育部（2019）。**幼兒教育及照顧法**。取自 http://law.moj.gov.tw/LawClass/
　　LawAll.aspx? pcode=II0070031

教育部全球資訊網（2013）。**國民及學前教育署單位介紹－國中小及學前
　　教育組**。取自 http://www.k12ea.gov.tw/ap/affair.main.aspx?sid=17

勞動部（2016）。**勞動基準法**。臺北：勞動部。

蔡春美、張翠娥、陳素珍（2003）。**幼教機構行政管理——托育機構實務**。
　　臺北：心理。

蔡春美、張翠娥、陳素珍（2012）。**幼兒教育體系與運作——幼兒教保行
　　政管理與實務**。臺北：心理。

蔡淑桂、趙孟婕、倪麗娟、陳春滿、曾榮祥、黃秋玉、連寶靜、林海清
　　（2004）。**幼兒保育概論**。臺中：華格那。

衛生福利部（2013a）。**衛生福利部社會及家庭署處務規程**。臺北：衛福
　　部。

衛生福利部（2013b）。**公私協力平價托嬰中心及托育資源中心——公私協
　　力托嬰中心**。取自 http://www.sfaa.gov.tw/SFAA/Pages/Detail.aspx?nod-
　　eid=148&pid=654

衛福部社家署（2016）。**106 年居家托育服務中心評鑑計畫暨評鑑指標**。
　　取自http://www.sfaa.gov.tw/SFAA/Pages/Detail.aspx?nodeid=20&pid=5494

衛福部社家署（2019）。**108 年公私協力托嬰中心及公共托育家園名冊（108
　　年 3 月底止）**。取自 https://www.sfaa.gov.tw/SFAA/Pages/Detail.aspx?
　　nodeid=148&pid=654

戰寶華（2005）。**幼教機構財務管理**。臺北：心理。

附錄

附錄 1　幼兒教育及照顧法

107.6.27 有最新條訂版

1. 中華民國一百年六月二十九日總統華總一義字第 10000133881 號令制定公布全文 60 條；並自一百零一年一月一日施行
2. 中華民國一百零二年五月二十二日總統華總一義字第 10200096081 號令修正公布第 10、15、43、55 條條文；並自一百零一年一月一日施行

   中華民國一百零三年二月十四日行政院院臺規字第 1030124618 號公告第 19 條第 2 項所列屬「勞工保險局」之權責事項，自一百零三年二月十七日起改由「勞動部勞工保險局」管轄
3. 中華民國一百零四年七月一日總統華總一義字第 10400077901 號令修正公布第 6～8、18、31、53、55 條條文；並自一百零一年一月一日施行
4. 中華民國一百零七年六月二十七日總統華總一義字第 10700069331 號令修正公布全文 59 條；並自公布日施行

第一章　總則

第 1 條　為保障幼兒接受適當教育及照顧之權利，確立幼兒教育及照顧方針，健全幼兒教育及照顧體系，以促進其身心健全發展，特制定本法。幼兒之居家式托育服務，依兒童及少年福利與權益保障法之規定辦理。

第 2 條　本法所稱主管機關：在中央為教育部；在直轄市為直轄市政府；在縣（市）為縣（市）政府。本法所定事項涉及各目的事業主管機關業務時，各該機關應配合辦理。

第 3 條　本法用詞，定義如下：

一、幼兒：指二歲以上至入國民小學前之人。

二、幼兒教育及照顧：指以下列方式對幼兒提供之服務：

(一) 居家式托育。

(二) 幼兒園。

(三) 社區互助式。

(四) 部落互助式。

(五) 職場互助式。

三、教保服務機構：指以前款第二目至第五目方式，提供幼兒教育及照顧服務（以下簡稱教保服務）者。

四、負責人：指教保服務機構依本法及其相關法規登記之名義人；其為法人者，指其董事長。

五、教保服務人員：指提供教保服務之園長、教師、教保員及助理教保員。

第　4　條　各級主管機關為整合規劃、協調、諮詢及宣導教保服務，應召開諮詢會。前項諮詢會，其成員應包括主管機關代表、衛生主管機關代表、勞動主管機關代表、身心障礙團體代表、教保與兒童福利學者專家、教保與兒童福利團體代表、教保服務人員團體代表、家長團體代表及婦女團體代表；其組織及會議等相關事項之辦法及自治法規，由各主管機關定之。

第　5　條　中央主管機關掌理下列事項：

一、教保服務政策及法規之研擬。

二、教保服務理念、法規之宣導及推廣。

三、全國性教保服務之方案策劃、研究、獎助、輔導、實驗及評鑑規劃。

四、地方教保服務行政之監督、指導及評鑑。

五、全國性教保服務基本資料之蒐集、調查、統計及公布。

六、協助教保服務人員組織及家長組織之成立。

七、其他全國性教保服務之相關事項。

前項第五款教保服務基本資料，至少應包括全國教保服務機構之收費項目與數額、評鑑結果、不利處分及其他相關事項。

第　6　條　直轄市、縣（市）主管機關掌理下列事項：

一、地方性教保服務方案之規劃、實驗、推展及獎助。

二、教保服務機構之設立、監督、輔導及評鑑。

三、公立幼兒園、非營利幼兒園、社區、部落或職場互助式教保服務之推動。

四、親職教育之規劃及辦理。

五、地方性教保服務基本資料之蒐集、調查、統計及公布。

六、其他地方性教保服務之相關事項。

前項第五款教保服務基本資料，至少應包括直轄市、縣（市）主管機關主管之教保服務機構之收費項目與數額、評鑑結果、不利處分及其他相關事項。

第二章　教保服務機構設立及其教保服務

第 7 條　教保服務應以幼兒為主體，遵行幼兒本位精神，秉持性別、族群、文化平等、教保並重及尊重家長之原則辦理。

推動與促進教保服務工作發展為政府、社會、家庭、教保服務機構及教保服務人員共同之責任。

政府應提供幼兒優質、普及、平價及近便性之教保服務，對處於離島、偏遠地區，或經濟、身心、文化與族群之需要協助幼兒，應優先提供其接受適當教保服務之機會，並得補助私立教保服務機構辦理之。

公立幼兒園及非營利幼兒園應優先招收需要協助幼兒，其招收需要協助幼兒人數超過一定比率時，得報請直轄市、縣（市）主管機關增聘專業輔導人力。

前二項補助、招收需要協助幼兒之優先順序、一定比率及增聘輔導人力之辦法或自治法規，由各級主管機關定之。

政府對接受教保服務之幼兒，得視實際需要補助其費用；其補助對象、補助條件、補助額度及其他相關事項之辦法，由中央主管機關定之。

第 8 條　直轄市、縣（市）、鄉（鎮、市）、直轄市山地原住民區、學校、法人、團體或個人，得興辦幼兒園；幼兒園應經直轄市、縣（市）主管機關許可設立，並於取得設立許可後，始得招收幼兒進行教保服務。

公立學校所設幼兒園應為學校所附設，其與直轄市、縣（市）、鄉（鎮、市）及直轄市山地原住民區設立者為公立，其餘為私立。但中華民國一百年十二月三十一日以前已由政府或公立學校所設之私立幼稚園或托兒所，仍為私立。

幼兒園得設立分班；分班之設立，以於同一鄉（鎮、市、區）內設立為限。但學校於同一直轄市、縣（市）內設立之分校、分部或分班，其附設或附屬幼兒園分班，不在此限。

幼兒園分班之招收人數，不得逾本園之人數，並以六十人為限。

私立幼兒園得辦理財團法人登記，並設董事會。

幼兒園與其分班基本設施設備之標準，及其設立、改建、遷移、擴充、招收人數、更名與變更負責人程序及應檢具之文件、停辦、復辦、撤銷或廢止許可、督導管理、財團法人登記、董事會運作及其他相關事項之辦法，均由中央主管機關定之。第一項所定法人為公司者，得自行或聯合興辦幼兒園；其設立之幼兒園，以招收該公司員工子女為主，有餘額者，經直轄市、縣（市）主管機關核准後，始得招收其他幼兒。

以高級中等以下學校教學場所辦理幼兒園者，得繼續適用原建築物使用類組，不受建築法第七十三條應申請變更使用執照規定之限制。

第 9 條 非營利幼兒園應以下列方式之一設立：

一、由直轄市、縣（市）政府、中央政府機關（構）、國立各級學校、鄉（鎮、市）公所及直轄市山地原住民區公所委託經依法設立或登記之非營利性質法人辦理。

二、由非營利性質法人申請經直轄市、縣（市）主管機關核准辦理。

前項非營利幼兒園之辦理方式、委託要件、委託年限、委託方式、收退費基準、教保服務人員及其他服務人員薪資、審議機制、考核、契約期滿續辦、終止契約、代為經營管理及其他相關事項之辦法，由中央主管機關定之；其退費之方式及金額或比率，由直轄市、縣（市）主管機關定之。

第一項非營利性質法人為學校財團法人者，得自行設立附設或附屬非營利幼兒園，或由其設立之私立學校以附設或附屬方式辦理非營利幼兒園。

直轄市、縣（市）主管機關為辦理第二項事項之審議，應召開審議會，由機關首長或指定之代理人為召集人，成員應包括勞工團體代表、教保與兒童福利學者專家、教保與兒童福利團體代表、教保服務人員團體代表、家長團體代表及婦女團體代表。

直轄市、縣（市）政府辦理非營利幼兒園需用國有土地或建築物者，得由國有財產管理機關以出租方式提供使用；其租金基準，按該土地及建築物當期依法應繳納之地價稅及房屋稅計收年租金。

第 10 條 直轄市、縣（市）主管機關應協助離島、偏遠地區國民小學附設幼

兒園。離島、偏遠地區為因應地理條件限制及幼兒生活與學習活動之需要，得採社區互助式方式對幼兒提供教保服務；其機構經直轄市、縣（市）主管機關許可設立後，始得招收幼兒進行教保服務。

為提供原住民族幼兒學習其族語、歷史及文化機會與發揮部落照顧精神，得採部落互助式方式對幼兒提供教保服務；其機構經直轄市、縣（市）主管機關許可設立後，始得招收幼兒進行教保服務。

政府機關（構）、公司及非政府組織為照顧員工子女，得採職場互助式方式對幼兒提供教保服務；其機構經直轄市、縣（市）主管機關許可設立後，始得招收幼兒進行教保服務。

前三項地區範圍、辦理方式、招收人數、人員資格與配置、許可條件與程序、環境、設施與設備、衛生保健、直轄市、縣（市）主管機關輔導與協助、檢查、管理、撤銷或廢止許可、收退費及其他相關事項之辦法，由中央主管機關會商中央原住民族主管機關及中央勞動主管機關定之。

以高級中等以下學校教學場所辦理第二項至第四項教保服務者，得繼續適用原建築物使用類組，不受建築法第七十三條應申請變更使用執照規定之限制。

第 11 條　教保服務之實施，應與家庭及社區密切配合，以達成下列目標：
一、維護幼兒身心健康。
二、養成幼兒良好習慣。
三、豐富幼兒生活經驗。
四、增進幼兒倫理觀念。
五、培養幼兒合群習性。
六、拓展幼兒美感經驗。
七、發展幼兒創意思維。
八、建構幼兒文化認同。
九、啟發幼兒關懷環境。

第 12 條　教保服務內容如下：
一、提供生理、心理及社會需求滿足之相關服務。
二、提供健康飲食、衛生保健安全之相關服務及教育。
三、提供適宜發展之環境及學習活動。
四、提供增進身體動作、語文、認知、美感、情緒發展與人際互動

等發展能力與培養基本生活能力、良好生活習慣及積極學習態
度之學習活動。

五、記錄生活與成長及發展與學習活動過程。

六、舉辦促進親子關係之活動。

七、其他有利於幼兒發展之相關服務。

幼兒之父母或監護人得依幼兒之需求，選擇參與全日、上午時段或
下午時段之教保服務；教保服務機構於教保活動課程以外之日期及
時間，得視父母或監護人需求，提供延長照顧服務。

教保服務機構並得視其設施、設備與人力資源及幼兒父母或監護人
之需求，經直轄市、縣（市）主管機關核准後，提供幼兒臨時照顧
服務。

幼兒教保活動課程大綱及服務實施準則，由中央主管機關定之。

離島、偏遠地區教保服務機構得結合非營利組織、大專校院及社區
人力資源，提供幼兒照顧服務及相關活動。

第　13　條　直轄市、縣（市）主管機關應依相關法律規定，對接受教保服務之
身心障礙幼兒，主動提供專業團隊，加強早期療育及學前特殊教育
相關服務，並依相關規定補助其費用。

中央政府為均衡地方身心障礙幼兒教保服務之發展，應補助地方政
府遴聘學前特殊教育專業人員之鐘點、業務及設備經費，以辦理身
心障礙幼兒教保服務；其補助辦法，由中央主管機關定之。

第　14　條　教保服務機構得作為社區教保資源中心，發揮社區資源中心之功
能，協助推展社區活動及社區親職教育。

第三章　教保服務機構組織與服務人員資格及權益

第　15　條　除本法另有規定外，教保服務機構應進用具教保服務人員資格，且
未有教保服務人員條例第十二條第一項所列情事者，從事教保服務。

教保服務機構不得借用未在該機構服務之教保服務人員資格證書。

教保服務機構於進用教職員工後三十日內，應檢具相關名冊、學經
歷證件、身分證明文件影本，並應附最近三個月內核發之警察刑事
紀錄證明書等基本資料，報直轄市、縣（市）主管機關備查；異動
時，亦同。直轄市、縣（市）主管機關應主動查證並得派員檢查。

第　16　條　幼兒園二歲以上未滿三歲幼兒，每班以十六人為限，且不得與其他

年齡幼兒混齡；三歲以上至入國民小學前幼兒，每班以三十人為限。但離島、偏遠及原住民族地區之幼兒園，因區域內二歲以上未滿三歲幼兒之人數稀少，致其招收人數無法單獨成班者，得報直轄市、縣（市）主管機關同意後，以二歲以上至入國民小學前幼兒進行混齡編班，每班以十五人為限。

幼兒園有招收身心障礙幼兒之班級，得酌予減少前項所定班級人數；其減少班級人數之條件及核算方式，由直轄市、縣（市）主管機關定之。幼兒園除公立學校附設者及分班免置園長外，應置下列專任教保服務人員：

一、園長。

二、幼兒園教師、教保員或助理教保員。

幼兒園及其分班除園長外，應依下列方式配置教保服務人員：

一、招收二歲以上至未滿三歲幼兒之班級，每班招收幼兒八人以下者，應置教保服務人員一人，九人以上者，應置教保服務人員二人；第一項但書所定情形，其教保服務人員之配置亦同。

二、招收三歲以上至入國民小學前幼兒之班級，每班招收幼兒十五人以下者，應置教保服務人員一人，十六人以上者，應置教保服務人員二人。

公立學校附設幼兒園者，除依前二項規定配置教保服務人員外，每園應再增置教保服務人員一人。

直轄市、縣（市）主管機關為因應天然災害發生或其他緊急安置情事，有安置幼兒之必要者，應依下列規定辦理，不受第一項、第四項規定及核定招收人數數額之限制：

一、當學年度招收二歲以上至未滿三歲幼兒，或依第一項但書規定混齡招收二歲以上至入國民小學前幼兒之班級，每招收幼兒八人，得另行安置一人。

二、當學年度招收三歲以上至入國民小學前幼兒之班級，每招收幼兒十五人，得另行安置一人。

三、幼兒園於次學年度起，除該學年度無幼兒離園者仍應依前二款規定辦理外，每班招收人數，應依第一項規定辦理。

第 17 條　幼兒園有五歲至入國民小學前幼兒之班級，其配置之教保服務人員，每班應有一人以上為幼兒園教師。

幼兒園助理教保員之人數，不得超過園內教保服務人員總人數之三分之一。

幼兒園得視需要配置學前特殊教育教師及社會工作人員。

幼兒園及其分班應置護理人員，其合計招收幼兒總數六十人以下者，以特約或兼任方式置護理人員；六十一人至二百人者，以特約、兼任或專任方式置護理人員；二百零一人以上者，以專任方式置護理人員。但國民中、小學附設之幼兒園，其校內已置有專任護理人員者，得免再置護理人員。

幼兒園達一定規模或其分班，得分組辦事，並置組長，其組長得由教師、教保員或職員兼任之；附設幼兒園達一定規模及直轄市、縣（市）、鄉（鎮、市）、直轄市山地原住民區設立之幼兒園得置專任職員；幼兒園應以專任或兼任方式置廚工。

直轄市、縣（市）、鄉（鎮、市）及直轄市山地原住民區設立之公立幼兒園，其人事、主計業務，得由直轄市、縣（市）人事及主計主管機關（構）指派專任之人事、主計人員兼任，或經有關機關辦理相關業務訓練合格之職員辦理。公立學校附設之幼兒園，其人事、主計業務，由學校之專任（或兼任、兼辦）人事、主計人員兼辦。

幼兒園之行政組織及員額編制標準，由中央主管機關定之。

幼兒園教保服務人員、主任及組長依規定請假、留職停薪，或其他原因出缺之職務，幼兒園應建立代理制度，由代理人代理之；情形特殊者，代理人資格得不受教保服務人員條例第二十六條第二項規定之限制；其代理人之資格、薪資及其他相關事項，於本法施行細則及第二十二條第一項所定辦法定之。

第 18 條 教保服務人員之培育、資格、權益、管理、申訴及爭議處理等事項，依教保服務人員條例之規定辦理。

為促進離島、偏遠地區教保服務發展，各級主管機關得定期辦理該地區教保服務人員培訓課程。

第 19 條 依本法進用之社會工作人員及護理人員，其資格應符合相關法律規定。

第 20 條 提供延長照顧服務之人員，應具備下列資格之一：

一、高級中等以下學校或幼兒園（包括幼稚園）合格教師、幼兒園

　　　　教保員、助理教保員。

二、曾依中小學兼任代課及代理教師聘任辦法或國民中小學教學支援工作人員聘任辦法聘任之教師。但教學支援工作人員為高級中等以下學校畢業者，應經直轄市、縣（市）教育、社政或勞動相關主管機關自行或委託辦理之一百八十小時課後照顧服務人員專業訓練課程結訓。

三、公私立大專校院以上學校畢業，並修畢師資培育規定之教育專業課程。

四、符合兒童及少年福利機構專業人員資格。

五、高級中等以上學校畢業，並經直轄市、縣（市）教育、社政或勞動相關主管機關自行或委託辦理之一百八十小時課後照顧服務人員專業訓練課程結訓。離島、偏遠或原住民族地區遴聘前項資格人員有困難時，得報直轄市、縣（市）主管機關核准，酌減前項第二款或第五款人員之專業訓練課程時數。

第　21　條　公立托兒所改制為公立幼兒園後，原公立托兒所依公務人員任用法任用之人員及依雇員管理規則僱用之人員，於改制後繼續於原機構任用，其服務、懲戒、考績、訓練、進修、俸給、保險、保障、結社、退休、資遣、撫卹、福利及其他權益事項，依其原適用之相關法令辦理；並得依改制前原適用之組織法規，依規定辦理陞遷及銓敘審定；人事、會計人員之管理，與其他公務人員同。

　　　　公立幼稚園、公立托兒所依本法改制為公立幼兒園，原依行政院暨所屬機關約僱人員僱用辦法僱用之人員，及現有工友（含技工、駕駛），依其原適用之相關法令規定辦理。

第　22　條　前條以外公立幼兒園之其他服務人員，依勞動基準法相關規定，以契約進用，契約中應明定其權利義務；其進用程序、考核及待遇等相關事項之辦法，由中央主管機關定之。

　　　　公立幼兒園以外教保服務機構之其他服務人員，其勞動條件，依勞動基準法及其他相關法規辦理；法規未規定者，得經直轄市、縣（市）主管機關邀集代表勞資雙方組織協商之。

第　23　條　教保服務人員以外之其他服務人員，有下列第一款至第三款情事之一者，教保服務機構應予免職、解聘或解僱；有第四款情事者，得依規定辦理退休或資遣；有第五款情事者，依其規定辦理：

一、曾有性侵害、性騷擾、性剝削或虐待兒童及少年行為，經判刑確定或通緝有案尚未結案。

二、有性侵害行為，或有情節重大之性騷擾、性霸凌、損害兒童及少年權益之行為，經直轄市、縣（市）主管機關查證屬實。

三、有非屬情節重大之性騷擾、性霸凌或損害兒童及少年權益之行為，經直轄市、縣（市）主管機關認定有必要予以免職、解聘或解僱，並審酌案件情節，認定一年至四年不得進用或僱用。

四、教保服務機構諮詢相關專科醫師二人以上，有客觀事實足認其身心狀況有傷害幼兒之虞，並由直轄市、縣（市）主管機關邀請相關專家學者組成審查小組認定不能勝任教保工作。

五、其他法律規定不得擔任各該人員之情事。

前項經免職、解聘或解僱之人員，適用勞動基準法規定且符合該法所定退休之條件者，應依法給付退休金。

有第一項第一款、第二款、第四款、第五款情事，或教師法第十四條第一項第八款、第九款情事者，不得於教保服務機構服務，已進用或僱用者，應予免職、解聘或解僱；有第一項第三款情事或教師法第十四條第二項後段涉及性騷擾、性霸凌情事者，於該認定或議決一年至四年期間，亦同。

教保服務機構進用或僱用教職員工前，應向直轄市、縣（市）主管機關查詢有無前項情事。

教保服務機構之負責人或其他服務人員於執行業務時，知悉有任何人對幼兒有第一項第一款至第三款行為之一時，除依其他相關法律規定通報外，並應通報直轄市、縣（市）主管機關。

各級主管機關為處理第四項之查詢，得使用中央社政主管機關建立之依性騷擾防治法第二十條、兒童及少年福利與權益保障法第九十七條規定受處罰者之資料庫。

第一項、第三項至前項之認定、通報、資訊蒐集、任職前及任職期間之查詢、處理、利用及其他應遵行事項之辦法，由中央主管機關定之。

教保服務機構之其他服務人員，有第一項第一款至第三款情事之一，且適用公務人員相關法律者，其免職或撤職，依各該法律規定辦理；其未免職或撤職者，應調離現職。

教保服務機構之其他服務人員涉有第一項第一款至第三款情形，於調查期間，教保服務機構應令其暫時停職；停職原因消滅後復職者，其未發給之薪資應予補發。

第　24　條　有下列情事之一者，不得擔任教保服務機構之負責人，或財團法人幼兒園之董事或監察人：
　　一、有前條第一項第一款至第三款所列事項。
　　二、曾犯內亂、外患罪，經判刑確定或通緝有案尚未結案。
　　三、曾服公務因貪污瀆職，經判刑確定或通緝有案尚未結案。
　　四、褫奪公權尚未復權。
　　五、曾任公務人員受撤職或休職處分，其停止任用或休職期間尚未屆滿。
　　六、受破產宣告尚未復權。
　　七、無行為能力或限制行為能力。
　　八、受輔助宣告尚未撤銷。
　　負責人有前項第一款情形者，直轄市、縣（市）主管機關應廢止其設立許可；董事或監察人有前項第一款情形者，直轄市、縣（市）主管機關應令其更換。負責人、董事或監察人有第一項第一款情事者，其認定、通報、資訊蒐集、任職前及任職期間之查詢、處理、利用及其他相關事項，於前條第七項所定辦法定之。

第四章　幼兒權益保障

第　25　條　教保服務機構之負責人及其他服務人員，不得對幼兒有兒童及少年福利與權益保障法第四十九條規定、體罰、不當管教或性騷擾之行為。
　　教保服務機構應就下列事項訂定管理規定、確實執行，並定期檢討改進：
　　一、環境、食品安全與衛生及疾病預防。
　　二、安全管理。
　　三、定期檢修各項設施安全。
　　四、各項安全演練措施。
　　五、緊急事件處理機制。

第　26　條　幼兒進入及離開教保服務機構時，該機構應實施保護措施，確保其

安全。幼兒園接送幼兒，應以經直轄市、縣（市）主管機關核准之幼童專用車輛為之，車齡不得逾出廠十年；其規格、標識、顏色、載運人數應符合法令規定，並經公路監理機關檢驗合格；該車輛之駕駛人應具有職業駕駛執照，並配置具教保服務人員資格，或年滿二十歲以上之隨車人員隨車照護，維護接送安全。

前項幼童專用車輛、駕駛人及其隨車人員之督導管理及其他應遵行事項之辦法，由中央主管機關會同交通部定之。

幼兒園新進用之駕駛人及隨車人員，應於任職前二年內，或任職後三個月內，接受基本救命術訓練八小時以上；任職後每二年應接受基本救命術訓練八小時以上、安全教育（含交通安全）相關課程三小時以上及緊急救護情境演習一次以上。直轄市、縣（市）主管機關應至少每季辦理相關訓練、課程或演習，幼兒園應予協助。

第 27 條 教保服務機構應建立幼兒健康管理制度。直轄市、縣（市）衛生主管機關辦理幼兒健康檢查時，教保服務機構應予協助，並依檢查結果，施予健康指導或轉介治療。

教保服務機構應將幼兒健康檢查、疾病檢查結果、轉介治療及預防接種等資料，載入幼兒健康資料檔案，並妥善管理及保存。

前項預防接種資料，父母或監護人應於幼兒入園或學年開始後一個月內提供教保服務機構。

父母或監護人未提供前項資料者，教保服務機構應通知父母或監護人提供；父母或監護人未於接獲通知一個月內提供者，教保服務機構應通知衛生主管機關。教保服務機構、負責人及其他服務人員，對幼兒資料應予保密。但經父母或監護人同意或依其他法律規定應予提供者，不在此限。

第 28 條 教保服務機構為適當處理幼兒緊急傷病，應訂定施救步驟、護送就醫地點，呼叫緊急救護專線支援之注意事項及父母或監護人未到達前之處理措施等規定。幼兒園應依第八條第六項之基本設施設備標準設置保健設施，作為健康管理、緊急傷病處理、衛生保健、營養諮詢及協助健康教學之資源。

幼兒園之護理人員，每二年應接受教學醫院或主管機關認可之機構、學校或團體辦理之救護技術訓練八小時。

第 29 條 教保服務機構應辦理幼兒團體保險；其範圍、金額、繳退費方式、

期程、給付標準、權利與義務、辦理方式及其他相關事項之自治法規，由直轄市、縣（市）主管機關定之。

幼兒申請理賠時，教保服務機構應主動協助辦理。

各級主管機關應為所轄之教保服務機構投保場所公共意外責任保險，其經費，由中央主管機關按年度編列預算支應之。

第五章　家長之權利及義務

第　30　條　幼兒園得成立家長會；其屬國民中、小學附設者，併入該校家長會辦理。前項家長會得加入地區性家長團體。

幼兒園家長會之任務、組織、運作及其他相關事項之自治法規，由直轄市、縣（市）主管機關定之。

第　31　條　父母或監護人及家長團體，得請求直轄市、縣（市）主管機關提供下列資訊，該主管機關不得拒絕：

一、教保服務政策。

二、教保服務品質監督之機制及作法。

三、許可設立之教保服務機構名冊。

四、教保服務機構收退費之相關規定及收費數額。

五、幼兒園評鑑報告及結果。

第　32　條　教保服務機構應公開下列資訊：

一、教保目標及內容。

二、教保服務人員及其他服務人員之學（經）歷、證照。

三、衛生、安全及緊急事件處理措施。

四、依第十六條及第十七條規定設置行政組織及員額編制情形。

五、依第二十九條第一項規定辦理幼兒團體保險之情形。

六、第三十八條第三項所定收退費基準、收費項目及數額、減免收費之規定。

七、核定之招收人數及實際招收人數。

第　33　條　父母或監護人對教保服務機構提供之教保服務方式及內容有異議時，得請求教保服務機構提出說明，教保服務機構無正當理由不得拒絕，並視需要修正或調整之。

第　34　條　直轄市、縣（市）層級家長團體及教保服務人員組織，得參與直轄市、縣（市）主管機關對幼兒園評鑑之規劃。

第 35 條 教保服務機構之教保服務有損及幼兒權益者，其父母或監護人，得向教保服務機構提出異議，不服教保服務機構之處理時，得於知悉處理結果之日起三十日內，向教保服務機構所在地之直轄市、縣（市）主管機關提出申訴，不服主管機關之評議決定者，得依法提起訴願或訴訟。

直轄市或縣（市）主管機關為評議前項申訴事件，應召開申訴評議會；其成員應包括主管機關代表、教保與兒童福利團體代表、教保服務人員團體代表、家長團體代表、教保服務機構行政人員代表及法律、教育、兒童福利、心理或輔導學者專家，其中非機關代表人員不得少於成員總數二分之一，任一性別成員應占成員總數三分之一以上；其組織及評議等相關事項之自治法規，由直轄市、縣（市）主管機關定之。

第 36 條 父母或監護人應履行下列義務：

一、依教保服務契約規定繳費。

二、參加教保服務機構因其幼兒特殊需要所舉辦之個案研討會或相關活動。

三、參加教保服務機構所舉辦之親職活動。

四、告知幼兒特殊身心健康狀況，必要時並提供相關健康狀況資料，並與教保服務機構協力改善幼兒之身心健康。

各級主管機關對有前項第四款幼兒之父母或監護人，應主動提供資源協助之。

第六章　教保服務機構管理、輔導及獎助

第 37 條 教保服務機構受託提供教保服務，應與幼兒之父母或監護人訂定書面契約。前項書面契約之格式、內容，中央主管機關應訂定書面契約範本供參。

幼兒園有違反第八條第六項所定辦法有關招收人數之限制規定，父母或監護人得於知悉後三十日內，以書面通知幼兒園終止契約，幼兒園應就已收取之費用返還父母或監護人，不受依第三十八條第一項或第五項所定退費基準之限制。

第 38 條 教保服務機構之收費項目、用途及公立幼兒園收退費基準之自治法規，由直轄市、縣（市）主管機關定之。

私立教保服務機構得考量其營運成本，依直轄市、縣（市）主管機關所定之收費項目及用途訂定收費數額，於每學年度開始前對外公布，並報直轄市、縣（市）主管機關備查後，向就讀幼兒之父母或監護人收取費用。

教保服務機構之收退費基準、收費項目及數額、減免收費規定，應至少於每學期開始前一個月公告之。

前項收退費基準、收費項目及數額、減免收費規定，直轄市、縣（市）主管機關應主動於資訊網站公開其訂定或備查之內容。

幼兒因故無法繼續就讀而離開教保服務機構者，教保服務機構應依其就讀期間退還父母或監護人所繳費用；其退費項目及基準之自治法規，由直轄市、縣（市）主管機關定之。

前五項收費項目、數額、減免及收退費基準，應包括第十二條第二項及第三項所定之教保服務、延長照顧服務及臨時照顧服務。

第　39　條　直轄市、縣（市）主管機關對主管之教保服務機構，其優先招收離島、偏遠地區，或經濟、身心、文化與族群之需要協助幼兒，應提供適切之協助或補助。前項協助或補助之辦法，由中央主管機關定之。

第　40　條　教保服務機構各項經費收支保管及運用，應設置專帳處理；其收支應有合法憑證，並依規定年限保存。私立教保服務機構會計帳簿與憑證之設置、取得、保管及其他應遵行事項，應依相關稅法規定辦理。法人附設教保服務機構之財務應獨立。

第　41　條　直轄市、縣（市）主管機關應對教保服務機構辦理檢查及輔導，並應對幼兒園辦理評鑑。

教保服務機構對前項檢查、評鑑不得規避、妨礙或拒絕。

第一項評鑑應由直轄市、縣（市）主管機關自行或委託設有幼兒教育、幼兒保育相關科系、所之專科以上學校辦理，並應於資訊網站公布評鑑報告及結果。

第一項評鑑類別、評鑑項目、評鑑指標、評鑑對象、評鑑人員資格與培訓、實施方式、結果公布、申復、申訴及追蹤評鑑等相關事項之辦法，由中央主管機關定之。

第　42　條　教保服務機構辦理績效卓著者，直轄市、縣（市）主管機關應予以獎勵；其獎勵事項、對象、種類、方式之自治法規，由直轄市、縣

（市）主管機關定之。

第 43 條 中華民國一百年十二月三十一日以前，已依兒童及少年福利法許可
兼辦國民小學兒童課後照顧服務之托兒所，於一百零一年一月一日
以後，改制為幼兒園者，得繼續兼辦之。

中華民國一百零一年一月一日以後，幼兒園於提供教保服務外，其
原設立許可之空間有空餘，且主要空間可明確區隔者，得報直轄
市、縣（市）主管機關核准後，將原設立許可幼兒園幼兒總招收人
數二分之一以下之名額，轉為兼辦國民小學階段兒童課後照顧服務
之兒童人數，招收兒童進行課後照顧服務，並不得停止辦理幼兒園
之教保服務。

前項兼辦國民小學階段兒童課後照顧服務之幼兒園，其服務內容、
人員資格及收退費規定，準用兒童課後照顧服務班與中心設立及管
理辦法之規定；有購置或租賃交通車載運兒童之需要者，應準用學
生交通車管理辦法相關規定辦理。

第一項及第二項核准條件、人員編制、管理、設施設備及其他應遵
行事項之辦法，由中央主管機關定之。

第 44 條 負責人不得以非教保團體代表之身分，擔任教保服務諮詢會、審議
會及申訴評議會之委員。

違反前項規定者，主管機關應重新聘任。

審議會、申訴評議會委員之迴避，依行政程序法之規定辦理。

第七章　罰則

第 45 條 有下列情形之一者，處負責人或行為人新臺幣六萬元以上三十萬元
以下罰鍰，並命其停辦；其拒不停辦者，並得按次處罰：

一、違反第八條第一項規定，未經許可設立即招收幼兒進行教保服
務。

二、違反第十條第二項至第四項規定，未經許可設立即招收幼兒進
行教保服務。

三、違反第四十三條第二項規定，未經核准即招收兒童進行課後照
顧服務。

有前項各款情形之一者，直轄市、縣（市）主管機關並應公布場所
地址及負責人或行為人之姓名。

第　46　條　教保服務機構之負責人或其他服務人員，違反第二十五條第一項規定者，除有兒童及少年福利與權益保障法第四十九條規定之行為依該法第九十七條規定處罰外，應依下列規定處罰負責人或其他服務人員，並公布行為人之姓名及機構名稱：

一、體罰：處新臺幣六萬元以上五十萬元以下罰鍰。

二、性騷擾：處新臺幣六萬元以上三十萬元以下罰鍰。

三、不當管教：處新臺幣六千元以上三萬元以下罰鍰。

第　47　條　教保服務機構違反第十五條第三項或第二十三條第四項規定者，處負責人新臺幣五萬元以上二十五萬元以下罰鍰，並命其限期改善，屆期仍未改善者，得按次處罰；必要時並得為命其停止招生或廢止設立許可之處分。

教保服務機構之負責人或其他服務人員，違反第二十三條第五項規定者，處新臺幣三萬元以上十五萬元以下罰鍰。

第　48　條　教保服務機構、負責人或其他服務人員，違反第二十七條第五項規定者，處負責人或其他服務人員新臺幣三萬元以上十五萬元以下罰鍰，並得按次處罰。

第　49　條　幼兒園有下列情形之一者，處負責人新臺幣六千元以上三萬元以下罰鍰，並命其限期改善，屆期仍未改善者，得按次處罰；其情節重大或經處罰三次後仍未改善者，得依情節輕重為一定期間減少招收人數、停止招生六個月至一年、停辦一年至三年或廢止設立許可之處分：

一、違反第八條第六項所定標準或辦法有關設施設備或招收人數之限制規定。

二、違反第二十條第一項規定，進用未符資格之服務人員。

三、違反第二十三條第一項、第三項或第九項規定，知悉園內有不得於幼兒園服務之人員而未依規定處理。

四、違反第二十四條第二項規定，幼兒園之董事或監察人有不得擔任該項職務之情形而未予以更換。

五、違反第二十六條第二項規定，以未經核准之幼童專用車輛載運幼兒、車齡逾十年、載運人數不符合法令規定、配置之隨車人員未具教保服務人員資格或未滿二十歲。

六、違反依第二十六條第三項所定辦法有關幼童專用車輛車身顏色

與標識、接送幼兒、駕駛人或隨車人員之規定。

七、違反第二十九條第一項規定，未辦理幼兒團體保險。

八、未依第三十七條第三項規定返還費用、違反第三十八條第二項規定，未將收費數額報直轄市、縣（市）主管機關備查、以超過備查之數額及項目收費，或未依第三十八條第五項所定自治法規退費。

九、違反依第四十一條第四項所定辦法有關評鑑結果列入應追蹤評鑑，且經追蹤評鑑仍未改善。

十、違反第四十三條第二項規定，停止辦理幼兒園之教保服務。

十一、違反第四十三條第三項準用兒童課後照顧服務班與中心設立及管理辦法所定服務內容、人員資格或收退費之規定。

十二、違反第四十三條第三項準用學生交通車管理辦法規定，以未經核准或備查之車輛載運兒童，或違反有關學生交通車車輛車齡、車身顏色與標識、載運人數核定數額、接送兒童、駕駛人或隨車人員之規定。

十三、違反依第四十三條第四項所定辦法有關人員編制、管理或設施設備之規定。

第　50　條　提供社區、部落或職場互助式教保服務之機構，有下列情形之一者，應命其限期改善，屆期仍未改善者，處負責人新臺幣三千元以上三萬元以下罰鍰，並得按次處罰；其情節重大或經處罰三次後仍未改善者，得依情節輕重為一定期間減少招收人數、停止招生六個月至一年、停辦一年至三年或廢止設立許可之處分：

一、違反依第十條第五項所定辦法有關招收人數、人員資格與配置、收退費、環境、設施與設備、衛生保健、檢查、管理之強制或禁止規定。

二、違反第十五條第二項規定，借用未在該機構服務之教保服務人員資格證書。

三、違反第二十條第一項規定，進用未符資格之服務人員。

四、違反第二十三條第一項、第三項或第九項規定，知悉有不得於教保服務機構服務之人員而未依規定處理。

五、違反第二十四條第二項規定，董事或監察人有不得擔任該項職務之情形而未予以更換。

六、違反第二十九條第一項規定，未辦理幼兒團體保險。

七、違反第三十八條第二項規定，未將收費數額報直轄市、縣（市）主管機關備查、以超過備查之數額或項目收費，或未依第三十八條第五項所定自治法規退費。

第　51　條　教保服務機構有下列情形之一者，應命其限期改善，屆期仍未改善者，處負責人新臺幣三千元以上三萬元以下罰鍰，並得按次處罰；其情節重大或經處罰三次後仍未改善者，得依情節輕重為一定期間減少招收人數、停止招生六個月至一年、停辦一年至三年或廢止設立許可之處分：

一、違反依第八條第六項所定標準有關幼兒園之使用樓層、必要設置空間與總面積、室內與室外活動空間面積數、衛生設備高度與數量，及所定辦法有關幼兒園改建、遷移、擴充、更名、變更負責人或停辦之規定。

二、違反依第十二條第四項所定準則有關衛生保健之強制規定或教保活動課程之禁止規定。

三、違反第十六條第一項、第三項、第四項或第五項規定。

四、違反第十七條第一項、第二項、第四項規定，或違反依第七項所定標準有關置廚工之規定。

五、違反依第二十三條第七項所定辦法有關教保服務機構辦理認定、通報、資訊蒐集、任職前及任職期間之查詢、處理及利用之強制或禁止規定。

六、違反第二十八條第一項規定，未訂定注意事項及處理措施。

七、違反第四十一條第二項規定，規避、妨礙或拒絕檢查或評鑑。

八、經營許可設立以外之業務。

第　52　條　教保服務機構違反第十七條第八項、第二十五條第二項、第二十六條第一項、第二十七條第一項、第二項或第四項、第二十八條第二項、第二十九條第二項、第三十二條、第三十三條、第三十七條第一項、第三十八條第三項或第四十條規定者，應命其限期改善，屆期仍未改善者，處負責人新臺幣三千元以上一萬五千元以下罰鍰，並得按次處罰；其情節重大或經處罰三次後仍未改善者，得依情節輕重為一定期間減少招收人數、停止招生六個月至一年、停辦一年至三年或廢止設立許可之處分。

教保服務機構為法人,經依前項或第二十四條第二項、第四十七條第一項、第四十九條、第五十條、前條、第五十三條第三項規定廢止設立許可者,直轄市、縣(市)主管機關應通知法院令其解散。

第 53 條 駕駛人、隨車人員或護理人員有下列情形之一者,應命其限期改善,屆期仍未改善者,處新臺幣一千元以上六千元以下罰鍰,並得按次處罰:

一、違反第二十六條第四項規定,未於規定期限內接受基本救命術訓練八小時以上、安全教育(含交通安全)相關課程三小時以上或緊急救護情境演習一次以上。

二、違反第二十八條第三項規定,未每二年接受救護技術訓練八小時。

有前項各款情形之一,係因不可歸責於該駕駛人、隨車人員或護理人員之事由所致,並經直轄市、縣(市)主管機關查證屬實者,不予處罰。

前項情形可歸責於幼兒園者,應命其限期改善,屆期仍未改善者,處負責人新臺幣一千元以上六千元以下罰鍰,並得按次處罰;其情節重大或經處罰三次後仍未改善者,得依情節輕重為一定期間減少招收人數、停止招生六個月至一年、停辦一年至三年或廢止設立許可之處分。

第 54 條 本法所定命限期改善及處罰,由直轄市、縣(市)主管機關為之;直轄市、縣(市)主管機關並得依行政罰法第十八條第二項規定,酌量加重罰鍰額度。

教保服務機構違反本法規定,經直轄市、縣(市)主管機關處以罰鍰、減少招收人數、停止招生、停辦或廢止設立許可者,直轄市、縣(市)主管機關應公布其名稱及負責人姓名。

第八章　附則

第 55 條 中華民國一百年十二月三十一日以前之公立托兒所或經政府許可設立、核准立案之私立托兒所,已依本法改制為幼兒園者,其五歲至入國民小學前幼兒之班級,至遲應於一百十四年八月一日起符合第十七條第一項所定,每班配置之教保服務人員應有一人以上為幼兒園教師之規定。

中華民國一百年十二月三十一日以前之公立托兒所，其未依本法一百零七年五月二十九日修正之條文施行前第五十五條第一項規定改制為幼兒園經廢止設立許可者，中央主管機關應視其財力補助直轄市、縣（市）主管機關於其所在地或鄰近地區設置公立幼兒園或非營利幼兒園。

第 56 條　中華民國一百年十二月三十一日以前，已依建築法取得 F-3 使用類組（托兒所或幼稚園）之建造執照、使用執照，或已依私立兒童及少年福利機構設立許可及管理辦法規定取得籌設許可之托兒所，或依幼稚教育法規定取得籌設許可之幼稚園，自一百零一年一月一日起至一百零二年十二月三十一日止之期間內，得依取得或籌設時之設施設備規定申請幼兒園設立許可，其餘均應依第八條第六項設施設備之規定辦理。

第 57 條　各級主管機關為瞭解與規劃幼兒接受教保服務或補助情形、教保服務機構員額配置或人員進用，得蒐集、處理或利用學前教育階段幼兒及人員之個人資料，並建立相關資料庫。

第 58 條　本法施行細則，由中央主管機關定之。

第 59 條　本法自公布日施行。

附錄 2 兒童及少年福利機構設置標準

1. 中華民國九十三年十二月二十三日內政部臺內童字第 0930093783 號令訂定發布全文 35 條；並自發布日施行
2. 中華民國九十六年十二月二十三日內政部臺內童字第 0960840357 號令修正發布第 9、33 條條文
3. 中華民國一百年五月十二日內政部臺內童字第 10008400353 號令修正發布第 9、22、33 條條文
4. 中華民國一百零一年一月六日內政部臺內童字第 1010840001 號令修正發布第 8 條條文；並增訂第 33-1 條條文
5. 中華民國一百零一年五月三十日內政部臺內童字第 1010840231 號令修正發布全文 33 條；並自發布日施行
6. 中華民國一百零二年十二月三十一日衛生福利部部授家字第 1020850123 號令修正發布第 6、8、10、11、18、20～22、25、26、30 條條文

第一章　總則

第　1　條　本標準依兒童及少年福利與權益保障法（以下簡稱本法）第七十五條第二項規定訂定之。

第　2　條　本法所稱兒童及少年福利機構，其定義如下：

一、托嬰中心指辦理未滿二歲兒童托育服務之機構。

二、早期療育機構指辦理發展遲緩兒童早期療育服務之機構。

三、安置及教養機構指辦理下列對象安置及教養服務之機構：

(一) 不適宜在家庭內教養或逃家之兒童及少年。

(二) 無依兒童及少年。

(三) 未婚懷孕或分娩而遭遇困境之婦嬰。

(四) 依本法第五十二條第一項第一款或第二款規定，經盡力禁止或盡力矯正而無效果之兒童及少年。

(五) 有本法第五十六條第一項各款規定情事應予緊急保護、安置之兒童及少年。

(六) 因家庭發生重大變故，致無法正常生活於其家庭之兒童及

　　　　　　少年。

　　　　　(七) 兒童、少年及其家庭有其他依法得申請安置保護之情事者。

　　四、心理輔導或家庭諮詢機構指辦理對於兒童、少年及其家庭提供
　　　　諮詢輔導服務，及對兒童、少年及其父母辦理親職教育之機構。

　　五、其他兒童及少年福利機構指提供兒童、少年及其家庭相關福利
　　　　服務之機構。

　　托嬰中心、早期療育機構及安置教養機構應具有收托或安置五人以
　　上之規模。

第　3　條　兒童及少年福利機構所需之專業人員，應依兒童及少年福利機構專
　　　　業人員資格及訓練辦法或其他相關專業人員資格規定，並於聘任後
　　　　三十日內報請主管機關備查；異動時，亦同。

第　4　條　兒童及少年福利機構之設置，應以促進兒童及少年身心健全發展為
　　　　目標，除依各目的事業主管機關規定辦理外，並應符合下列規定：

　　一、機構內設施設備，應符合衛生、消防、建築管理等規定，並考
　　　　量兒童及少年個別需求。

　　二、機構內設施設備應配合兒童及少年之特殊安全需求，妥為設
　　　　計，並善盡管理及維護。

　　三、機構內設施設備應使行動不便之兒童及少年亦有平等之使用機
　　　　會。

　　四、機構之環境應保持清潔、衛生，室內之採光及通風應充足。

第二章　設置標準

第一節　托嬰中心

第　5　條　托嬰中心應提供受托兒童獲得充分發展之學習活動及遊戲，以協助
　　　　其完成各階段之發展，並依其個別需求提供下列服務：

　　一、兒童生活照顧。

　　二、兒童發展學習。

　　三、兒童衛生保健。

　　四、親職教育及支持家庭功能。

　　五、記錄兒童生活成長與諮詢及轉介。

　　六、其他有益兒童身心健全發展者。

前項托嬰中心已收托之兒童達二歲，尚未依幼兒教育及照顧法規定進入幼兒園者，托嬰中心得繼續收托，其期間不得逾一年。

第 6 條 托嬰中心之收托方式分為下列三種：

一、半日托育：每日收托時間未滿六小時者。

二、日間托育：每日收托時間在六小時以上未滿十二小時者。

三、臨時托育：父母、監護人或其他實際照顧兒童之人因臨時事故送托者。

前項第三款臨時托育時間不得逾前項第一款及第二款托育時間。

第 7 條 托嬰中心應有固定地點及完整專用場地，其使用建築物樓層以使用地面樓層一樓至三樓為限，並得報請主管機關許可，附帶使用地下一樓作為行政或儲藏等非兒童活動之用途。

第 8 條 托嬰中心應具有下列空間：

一、活動區：生活、學習、遊戲、教具及玩具操作之室內或室外空間。

二、睡眠區：睡眠、休息之空間。

三、盥洗室：洗手、洗臉、如廁、沐浴之空間。

四、清潔區：清潔及護理之空間。

五、廚房：製作餐點之空間。

六、備餐區：調奶及調理食品之空間。

七、用餐區：使用餐點之空間。

八、行政管理區：辦公、接待及保健之空間。

九、其他與服務相關之必要空間。

前項空間應有適當標示，第一款應依收托規模、兒童年齡與發展能力不同分別區隔，第三款及第四款應與第六款及第七款有所區隔。

第一項各款空間，得視實際情形，依下列規定調整併用：

一、第二款、第四款或第七款，得設置於第一款之室內空間。

二、第二款及第七款空間得合併使用；第五款及第六款，亦同。

三、第四款得設置於第三款空間。

第一項第四款應設有沐浴槽及護理臺；第六款應設有調奶臺。

第 9 條 托嬰中心室內樓地板面積及室外活動面積，扣除盥洗室、廚房、備餐區、行政管理區、儲藏室、防火空間、樓梯、陽臺、法定停車空間及騎樓等非兒童主要活動空間後，合計應達六十平方公尺以上。

前項供兒童主要活動空間，室內樓地板面積，每人不得少於二平方公尺，室外活動面積，每人不得少於一點五平方公尺。但無室外活動面積或不足時，得另以其他室內樓地板面積每人至少一點五平方公尺代之。

第　10　條　托嬰中心應提供具有適當且符合兒童年齡發展專用固定之坐式小馬桶一套；超過二十人者，每十五人增加一套，未滿十五人者，以十五人計；每收托十名兒童應設置符合兒童使用之水龍頭一座，未滿十人者，以十人計。

第　11　條　托嬰中心應置專任主管人員一人綜理業務，並置特約醫師或專任護理人員至少一人；每收托五名兒童應置專任托育人員一人，未滿五人者，以五人計。

第　12　條　托嬰中心不得以兒童係發展遲緩、身心障礙或其家庭為低收入戶、中低收入戶為理由拒絕收托。

第二節　早期療育機構

第　13　條　早期療育機構應以家庭為服務對象，提供兒童及其父母、監護人或實際照顧兒童之人下列服務：
　　　　　一、療育。
　　　　　二、生活自理訓練及社會適應。
　　　　　三、親職教育及支持家庭功能。
　　　　　四、通報、轉介及轉銜等諮詢。
　　　　　五、其他有益兒童身心健全發展者。

第　14　條　早期療育機構之服務方式分為下列二種：
　　　　　一、日間療育：以半日托育、日間托育或全日托育方式提供發展遲緩兒童療育及照顧。
　　　　　二、時段療育：以部分時段托育方式提供發展遲緩兒童療育及照顧。
　　　　　前項機構得合併設置，並得因父母、監護人或其他實際照顧兒童之人需求，遴派專業人員至服務對象所在處所提供到宅療育服務。

第　15　條　早期療育機構除另有規定外，應具有下列設施設備：
　　　　　一、辦公室。
　　　　　二、保健室。
　　　　　三、活動室。

　　　　　　四、會談室。

　　　　　　五、訓練室。

　　　　　　六、會議室。

　　　　　　七、盥洗衛生設備。

　　　　　　八、廚房。

　　　　　　九、寢室。

　　　　　　十、其他與服務相關之必要設施設備。

　　　　　前項第一款、第二款及第四款，第三款及第九款規定之設施設備得
　　　　　視實際需要調整併用。

　　　　　第一項第八款及第九款規定之設施設備於辦理時段療育之機構，得
　　　　　視業務需要設置。

第　16　條　早期療育機構室內樓地板面積扣除辦公室、廚房、儲藏室、防火空
　　　　　間、樓梯、陽臺、法定停車空間及騎樓等非兒童主要活動空間後，
　　　　　應符合下列規定：

　　　　　　一、提供日間療育服務者：不得少於一百平方公尺，供兒童主要活
　　　　　　　　動空間，每人室內樓地板面積不得少於六點六平方公尺。

　　　　　　二、提供時段療育服務者：不得少於七十五平方公尺。

　　　　　早期療育機構收托之兒童以使用地面樓層一樓至三樓為限。

第　17　條　早期療育機構應置專任主管人員一人，綜理機構業務，並置下列工
　　　　　作人員：

　　　　　　一、社會工作人員。

　　　　　　二、早期療育教保人員、早期療育助理教保人員。

　　　　　　三、療育專業人員。

　　　　　　四、行政人員或其他工作人員。

　　　　　前項第三款所稱療育專業人員，指特殊教育老師、職能治療師、物
　　　　　理治療師、心理師、語言治療人員、定向行動訓練人員、醫師及護
　　　　　理人員等。

　　　　　第一項第一款及第二款所定人員應為專任；第三款人員得以專任或
　　　　　特約方式辦理。收托三十名以上兒童之機構，第四款人員至少應置
　　　　　專任人員一人。

　　　　　第一項第一款所定社會工作人員，每收托三十名兒童應置一人，未
　　　　　滿三十人者，以三十人計。

第一項第二款、第三款所定早期療育教保人員、早期療育助理教保人員或療育專業人員應依下列規定配置：

一、日間療育：每收托五名兒童應置早期療育教保人員、早期療育助理教保人員或療育專業人員一人，未滿五人者，以五人計。

二、時段療育：以一對一之個別療育為原則，最高不得超過一對三，早期療育教保人員、早期療育助理教保人員或療育專業人員與受服務者比例，每人每週服務量不得超過二十五人。

前項之早期療育助理教保人員數不得超過早期療育教保人員數。

第三節　安置及教養機構

第 18 條　安置及教養機構，應以滿足安置對象發展需求及增強其家庭功能為原則，並提供下列服務：

一、生活照顧。

二、心理及行為輔導。

三、就學及課業輔導。

四、衛生保健。

五、衛教指導及性別教育。

六、休閒活動輔導。

七、就業輔導。

八、親職教育及返家準備。

九、自立生活能力養成及分離準備。

十、追蹤輔導。

十一、其他必要之服務。

第 19 條　安置及教養機構應視安置對象之年齡、性別、需求及安置理由等，採分樓層或分區域方式規劃安置與教養方式及環境。

第 20 條　安置及教養機構生活空間之規劃，應以營造家庭生活氣氛為原則，設置下列設施設備：

一、客廳或聯誼空間。

二、餐廳。

三、盥洗衛生設備。

四、廚房。

五、寢室，包括工作人員值夜室。

六、其他與生活起居相關之必要設施設備。

除前開設施設備外，安置及教養機構應視服務性質，設置下列設施設備：

一、多功能活動室。

二、辦公室。

三、會談室。

四、圖書室。

五、保健室。

六、其他與服務相關之必要設施設備。

前項各款之設施設備，得視實際情形調整併用。

安置及教養機構並得視業務需要增設調奶臺、護理臺、沐浴臺、育嬰室、職訓室、會議室、情緒調整室、感染隔離室、會客室、健身房、運動場等設施設備。

第 21 條　安置及教養機構室內樓地板面積不得少於一百二十平方公尺，並應符合下列規定：

一、安置未滿二歲之兒童者：每人不得少於十平方公尺；其中寢室及盥洗衛生設備，合計每人不得少於三點五平方公尺。

二、安置二歲以上之兒童及少年者：每人不得少於十五平方公尺；其中寢室及盥洗衛生設備，合計每人不得少於八平方公尺。

三、每一寢室安置未滿三個月之兒童最多以十五人為限，三個月以上未滿二歲之兒童最多以九人為限，二歲以上之兒童最多以六人為限，少年最多以四人為限。

四、安置第二條第三款第三目所定對象者，每人不得少於二十平方公尺，其中寢室、盥洗衛生設備，合計每人不得少於十平方公尺；每四人至少應有一間盥洗設備。

安置及教養機構之室外活動面積，每人不得少於三平方公尺，並得報請主管機關許可，參酌當地實際情形，以室內樓地板面積代之。

安置及教養機構安置之兒童，以使用地面樓層一樓至四樓為限。

第 22 條　安置及教養機構應置專任主管人員一人，綜理機構業務，並置下列工作人員：

一、保育人員、助理保育人員、托育人員、生活輔導人員或助理生活輔導人員。

二、社會工作人員。

三、心理輔導人員。

四、醫師或護理人員。

五、行政人員或其他工作人員。

前項第一款及第二款人員應為專任；第三款及第四款人員得以特約方式辦理；第五款行政人員得由相關人員兼任。

安置未滿二歲之兒童，每三人至少應置保育人員、助理保育人員或托育人員一人，未滿三人者，以三人計。

安置二歲以上未滿六歲之兒童，每四人至少應置保育人員或助理保育人員一人，未滿四人者，以四人計。

安置六歲以上之兒童，每六人至少應置保育人員或助理保育人員一人，未滿六人者，以六人計。

安置少年，每六人至少應置生活輔導人員或助理生活輔導人員一人，未滿六人者，以六人計。

安置第二條第三款第一目、第三目及第四目所定之兒童，每四人至少應置保育人員或助理保育人員一人，未滿四人者，以四人計。安置少年者，每四人至少應置生活輔導人員或助理生活輔導人員一人，未滿四人者，以四人計。

第一項第一款規定之助理保育人員數不得超過保育人員數；助理生活輔導人員數不得超過生活輔導人員數。

安置第二條第三款第一目、第三目至第五目所定之兒童及少年，每十五人應置社會工作人員一人，未滿十五人者，以十五人計。安置第二條第三款第二目、第六目及第七目所定之兒童及少年，每二十五人應置社會工作人員一人，未滿二十五人者，以二十五人計。

安置第二條第三款第一目、第三目至第五目所定二歲以上之兒童及少年，每四十人應置心理輔導人員一人，未滿四十人者，得以特約方式聘用。

安置第二條第三款第二目、第六目及第七目所定二歲以上之兒童及少年，每七十五人應置心理輔導人員一人，未滿七十五人者，得以特約方式聘用。

共同安置第二條第三款各目之兒童及少年，應置心理輔導人員數依前二項應置人數之比例總和計算，未滿一人者，得以特約方式聘用。

第 23 條　安置及教養機構應以獨立設置為原則，兼辦其他類型機構業務者，
應報請主管機關許可。

第四節　心理輔導或家庭諮詢機構

第 24 條　心理輔導或家庭諮詢機構應針對兒童、少年及其家庭或實際照顧兒
童及少年之人提供下列服務：
一、兒童及少年之認知、情緒（感）、心理及行為輔導。
二、兒童及少年就學、就業等之心理輔導及諮詢。
三、兒童、少年及其家庭親職教育、親子關係諮詢輔導及相關處遇。
四、兒童及少年福利諮詢、轉介。
五、其他必要之服務。

第 25 條　心理輔導或家庭諮詢機構室內樓地板面積不得少於七十五平方公
尺，並應具有下列設施設備：
一、辦公室。
二、會談室。
三、多功能活動室。
四、盥洗衛生設備。
五、其他與服務相關之必要設施設備。

第 26 條　心理輔導或家庭諮詢機構應置專任主管人員一名，綜理機構業務，
並置下列工作人員：
一、心理輔導人員。
二、社會工作人員。
三、行政人員或其他工作人員。
前項第一款人員應為專任。

第五節　其他兒童及少年福利機構

第 27 條　福利服務機構應針對兒童、少年及其家庭成員，提供下列服務：
一、個案服務。
二、團體服務。
三、社區服務。
四、外展服務。
五、轉介服務。

六、親職教育。

七、親子活動。

福利服務機構除提供前項服務外，並得視需要提供諮商服務、閱覽服務、遊戲服務、資訊服務、休閒或體能活動或其他福利服務。

第　28　條　福利服務機構室內樓地板面積不得少於一百五十平方公尺，並應具有下列設施設備：

一、辦公室。

二、會談室。

三、活動室。

四、會議室。

五、盥洗衛生設備。

六、其他與服務相關之必要設施設備。

前項第三款及第四款之設施設備，得視實際情形調整併用；並得視業務需要增設遊戲室、保健室、閱覽室、電腦室、運動場等設施設備。

第　29　條　福利服務機構應置專任主管人員一人，綜理機構業務，並置下列人員：

一、社會工作人員。

二、心理輔導人員。

三、行政人員或其他工作人員。

前項第一款人員應至少一人為專任；第二款人員得以特約方式辦理。

福利服務機構提供兒童及少年遊樂設施或體能活動者，應置專人管理並提供必要之指導。

第三章　附則

第　30　條　偏遠、離島或原住民族地區依本標準規定設立兒童及少年福利機構有困難者，得專案報請直轄市、縣（市）主管機關審查，並經中央主管機關同意後辦理。

直轄市、縣（市）主管機關得因都市土地使用限制等社會環境之需要，專案報請中央主管機關同意，就第二十一條第三項規定機構樓層放寬之。但於機構新設、擴充、遷移、負責人或法人變更時，應依第二十一條第三項規定辦理。

第 31 條 本標準中華民國一百零一年一月六日修正施行前,托兒所經許可兼辦托嬰中心者,其托嬰中心總面積達六十平方公尺以上,並符合第九條第二項之兒童個人最少活動空間之規定,得於依幼兒教育及照顧法規定申請改制之同時,向當地主管機關申請許可,取得托嬰中心設立許可證書。

前項托嬰中心於擴充、遷移、負責人或法人變更時,應重新申請設立許可;其依前項規定取得之托嬰中心設立許可證書,應由原主管機關廢止之。

第 32 條 本標準施行後,直轄市、縣(市)自治法規有關人員配置及樓地板面積之規定高於本標準者,從其規定。

第 33 條 本標準自發布日施行。

附錄 3　兒童及少年福利機構專業人員資格及訓練辦法

1. 中華民國九十三年十二月二十三日內政部臺內童字第 0930093916 號令訂定發布全文 29 條；並自發布日施行
2. 中華民國九十八年二月十九日內政部臺內童字第 0980840004 號令修正發布全文 29 條；並自發布日施行
3. 中華民國九十九年四月二十二日內政部臺內童字第 09908400223 號令修正發布第 3、6、8～10、13～17 條條文
4. 中華民國一百年六月二十九日內政部臺內童字第 1000840302 號令修正發布第 14 條條文；並增訂第 17-1 條條文
5. 中華民國一百零一年五月三十日內政部臺內童字第 1010840281 號令修正發布全文 28 條；並自發布日施行
6. 中華民國一百零三年一月十七日衛生福利部部授家字第 1030850001 號令修正發布全文 28 條；並自發布日施行
7. 中華民國一百零六年三月三十一日衛生福利部衛授家字第 1060600227 號令修正發布第 3～5、8、11、12、14、15、17、26～28 條條文；並自一百零六年一月一日施行

第　1　條　本辦法依兒童及少年福利與權益保障法（以下簡稱本法）第七十八條規定訂定之。

第　2　條　本法所稱兒童及少年福利機構（以下簡稱機構）專業人員，其定義如下：

一、托育人員：指於托嬰中心、安置及教養機構提供教育及保育之人員。

二、早期療育教保人員、早期療育助理教保人員：指於早期療育機構提供發展遲緩兒童教育及保育之人員。

三、保育人員、助理保育人員：指於安置及教養機構提供兒童生活照顧及輔導之人員。

四、生活輔導人員、助理生活輔導人員：指於安置及教養機構提供少年生活輔導之人員。

五、心理輔導人員：指於安置及教養機構、心理輔導或家庭諮詢機

構及其他兒童及少年福利機構，提供兒童、少年及其家庭諮詢輔導之人員。

六、社會工作人員：指於早期療育機構、安置及教養機構、心理輔導或家庭諮詢機構及其他兒童及少年福利機構，提供兒童及少年入出院、訪視調查、資源整合等社會工作之人員。

七、主管人員：指於機構綜理業務之人員。

本辦法所稱教保人員、助理教保人員，指本辦法中華民國一百零一年五月三十日修正施行前於托兒所、托嬰中心、課後托育中心提供兒童教育及保育服務者。

第　3　條　托育人員應年滿二十歲並具備下列資格之一：

一、取得保母人員技術士證者。

二、高級中等以上學校幼兒教育、幼兒保育、家政、護理相關學院、系、所、學位學程、科畢業者。

具備教保人員、助理教保人員資格者，於本辦法中華民國一百零一年五月三十日修正施行日起十年內，得遴用為托育人員。

第　4　條　早期療育教保人員應具備下列資格之一：

一、專科以上學校醫護、職能治療、物理治療、聽語、教育、特殊教育、早期療育、幼兒教育、幼兒保育、社會、社會福利、社會工作、心理、輔導、兒童及少年福利、家政相關學院、系、所、學位學程、科畢業者。

二、專科以上學校畢業，並取得下列結業證書之一者：

(一) 學前特殊教育學程。

(二) 前款相關學院、系、所、學位學程、科之輔系或學分學程。

(三) 早期療育教保人員專業訓練。

三、高級中等以上學校畢業，擔任早期療育助理教保人員三年以上者。

四、普通考試、相當普通考試以上之各類公務人員考試社會行政、社會工作職系及格或具社會行政、社會工作職系合格實授委任第三職等以上任用資格者。

第　5　條　早期療育助理教保人員應具備下列資格之一：

一、高級中等以上學校幼兒保育、家政、護理相關學院、系、所、學位學程、科之輔系或學分學程畢業者。

二、高級中等以上學校畢業，並取得早期療育教保人員專業訓練結
業證書者。

第　6　條　保育人員應具備下列資格之一：

一、專科以上學校幼兒教育、幼兒保育、家政、護理、兒童及少年
福利、社會工作、心理、輔導、教育、犯罪防治、社會福利、
性別相關學院、系、所、學位學程、科畢業者。

二、專科以上學校畢業，並取得下列結業證書之一者：

(一) 各類教師教育學程。

(二) 前款相關學院、系、所、學位學程、科之輔系或學分學程。

(三) 保育人員專業訓練。

三、高級中等以上學校畢業，擔任助理保育人員三年以上者。

四、普通考試、相當普通考試以上之各類公務人員考試社會行政、
社會工作職系及格，或具社會行政、社會工作職系合格實授委
任第三職等以上任用資格者。

第　7　條　助理保育人員應具備下列資格之一：

一、高級中等以上學校幼兒保育、家政、護理相關學院、系、所、
學位學程、科畢業者。

二、高級中等以上學校畢業，並取得下列結業證書之一者：

(一) 前條第一款相關學院、系、所、學位學程、科之輔系或學
分學程。

(二) 保育人員專業訓練。

三、具有三年以上社會福利機構照顧工作經驗者。

四、初等考試、相當初等考試以上之各類公務人員考試社會行政或
社會工作職系及格者。

第　8　條　生活輔導人員應具備下列資格之一：

一、專科以上學校家政、護理、兒童及少年福利、社會工作、心
理、輔導、教育、特殊教育、犯罪防治、社會福利、性別相關
學院、系、所、學位學程、科畢業者。

二、專科以上學校畢業，並取得下列結業證書之一者：

(一) 各類教師教育學程。

(二) 前款相關學院、系、所、學位學程、科之輔系或學分學程。

(三) 生活輔導人員專業訓練。

三、高級中等以上學校畢業，擔任助理生活輔導人員三年以上者。

四、普通考試、相當普通考試以上之各類公務人員考試社會行政、社會工作職系及格，或具社會行政、社會工作職系合格實授委任第三職等以上任用資格者。

第　9　條　助理生活輔導人員應具備下列資格之一：

一、高級中等以上學校家政、護理相關學院、系、所、學位學程、科畢業者。

二、高級中等以上學校畢業，並取得下列結業證書之一者：

(一) 前條第一款相關學院、系、所、學位學程、科之輔系或學分學程。

(二) 生活輔導人員專業訓練。

三、具有三年以上社會福利機構照顧工作經驗者。

第　10　條　心理輔導人員應具備下列資格之一：

一、專科以上學校心理、輔導、諮商相關學院、系、所、學位學程、科畢業或取得其輔系證書者。

二、專科以上學校社會工作、兒童及少年福利、社會福利、教育、性別相關學院、系、所、學位學程、科畢業，並取得下列結業證書之一者：

(一) 前款相關學院、系、所、學位學程、科之輔系或學分學程。

(二) 心理輔導人員專業訓練。

第　11　條　社會工作人員應具備下列資格之一：

一、具社會工作師考試應考資格者。

二、社會工作師考試及格者。

三、專科以上學校社會工作、兒童及少年福利、社會福利相關學院、系、所、學位學程、科畢業或取得學分學程結業證書者。

四、高等考試、相當高等考試之各類公務人員考試社會行政或社會工作職系及格者。

第　12　條　托嬰中心主管人員應具備下列資格之一：

一、大學幼兒教育、幼兒保育、家政、護理相關學院、系、所碩士班或碩士學位學程以上畢業，且有二年以上兒童教育、保育及照護經驗者。

二、大學幼兒教育、幼兒保育、家政、護理相關學院、系學士班或

　　學士學位學程畢業或取得其輔系證書，有二年以上兒童教育、保育及照護經驗，並取得主管人員專業訓練結業證書者。

三、學士學位以上畢業或專科學校幼兒教育、幼兒保育、家政、護理相關學院、系、所、學位學程、科畢業，有三年以上兒童教育、保育及照護經驗，並取得主管人員專業訓練結業證書者。

四、專科學校畢業，有四年以上兒童教育、保育及照護經驗，並取得主管人員專業訓練結業證書者。

五、高等考試、相當高等考試之各類公務人員考試社會行政或社會工作職系及格者，具二年以上社會福利相關機關或社會福利機構工作經驗者。

前項第一款至第四款所稱兒童教育、保育及照護經驗，指符合下列規定，並取得直轄市、縣（市）主管機關或教育主管機關所開立服務年資證明人員之經驗：

一、托兒所、幼稚園或改制後幼兒園之教保人員、助理教保人員、教師、教保員及助理教保員。

二、托嬰中心之托育人員。

三、早期療育機構之早期療育教保人員及早期療育助理教保人員。

四、安置及教養機構之托育人員。

第　13　條　早期療育機構主管人員應具備下列資格之一：

一、大學兒童及少年福利、幼兒教育、幼兒保育、社會福利、社會工作、心理、輔導、特殊教育、早期療育相關學院、系、所碩士班或碩士學位學程以上畢業，具有二年以上社會福利相關機關或社會福利機構工作經驗者。

二、大學兒童及少年福利、幼兒教育、幼兒保育、社會工作、心理、輔導、特殊教育相關學院、系學士班或學士學位學程畢業，具有二年以上社會福利相關機關或社會福利機構工作經驗，並取得主管訓練人員專業結業證書者或有身心障礙福利機構主管人員三年以上經驗者。

三、學士學位以上畢業，具教保人員、早期療育教保人員、保育人員、生活輔導人員、心理輔導人員、社會工作人員所定專業人員資格之一，且有三年以上社會福利相關機關或社會福利機構工作經驗，並取得主管人員專業訓練結業證書者或有身心障礙

福利機構主管人員五年以上經驗者。

四、專科學校畢業，具教保人員、早期療育教保人員、保育人員、生活輔導人員、心理輔導人員、社會工作人員專業人員資格之一，且有四年以上社會福利相關機關或社會福利機構工作經驗，並取得主管人員專業訓練結業證書或有身心障礙福利機構主管人員七年以上經驗者。

五、高等考試、相當高等考試之各類公務人員考試社會行政或社會工作職系及格，具有二年以上社會福利相關機關或社會福利機構工作經驗者。

六、具有醫師、治療師、心理師、特殊教育教師資格，具有三年以上社會福利相關機關或社會福利機構工作經驗，並取得主管人員專業訓練結業證書或有身心障礙福利機構主管人員三年以上經驗者。

第 14 條 安置及教養機構主管人員應具備下列資格之一：

一、大學兒童及少年福利、社會工作、心理、輔導、教育、犯罪防治、家政、社會福利相關學院、系、所碩士班或碩士學位學程以上畢業，具有二年以上社會福利相關機關或社會福利機構工作經驗者。

二、大學兒童及少年福利、社會工作、心理、輔導、教育、犯罪防治、家政、社會福利相關學院、系學士班或學士學位學程畢業或取得其輔系證書，具有二年以上社會福利相關機關或社會福利機構工作經驗，並取得主管人員專業訓練結業證書者。

三、學士學位以上畢業，具教保人員、早期療育教保人員、保育人員、生活輔導人員、心理輔導人員、社會工作人員專業人員資格之一，且有三年以上社會福利相關機關或社會福利機構工作經驗，並取得主管人員專業訓練結業證書者。

四、專科學校畢業，具教保人員、早期療育教保人員、保育人員、生活輔導人員、心理輔導人員、社會工作人員專業人員資格之一，且有四年以上社會福利相關機關或社會福利機構工作經驗，並取得主管人員專業訓練結業證書者。

五、高等考試、相當高等考試之各類公務人員考試社會行政或社會工作職系及格，具有二年以上社會福利相關機關或社會福利機

　　　　　　　構工作經驗者。

　　　　六、具有醫師、護理師、心理師、教師資格，且有三年以上社會福
　　　　　　利相關機關或社會福利機構工作經驗，並取得主管人員專業訓
　　　　　　練結業證書者。

第　15　條　心理輔導或家庭諮詢機構、其他兒童及少年福利機構主管人員應具
　　　　　　備下列資格之一：

　　　　一、大學兒童及少年福利、社會工作、心理、輔導、教育、犯罪防
　　　　　　治、家政、社會福利相關學院、系、所碩士班或碩士學位學程
　　　　　　以上畢業，具有二年以上社會福利相關機關或社會福利機構工
　　　　　　作經驗者。

　　　　二、大學兒童及少年福利、社會工作、心理、輔導、教育、犯罪防
　　　　　　治、家政、社會福利相關學院、系學士班或學士學位學程畢業
　　　　　　或取得其輔系證書，具有二年以上社會福利相關機關或社會福
　　　　　　利機構工作經驗，並取得主管人員專業訓練結業證書者。

　　　　三、學士學位以上畢業，具教保人員、早期療育教保人員、保育人
　　　　　　員、生活輔導人員、心理輔導人員、社會工作人員專業人員資
　　　　　　格之一，且有三年以上社會福利相關機關或社會福利機構工作
　　　　　　經驗，並取得主管人員專業訓練結業證書者。

　　　　四、專科學校畢業，具教保人員、早期療育教保人員、保育人員、
　　　　　　生活輔導人員、心理輔導人員、社會工作人員專業人員資格之
　　　　　　一，且有四年以上社會福利相關機關或社會福利機構工作經
　　　　　　驗，並取得主管人員專業訓練結業證書者。

　　　　五、高等考試、相當高等考試之各類公務人員考試社會行政或社會
　　　　　　工作職系及格，具有二年以上社會福利相關機關或社會福利機
　　　　　　構工作經驗者。

　　　　六、具有醫師、護理師、心理師、教師資格，且有三年以上社會福
　　　　　　利相關機關或社會福利機構工作經驗，並取得主管人員專業訓
　　　　　　練結業證書者。

第　16　條　持有教育主管機關立案之國內學校或符合教育部採認之國外學校之
　　　　　　學院、系、所、學程或科所發給之學分證明者，得向中央主管機關
　　　　　　申請抵免專業訓練相關課程時數。

　　　　　　第四條至前條所定相關學院、系、所、學程或科，由中央主管機關

認定之。

前二項專業訓練時數之抵免及相關學院、系、所、學程或科之認定，中央主管機關得邀集專家學者共同認定或委託專業機構、團體辦理。

第　17　條　專業人員依第四條第四款、第六條第四款、第七條第四款、第八條第四款、第十一條第四款、第十二條第一項第五款、第十三條第五款、第十四條第五款及第十五條第五款進用者，應取得各該類人員專業訓練結業證書。

第　18　條　托育、早期療育教保、保育、生活輔導、心理輔導、社會工作及主管人員之專業訓練課程，至少包括下列核心課程：

一、兒童及少年福利與權益保障政策、法規。

二、兒童、少年身心發展。

三、多元文化與親職教育。

四、專業工作倫理。

修習不同類別人員資格之專業訓練，其課程名稱相同者，得抵免之。

第　19　條　本辦法所定專業人員資格之訓練課程由主管機關自行、委託設有相關學院、系、所、學位學程、科之高級中等以上學校辦理。必要時，經專案報中央主管機關核准者，得委託辦理兒童及少年福利業務之團體辦理。

訓練成績合格者，由主管機關發給結業證書，並載明訓練課程及時數；結業證書格式，由中央主管機關定之。

第　20　條　兒童及少年福利機構專業人員應參與職前訓練及在職訓練。

第　21　條　職前訓練至少六小時，訓練內容應包括簡介機構環境、服務內容、經營管理制度、相關法令及見習。

第　22　條　在職訓練每年至少十八小時，訓練內容應採理論及實務並重原則辦理。

第　23　條　在職訓練辦理方式如下：

一、由主管機關自行、委託或補助機構、團體辦理。

二、由機構自行或委託機構、團體辦理。

三、由目的事業主管機關自行、委託或補助相關專業團體辦理。

第　24　條　專業人員參加在職訓練，應給予公假。

第　25　條　本辦法施行前，已依兒童福利專業人員訓練實施方案修畢訓練課

程，並領有結業證書者，視同已修畢本辦法各該類人員專業訓練課程。

第 26 條 本辦法施行前，已依兒童福利專業人員資格要點取得專業人員資格，且現任並繼續於同一職位之人員，視同本辦法之專業人員。

於中華民國一百零五年十二月三十一日以前，已依本辦法以社會工作相關學院、系、所、學位學程、科、輔系或學分學程取得各該專業人員資格服務於兒童及少年福利機構者，得於原職繼續服務至離職、調職或轉任為止。

前二項人員轉任其他機構、職位者，應符合本辦法專業人員資格。

第 27 條 偏遠、離島、原住民族地區、收容依法院交付或裁定安置輔導、疑似或感染人類免疫缺乏病毒兒童少年之機構，遴用專業人員有困難者，得專案報請直轄市、縣（市）主管機關審查，並經中央主管機關同意後酌予放寬人員資格。

第 28 條 本辦法自發布日施行。

本辦法中華民國一百零六年三月三十一日修正發布之條文，自一百零六年一月一日施行。

兒童課後照顧服務班與中心設立及管理辦法

1. 中華民國一百零一年六月四日教育部臺參字第 1010098466C 號令訂定發布全文 33 條；並自一百零一年五月三十日施行
2. 中華民國一百零二年三月十三日教育部臺教社（一）字第 1020027946C 號令修正發布第 22、25、33 條條文；並自發布日施行
3. 中華民國一百零三年十一月十九日教育部臺教社（一）字第 1030163926B 號令修正發布第 9、22、25、26 條條文；並增訂第 18-1～18-4、21-1 條條文
4. 中華民國一百零四年七月二十二日教育部臺教社（一）字第 1040094798B 號令修正發布第 8、24 條條文

第一章　總則

第 1 條　本辦法依兒童及少年福利與權益保障法（以下簡稱本法）第七十六條第三項規定訂定之。

第 2 條　本辦法所稱主管機關：在中央為教育部；在直轄市為直轄市政府；在縣（市）為縣（市）政府。

第 3 條　本辦法用詞，定義如下：
　　　　一、兒童課後照顧服務（以下簡稱本服務）：指招收國民小學階段兒童，於學校上課以外時間，提供以生活照顧及學校作業輔導為主之多元服務，以促進兒童健康成長、支持婦女婚育及使父母安心就業。
　　　　二、兒童課後照顧服務班（以下簡稱課後照顧班）：指由公、私立國民小學設立，辦理兒童課後照顧服務之班級。
　　　　三、兒童課後照顧服務中心（以下簡稱課後照顧中心）：指由鄉（鎮、市、區）公所、私人（包括自然人或法人）或團體設立，辦理兒童課後照顧服務之機構。
　　　　前項第二款由公立國民小學設立或第三款由鄉（鎮、市、區）公所設立者，為公立，其餘為私立。

第 4 條　公立國民小學或鄉（鎮、市、區）公所（以下簡稱委託人），得委託依法登記或立案之公、私立機構、法人、團體（以下簡稱受託

人）辦理公立課後照顧班或公立課後照顧中心。

前項委託辦理，應符合政府採購法及其相關法規規定，受託人辦理本服務經評鑑成績優良者，委託人得以續約方式延長一年；其收費數額、活動內容、人員資格與在職訓練計畫、編班方式、辦理時間、辦理場所、管理方案、受託人續約及相關必要事項，應載明於招標文件。

公立國民小學依前項規定，委託辦理本服務者，應提供學校內各項設施及設備。受託人須使用學校以外之其他場所、設施或設備時，應以師生安全及服務活動需要為優先考量，並經學校同意後，報直轄市、縣（市）主管機關核准。

第　5　條　提供本服務而招收兒童五人以上者，應依本辦法規定辦理。但依法登記或立案之社會福利、公益、慈善或宗教團體提供免費之本服務者，不在此限。

國民小學辦理課後照顧班，應充分告知兒童之家長，盡量配合一般家長上班時間，並由家長決定自由參加，不得強迫。

課後照顧班、課後照顧中心（以下簡稱課後照顧班、中心）每班兒童，以十五人為原則，至多不得超過二十五人。

公立課後照顧班、中心，每班以招收身心障礙兒童二人為原則，並應酌予減少該班級人數。

國民小學得視身心障礙兒童照顧需要，以專班方式辦理本服務。

第　6　條　直轄市、縣（市）主管機關於離島、偏鄉、原住民族或特殊地區，得優先指定公立國民小學、區公所設立課後照顧班、中心，或補助鄉（鎮、市）公所、私人或團體設立課後照顧中心。

離島、偏鄉、原住民族或特殊地區依本辦法規定設立課後照顧中心有困難者，得專案報直轄市、縣（市）主管機關許可後，依許可內容辦理之。

前項特殊地區，由直轄市、縣（市）主管機關認定。

第　7　條　公立課後照顧班應優先招收低收入戶、身心障礙及原住民兒童。

公立課後照顧班之收費如下：

一、低收入戶、身心障礙及原住民兒童：免費。

二、情況特殊兒童：經學校評估後，報直轄市、縣（市）主管機關專案核准者，減免收費。

三、一般兒童：依第二十條規定收費。

前項兒童，除第五條第四項規定外，以分散編班為原則。

國民小學或受託人每招收兒童二十人，第二項減免之費用，應自行負擔一人；其餘由直轄市、縣（市）主管機關補助之；仍不足者，由中央主管機關視實際情況補助之。

低收入戶、身心障礙、原住民及其他情況特殊兒童參加本服務之人數比率，列為各國民小學辦理本服務之教育視導重要指標之一。

第二章　設立許可

第 8 條　直轄市、縣（市）主管機關依本法第七十六條第四項規定設立之課後照顧服務審議會，其任務如下：

一、研訂直轄市、縣（市）推展兒童課後照顧服務之目標及方針。

二、協調規劃直轄市、縣（市）主管機關兒童課後照顧服務之推動。

三、審議其他有關兒童課後照顧服務事項。

前項審議會置委員十三人至十七人，由直轄市、縣（市）長或其指定之人擔任召集人，並就教育學者專家、家長團體代表、婦女團體代表、公益教保團體代表、勞工團體代表、兒童及少年福利團體代表及機關代表聘（派）兼之。

第 9 條　公立課後照顧班，由直轄市、縣（市）主管機關指定公立國民小學，或由公立國民小學提出申請，經直轄市、縣（市）主管機關核定後辦理；私立課後照顧班，由直轄市、縣（市）主管機關指定私立國民小學辦理者，由直轄市、縣（市）主管機關核定後辦理之。

私立課後照顧班，由私立國民小學申請辦理者，應填具申請書，並檢附下列文件、資料，經直轄市、縣（市）主管機關核定後辦理之：

一、設立目的及業務計畫書。

二、財產清冊及經費來源。

三、預算表：載明全年收入及支出預算。

四、組織表、主管與工作人員人數、資格、條件、工作項目及福利。

五、收退費及服務規定。

六、學校財團法人董事會同意附設課後照顧班之會議紀錄。

前二項所定國民小學，包括師資培育大學附設之實驗國民小學及高級中等以上學校附設之國民小學或國小部。

第一項指定或申請程序及應檢附資料表件，由直轄市、縣（市）主

管機關定之。

第　10　條　公、私立課後照顧中心,由鄉(鎮、市)公所、私人或團體填具申請書,並檢附下列文件、資料一式五份,向直轄市、縣(市)主管機關申請許可:

一、中心名稱,地址及負責人等基本資料;負責人並應檢附其無違反本法第八十一條第一項規定之切結書及警察刑事紀錄證明。

二、中心設立目的及業務計畫書。

三、建築物位置圖及平面圖,並以平方公尺註明樓層、各隔間面積、用途說明及總面積。

四、土地及建築物使用權利證明文件:包括土地與建物登記(簿)謄本、建築物使用執照影本、建築物竣工圖、消防安全設備圖說及消防安全機關查驗合格之證明文件與使用權利證明文件影本。土地或建物所有權非屬私人或團體所有者,應分別檢具經公證自申請日起有效期限三年以上之租賃契約或使用同意書。

五、財產清冊及經費來源。

六、預算表:載明全年收入及支出預算。

七、組織表、主管與工作人員人數、資格、條件、工作項目及福利。

八、收退費基準及服務規定。

九、履行營運擔保證明影本。

十、投保公共意外責任保險之保險單影本。

十一、申請人為法人或團體者,並應檢附法人或團體登記或立案證明文件影本,及法人或團體經目的事業主管機關核准附設課後照顧中心文件影本。

前項第九款履行營運擔保能力之認定及第十款公共意外責任保險之保險金額,由直轄市、縣(市)主管機關公告之。

直轄市、縣(市)主管機關得視需要,命申請人就第一項所定文件、資料繳交正本,備供查驗。

直轄市、市主管機關指定區公所辦理課後照顧中心者,由直轄市、市主管機關核定後辦理之。

第　11　條　課後照顧班、中心之命名及更名,應符合下列規定:

一、私立課後照顧班、中心,不得使用易使人誤解其與政府機關(構)有關之名稱。

二、課後照顧班應冠以學校附設之名稱;其依第四條規定委託辦理

者，並應明確表示委託人與委託辦理及受託人之名稱。

三、公立課後照顧中心，應冠以直轄市、縣（市）某鄉（鎮、市、區）公所設立之名稱；其依第四條規定委託辦理者，並應明確表示委託人與委託辦理及受託人之名稱。

四、私立課後照顧中心，應冠以其所在地直轄市、縣（市）名稱及私立二字，並得冠以該私人、團體之姓名或名稱。

五、同一直轄市、縣（市）之私立課後照顧中心，不得使用相同名稱。但由同一私人或團體設立者，得使用相同名稱，並加註足資分辨之文字。

第 12 條 直轄市、縣（市）主管機關受理第十條第一項之申請後，經會同相關機關實地勘查，認符合本辦法規定者，應許可其設立，並發給設立許可證書。

第 13 條 設立許可證書應至少載明課後照顧中心之名稱、地址、負責人姓名、機構面積、最大招收人數、許可日期及許可文號；其格式，由直轄市、縣（市）主管機關定之。

第 14 條 前條設立許可證書應載明之事項有變更時，負責人應自事實發生之次日起三十日內，向直轄市、縣（市）主管機關申請變更登記，並換發設立許可證書。

第 15 條 課後照顧中心遷移者，應向遷移所在地直轄市、縣（市）主管機關重新申請設立；其遷移至原行政區域外者，並應向原主管機關申請歇業。

第 16 條 課後照顧中心停業或歇業時，應於三十日前敘明理由及日期，申請直轄市、縣（市）主管機關核准後，始得為之；停業後復業者，亦同。

課後照顧中心經許可設立後，於一年內未開始營運，或因故停業而未依前項規定申請核准者，直轄市、縣（市）主管機關應命其限期改善；屆期未改善者，得廢止其設立許可。已逾核准之停業期間而未復業者，亦同。

第一項所定停業期間，以一年為限，必要時得申請延長一年。

第 17 條 課後照顧中心在原址進行改建、擴充、縮減場地、增減招收人數等事項時，應於三十日前檢具下列文件、資料，申請直轄市、縣（市）主管機關核准：

一、原設立許可證書。

二、變更項目及內容。

三、建築物改建、擴充或縮減場地之許可證明文件及建築物樓層配置圖，並標示變更範圍。

四、消防安全設備機關核發之合格文件及圖說。

五、變更後之室內、外活動空間面積。

六、變更後之房舍用途及面積。

七、學童安置方式。

課後照顧中心依前項核准之事項變更完成後，應報直轄市、縣（市）主管機關進行查核，通過者，換發設立許可證書。未依規定辦理或不符許可內容者，直轄市、縣（市）主管機關得廢止其設立許可。

第三章　行政管理及收費

第 18 條　課後照顧中心每年六月三十日及十二月三十一日前，應檢附招收概況表，報直轄市、縣（市）主管機關備查。

課後照顧中心每年十二月三十一日前，應檢附公共意外責任險保單影本，報直轄市、縣（市）主管機關備查。

課後照顧中心應每二年檢附主任、課後照顧服務人員與其他工作人員之健康檢查結果影本，報直轄市、縣（市）主管機關備查。

第 18-1 條　課後照顧中心之服務，分為下列三類：

一、平日服務：於學期起迄期間提供服務者。

二、寒暑假服務：於寒暑假期間提供服務者。

三、臨時服務：為父母、監護人或其他實際照顧兒童之人因臨時需要提供服務者。

第 18-2 條　課後照顧中心收取之費用項目及用途如下：

一、註冊費：支應硬體設施維護成本。

二、月費：支應人事成本。

三、代辦費：支應交通費、教材費、餐點費、活動費等費用。

四、臨時服務費：支應臨時服務時間之相關費用。

第 18-3 條　課後照顧中心應於申請許可時，考量其營運成本，依前條所定收費項目及用途訂定收費基準，報直轄市、縣（市）主管機關核准。

直轄市、縣（市）主管機關應衡酌收費項目與用途、中心規模及經營成本，核准其收費基準後，課後照顧中心始得依核准之內容，向兒童家長收取費用。

課後照顧中心有變更收費項目及基準必要時，應於每學期開始三十日前，敘明理由及擬變更收費日期，向直轄市、縣（市）主管機關申請核准後，始得為之。

第 18-4 條 課後照顧中心收取費用，應掣給正式收據，且不得以任何理由要求兒童及家長繳回收據收執聯。

前項收據，應載明課後照顧中心名稱、地址、設立許可證書號碼、服務期間、收費項目、各項金額、總額及退費規定。

第 19 條 課後照顧中心應與兒童家長，就本服務之內容、時間、接送方式、逾時或短少時數、保護照顧、告知義務、緊急事故與處理、終止契約事項、收費與退費方式、違約賠償、申訴處理、管轄法院及其他課後照顧中心與家長之權利、義務等事項，訂定書面契約。

前項書面契約之範本，由中央主管機關公告之。

第 20 條 公立課後照顧班辦理本服務之收費基準，由直轄市、縣（市）主管機關以下列計算方式為上限，自行訂定：

一、學校自辦：

於學校上班時間辦理時，每位學生收費	新臺幣二六〇元×服務總節數÷〇・七÷學生數
於學校下班時間及寒暑假辦理時，每位學生收費	新臺幣四〇〇元×服務總節數÷〇・七÷學生數
一併於學校上班時間及下班時間辦理時，每位學生收費	（新臺幣二六〇元×上班時間服務總節數÷〇・七÷學生數）＋（新臺幣四〇〇元×下班時間服務總節數÷〇・七÷學生數）

二、委託辦理：

於學校上班時間辦理時，每位學生收費	新臺幣四一〇元×服務總時數÷〇・七÷學生數
於學校下班時間及寒暑假辦理時，每位學生收費	
一併於學校上班時間及下班時間辦理時，每位學生收費	

前項第一款服務總節數，其每節為四十分鐘。

第一項收費，得採每月收費或一次收費；參加兒童未滿十五人者，得酌予提高收費，但不得超過直轄市、縣（市）主管機關依第一項所定收費基準之百分之二十，並應報直轄市、縣（市）主管機關核准。

第一項本服務總節（時）數，因故未能依原定服務節（時）數實施時，應依比率減收費用。

第　21　條　公立課後照顧班依前條規定收取之費用，其支應之項目，分為下列二類：

一、行政費：

　　(一) 行政費包括水電費、材料費、勞健保費、勞退金、資遣費、加班費、獎金及意外責任保險等勞動權益保障費用。

　　(二) 行政費以占總收費百分之三十為原則。但學校委託辦理時，受託人之行政費，以占總收費百分之二十為原則；學校之行政費，以占總收費百分之十為限。

二、鐘點費：以占總收費百分之七十為原則。

前項收費不足支應時，應優先支付鐘點費。

公立國民小學自行辦理本服務時，其收支得採代收代付方式為之，並應妥為管理會計帳冊。

第　21-1　條　私立課後照顧班辦理本服務之收費基準，準用第二十條第一項第一款公立課後照顧班學校自辦規定。

私立課後照顧班辦理本服務之支應項目及收支方式，準用前條規定。

第四章　　人員資格訓練及配置

第　22　條　課後照顧班置下列人員：

一、執行秘書：一人；學校自辦者，得由校長就校內教師派兼之；委託辦理者，由受託人聘請合格人員擔任之。

二、課後照顧服務人員：

　　(一) 每招收兒童二十五人，應置一人；未滿二十五人者，以二十五人計。

　　(二) 學校自辦者，得由校長就校內教師派兼之或聘請合格人員擔任之，校內教師並應徵詢其意願；委託辦理者，由受託人聘請合格人員擔任之，並應於開課七日前報委託學校備

查。

三、行政人員或其他工作人員：由學校視需要酌置之，並得由校長就校內教師派兼之；委託辦理者，由受託人視需要酌置之。

課後照顧中心置下列人員：

一、主任：一人，專任，並得支援該中心課後照顧服務業務。

二、課後照顧服務人員：每招收兒童二十五人，應置一人；未滿二十五人者，以二十五人計。

三、行政人員或其他工作人員：視實際需要酌置之。

課後照顧中心應於設立後，招生前，檢附主任、課後照顧服務人員、行政人員與其他工作人員名單及下列文件，報直轄市、縣（市）主管機關核准後，始得招生；課後照顧班委託辦理者，亦同：

一、主任及課後照顧服務人員之資格證明文件影本。

二、所有人員無違反本法第八十一條第一項規定之切結書及警察刑事紀錄證明。

三、所有人員之健康檢查表影本。

前項人員有異動時，應自事實發生後三十日內，依前項規定，報直轄市、縣（市）主管機關備查。

課後照顧班、中心負責人或工作人員有本法第八十一條第一項各款情形之一者，課後照顧班、中心應向主管機關辦理通報事宜，於辦理本法第八十一條第二項查證時，應為資訊蒐集及查詢；其通報、資訊蒐集、查詢及其他相關事項，準用不適任教育人員之通報與資訊蒐集及查詢辦法之規定。

第 23 條 課後照顧班、中心之執行秘書、主任及課後照顧服務人員，應具備下列資格之一：

一、高級中等以下學校、幼稚園或幼兒園合格教師、幼兒園教保員、助理教保員。

二、曾依中小學兼任代課及代理教師聘任辦法或國民中小學教學支援工作人員聘任辦法聘任之教師。但教學支援工作人員為高級中等以下學校畢業者，應經直轄市、縣（市）政府教育、社政或勞工相關機關自行或委託辦理之一百八十小時課後照顧服務人員專業訓練課程結訓。

三、公私立大專校院以上畢業，並修畢師資培育規定之教育專業課程者。

四、符合兒童及少年福利機構專業人員資格者。但不包括保母人員。

五、高級中等以上學校畢業，並經直轄市、縣（市）政府教育、社政或勞工相關機關自行或委託辦理之一百八十小時課後照顧服務人員專業訓練課程結訓。

偏鄉、離島、原住民族或特殊地區遴聘前項資格人員有困難時，得報直轄市、縣（市）主管機關核准，酌減前項第二款或第五款人員之專業課程訓練時數。

本服務針對需要個案輔導之兒童，應視需要聘請全職或兼職社會福利工作或輔導專業人員為之；針對身心障礙兒童，應視需要聘請全職或兼職特教教師或專業人員為之。

第　24　條　課後照顧班執行秘書、課後照顧中心主任及課後照顧服務人員，每年應參加直轄市、縣（市）主管機關辦理之在職訓練至少十八小時。

課後照顧班、中心應就前項參加在職訓練人員給予公假，並建立在職訓練檔案，至少保存三年。

第一項在職訓練，得由直轄市、縣（市）主管機關自行辦理、委託專業團體、法人或專科以上學校辦理，或由專業團體報經直轄市、縣（市）主管機關認可後辦理。

國民小學合格教師及依中小學兼任代課及代理教師聘任辦法聘任之教師，其當年度依法令參與進修、研究或研習之課程，經學校報直轄市、縣（市）主管機關認定相當於第一項在職訓練課程者，得抵免第一項所定時數。

第五章　場地、空間及設施設備

第　25　條　課後照顧中心之室內樓地板面積及室外活動面積，扣除辦公室、保健室、盥洗衛生設備、廚房、儲藏室、防火空間、樓梯、陽臺、法定停車空間及騎樓等非兒童主要活動空間之面積後，應符合下列規定：

一、兒童活動總面積：應達七十平方公尺以上。

二、室內活動面積：兒童每人不得小於一點五平方公尺。

三、室外活動面積：兒童每人不得小於二平方公尺，設置於內政部公布直轄市最新人口密度高於每平方公里一萬二千人或可供都市發展用地之最新人口密度高於每平方公里一萬二千人之行政

區者，每人不得小於一點三平方公尺。但無室外活動面積或室外活動面積不足時，得另以室內相同活動面積替代之。

前項第三款所稱行政區，指直轄市依地方制度法第三條第三項所劃分之區；可供都市發展用地，指依都市計畫書該行政區土地總面積扣除農業區、保護區、河川區、行水區、風景區等非屬開發建築之用地。

第 26 條 課後照顧中心應有固定地點及完整專用場地；其為樓層建築者，以使用地面樓層一樓至四樓為限。

課後照顧中心申請擴充營運規模，同棟建築物內以同一樓層或相連之直上樓層及直下樓層為限；他棟或他幢建築物，以原中心許可土地範圍內之建築物為限，且二者均使用地面樓層者。

課後照顧中心經直轄市、縣（市）主管機關核准後，得依下列規定使用，不受第一項規定之限制：

一、附帶使用地下一樓作為行政或儲藏等非兒童活動之用途。

二、位於山坡地或因基地整地形成地面高低不一，且非作為防空避難設備使用之地下一樓，得作為兒童遊戲空間使用。

第 27 條 課後照顧中心應具備下列設施、設備：

一、教室。

二、活動室。

三、遊戲空間。

四、寢室。

五、保健室或保健箱。

六、辦公區或辦公室。

七、廚房。

八、盥洗衛生設備。

九、其他與本服務相關之必要設施或設備。

前項第一款至第六款之設施、設備，得視實際需要調整併用。

第一項第八款設備數量，不得少於下列規定，其規格應合於兒童使用；便器並應有隔間設計：

一、大便器：

　　(一) 男生：每五十人一個，未滿五十人者，以五十人計。

　　(二) 女生：每十人一個，未滿十人者，以十人計。

二、男生小便器：每三十人一個，未滿三十人者，以三十人計。

三、水龍頭：每十人一個，未滿十人者，以十人計。

第 28 條　課後照顧班、中心之建築、設施及設備，應符合下列規定：

一、依建築、衛生、消防等法規規定建築及設置，並考量兒童個別
需求。

二、配合兒童之特殊安全需求，妥為設計，並善盡管理及維護。

三、使身心障礙之兒童有平等之使用機會。

四、環境應保持清潔、衛生，室內之採光及通風應充足。

第六章　附則

第 29 條　本辦法所定書表格式，除第十九條第二項規定外，由直轄市、縣
（市）主管機關定之。

第 30 條　直轄市、縣（市）主管機關得定期或不定期至課後照顧班、中心視
導、稽查，其中安全措施相關業務之稽查，應每年至少辦理一次。

直轄市、縣（市）主管機關視導、稽查課後照顧班、中心時，得要
求其提出業務報告，或提供相關資料、文件；課後照顧班、中心之
負責人或相關人員不得規避、妨礙或拒絕。

前二項視導及稽查之相關規定，由直轄市、縣（市）主管機關定之。

第 31 條　直轄市、縣（市）主管機關應自本辦法施行之日起三個月內，通知
本辦法施行前已許可設立之課後托育中心，於本法第一百十六條第
一項所定期限內，填具申請表，並檢附下列文件，申請改制：

一、負責人基本資料：包括姓名、國民身分證影本及地址。

二、主任及課後照顧服務人員合於第二十三條規定之文件。

三、原設立許可證明文件正本及影本。

四、原設立許可證明文件所載建築物平面圖及投保公共意外責任保
險之保單影本。

五、建築物公共安全檢查簽證及申報辦法所定期限內申報取得之查
核合格或改善完竣證明文件。但建築物取得使用執照後，經建
築主管機關通知首次檢查及申報期間為申請改制日以後，並取
得證明文件者，得以該證明文件替代之。

第 32 條　直轄市、縣（市）主管機關依本辦法規定，得另訂補充規定。

第 33 條　本辦法自中華民國一百零一年五月三十日施行。

本辦法修正條文，自發布日施行。

國家圖書館出版品預行編目（CIP）資料

托育服務／葉郁菁等作. --第四版.
--新北市：心理，2019.07
面；　公分. --（幼兒教育系列；51207）
ISBN 978-986-191-866-2（平裝）

1.托育　2.幼兒保育

523.2　　　　　　　　　　　　　108006235

幼兒教育系列 51207

托育服務（第四版）

主　　　編：葉郁菁
作　　　者：葉郁菁、陳乃慈、徐德成、陳正弘、詹喬雯、林麗員、
　　　　　　石英桂、巫鐘琳、謝美慧
執行編輯：高碧嶸
總　編　輯：林敬堯
發 行 人：洪有義
出 版 者：心理出版社股份有限公司
地　　　址：231026 新北市新店區光明街 288 號 7 樓
電　　　話：(02) 29150566
傳　　　真：(02) 29152928
郵撥帳號：19293172　心理出版社股份有限公司
網　　　址：https://www.psy.com.tw
電子信箱：psychoco@ms15.hinet.net
排 版 者：鄭珮瑩
印 刷 者：辰皓國際出版製作有限公司
初版一刷：2006 年 3 月
二版一刷：2013 年 6 月
三版一刷：2017 年 6 月
四版一刷：2019 年 7 月
四版二刷：2021 年 8 月
I S B N：978-986-191-866-2
定　　　價：新台幣 450 元